교육심리학

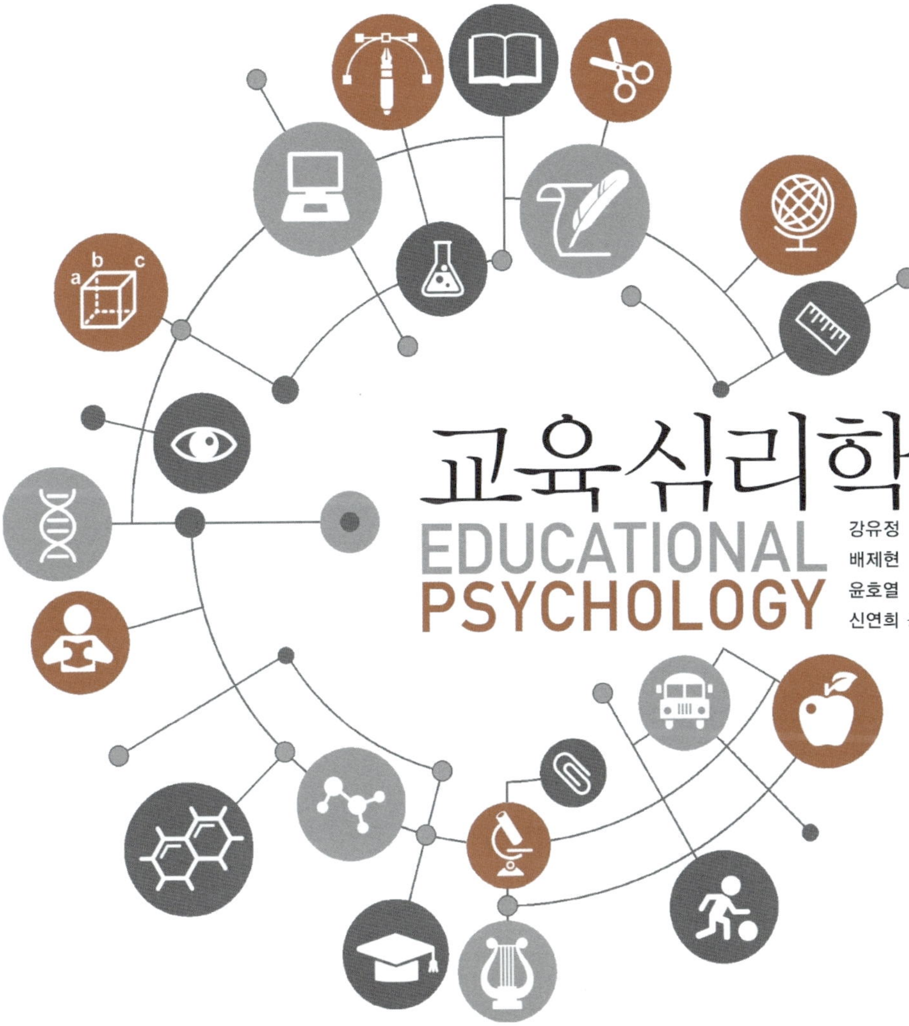

교육심리학

EDUCATIONAL PSYCHOLOGY

강유정
배제현
윤호열
신연희 공저

동 문 사

머리말

교육심리학은 교육현상을 대상으로 하는 교육학과 인간행동을 과학적으로 이해하려는 심리학의 이론을 접목시킴으로써 형성된 학문이다. 이러한 관계를 통해서 볼 때 교육심리학은 가르치고 배우는 과정과 이에 관계된 인간의 생각과 행동을 과학적으로 연구하는 학문이라고 할 수 있다. 교사들은 교육현장에서 매우 다양한 상황에 직면하게 되는데, 교육심리학의 이론과 실제들은 그들이 당면하는 문제들에 대한 이해를 돕고 올바른 의사결정과정을 내리는 데 직접적으로 필요한 교육의 원리와 방법, 교육학적 지식과 기술을 제공하는 역할을 한다는 점에서 그 중요성이 크다고 할 수 있다.

이 책은 교육심리학의 학문적 이해를 위한 이론과 실제들을 12장에 걸쳐 소개하고 있다. 1장 교육심리학의 기초에서는 교육심리학의 개념, 교육심리학의 발전과정, 교육심리학의 학문적 성격, 교육심리학의 탐구영역, 교육심리학의 연구방법에 대해 소개하였고, 2장 발달의 이해에서는 발달의 개념, 발달의 원리, 발달 단계, 발달 영역, 발달에 대한 주요 쟁점을 다루었다. 3장 인지발달에서는 Piget의 인지발달이론, Vygotsky의 사회문화적 인지발달이론을 제시하여 교육적 시사점을 모색해 보았으며, 4장 성격발달에서는 Freud의 심리성적 성격발달이론, Erickson의 심리사회적 성격발달이론을 통하여 성격이 어떻게 형성되는지를 제시하였다. 5장 도덕성 발달에서는 Piget, Kohlberg, Gilligan의 도덕성 발달이론을 통하여 각각의 도덕성이론들을 비교하여 고찰해 보았으며, 6장 지능과 창의성에서는 지능의 개념, 지능이론, 지능검사, 지능과 학업성취와의 관계, 지능검사의 교육적 활용방안, 정서지능의 개념, 정서지능의 구성요소, 정서지능의 영향, 창의성의 개념, 창의성의 개발기법들을 제시하였다. 7장 동기에서는 동기의 개념, 동기이론들을 다루었으며, 8장 행동주의 학습이론에서는 학습의 개념, 고전적 조건형성, 시행착오학습, 조작적 조건형성 및 사회학습이론의 교육적 적용에 대해 소개하였다. 9장 인지주의 학습이론에서는 형태주의 심리학, 정보처리이론을 제시하여 인지주의 학습이론의 교육적 시사점을 다루었다. 10장 수업이론에서는 수업의 정의, 수업이론, 수업방법의 유형들을 제시하였으며, 11장 교육평가와 심리검사에서는 교육평가의 개념, 교육평가의 유형, 평가도구의 양호도, 심리검사의 목적, 심리검사의 종류를 다루었다. 12장 생활지도와 상담에서는 생활지도의 의미, 생활지도의 목표, 생활지도활동, 상담의 의미, 상담이론을 제시하였다.

이 책은 대학교에서 교직과정을 이수해야 하는 예비교사 및 교육심리학에 관심이 있는 학습자들의 효과적인 이해를 돕기 위해 구성되었으며, 12개의 장을 네 명의 저자가 분담하여 각각 집필하였다. 네 명의 저자들은 이 책으로 공부하는 학습자들이 교육심리학에 대한 학문적 이해와 더불어 실제적인 방법을 익히는 데 조금이라도 도움이 되기를 바란다.

이 책의 집필을 마무리하면서 교육심리학이라는 학문에 대해 더욱 많은 이해와 연구가 필요함을 느끼면서, 책의 부족한 부분들은 이후 수정, 보완할 수 있는 기회를 기대하여 본다. 끝으로 이 책의 출판을 맡아주신 동문사 임직원 여러분께 감사의 마음을 전한다.

2019년 8월

저자 일동

차 례

Chapter

01

교육심리학의 기초

1. 교육심리학의 개념

교육(education)은 배우는 사람과 가르치는 사람 사이의 상호작용을 통해 지식, 기능, 태도 등을 체계적으로 전달하고 변화시키려는 인간의 계획적 활동이다. 따라서 교육의 주된 관심사는 배우는 사람, 가르치는 사람, 이들 간의 상호작용 그리고 전달·변화시키려는 내용들이다(김이영 외, 2014). 교육학(pedagogy)은 이와 같은 교육과 관련된 다양한 현상을 이해하고 탐구하는 학문으로서 교육사, 교육철학, 교육심리, 교육과정, 교육행정, 교육공학 등 다양한 학문분야를 포함하고 있다.

심리학(psychology)은 희랍어로 '마음' 혹은 '정신'이라는 뜻의 'psyche'와 이법(理法), 또는 학문이라는 'logos'의 합성어로서 그 지칭되는 연구대상 자체가 '정신' 혹은 '마음'을 연구하는 학문이라고 할 수 있다(오윤선, 2017). 즉, 인간의 행동을 과학적이고 체계적으로 연구하는 학문으로서 인간의 행동과 정신과정에 대한 근본적인 이해에 도움을 주고자 하는 학문이다. 심리학이 인간의 생각과 행동을 연구하는 과학이라면 교육학은 가르치고 배우는 과정을 통하여 인간을 만들어가는 작업이라 할 수 있다.

교육심리학에 대한 정의는 어떤 입장에서 교육을 파악하며, 어디에 관심을 두느냐에 따라 개념적 차이가 있을 수 있다. 어떤 사람은 교육심리학을 단순히 심리학에서 얻은 발견이나 원리들을 교실활동에 응용이나 적용하는 데 관심을 가지고 있기 때문에 '심리학적 원리를 교육에 응용하는 학문'으로 보기도 하고, 어떤 사람은 교육의 과정에서 발생하는 문제해결에 도움을 주는데 관심을 가지고 있어서 '학교현장을 연구하기 위해 심리학의 연구방법을 응용하는 학문'으로 생각하기도 했다. 물론 인간행동을 연구대상으로 하고 교육현장에 심리학적 현상이 내재되어 있기 때문에 이러한 견해는 당연한 것으로 생각될 수도 있다.

그러나 심리학은 특정한 분야를 집중적으로 연구·조명하는 것이 아니라, 광의의 측면에서 연구하고 다루기 때문에 교육심리학에서 연구하는 교육현장에서의 특수한 심리적 현상에 대하여 체계적 접근이 어려워 교육에 응용하는 데에도 한계가 있다.

이성진(1996)에 의하면, 일반심리학은 교육 내 고유한 심리적 현상을 체계적으로 탐구하지 않았기 때문에 심리학적 지식을 교육에 응용하는 데는 상당한 무리가 있다고 보았다. 그는 이것이 교육과 심리학의 학문적인 목적의 차이에 기인한다고 보고 다음과 같이 그 차이를 지적하고 있다.

첫째, 일반심리학은 인간행동에 관한 보편적 원리와 법칙을 확립하는데 주목적이 있는 반면, 교육은 특수한 상황에서 개개 학습자의 특성을 변화시키는 데 목적이 있다. 이처럼 심리학과 교육은 그 목적이 다르기 때문에 심리학적 연구가 제공하는 원리와 법칙을 교육현장에 적용하기 위해서는 단순한 수식 이상의 상당한 정도의 수정이 요구되며, 때로는 차원이 다른 변형이 요구된다. 학습심리학의 원리를 학교현장에 적용할 수 있도록 '번역'하려는 노력이 상당한 매력을 끌고 있었으나, 그것은 큰 성과를 거두지 못하고 말았다. 이러한 노력의 성과가 어떠하든, 비록 심리학적 보편원리가 교육에 성공적으로 적용되었다 하더라도, 그것은 어디까지나 심리학의 학문적 성과이지 교육심리학의 성과라고 보기는 어렵다.

둘째, 보편적 법칙을 확인하고자 하는 현대의 일반심리학은 방법론적으로 정밀성과 경제성을 중요시하면서 일관성만 있다면 행동의 작은 변화와 차이도 중요한 고려의 대상이 된다. 예컨대, 지각에 관한 심리학적 연구에서 빛의 룩스(lux)의 미세한 차이가 시지각에 어떤 영향을 미치는가 하는 것은 지각현상에 대한 심리학의 지식에 중요한 공헌을 한다. 이와는 달리 교육은 다소의 정밀성과 경제성의 희생을 무릅쓰고라도 학습자의 행동에 상당히 큰 그리고 의미 있는 변화를 일으키는 변인에 관심이 있다. 교육의 생태학적 타당성에 관심이 있다.

셋째, 일반심리학은 특수한 영역을 제외하면 가치중립적이고 기술적인 반면에 교육은 가치지향적이며 처방적이라는 점에서 심리학적 지식의 교육에의 적용에 무리를 초래한다. 심리학이 가치중립적인가 또는 가치중립적이어야 하는가 하는 문제는 논란을 야기하기도 하지만, 심리학은 일반적으로 행동의 학습, 변화, 발달 등의 연구에서 있는 그대로 본질적 현상을 충분히 기록하고 증명하는 입장을 취한다. 이러한 면에서 심리학은 교육학에 비해서는 그 출발부터 가치중립적인 실증과학이라고 할 수 있다. 그러나 교육은 어떤 가치를 실현하려는 과정이기 때문에 가치중립적인 심리학과는 상당히 다른 결정을 해야 한다. 학습이론을 중심으로 Skinner와 Bruner를 대비할 때, Skinner의 이론은 기술적이라고 특징짓고 Bruner의 이론은 처방적이라고 하는 이유도 여기에 있다. 심리학 교과서에서 Bruner를 학습이론가 대열에 끼워넣기를 꺼려하는 것은 주목할 만하다.

넷째, 과거에 심리학의 원리나 법칙이 주로 통제된 실험실에서 확립된 반면, 교육은 자연상태에 가까운 교실에서 일어나는 과정이기 때문에 심리학의 지식을 교육의 장에 적용하는 데는 한계가 있다. 어떤 특수한 변인의 효과를 검증하는 것이 심리학의 실험이었기 때문에, 외래적 변인을 가급적 엄밀히 통제할 수밖에 없다. 그러나 교육의 현장은 심리실험실에 비하면 통제되어 있지 않고 학습자에게 모든 변인이 각각 또는 전체적으로 동시에 작용하여 학습자의 행동에 영향을 미친다.

교육과 심리학의 이러한 차이는 교육심리학이 단순히 일반심리학에서 얻은 지식을 교육현장에 응용하는 학문이 아니라 독립된 학문의 성격을 지녀야 함을 보여주는 것이다. 이와 같은 일반심리학과 교육학의 학문적 차이에서 교육심리학을 정의해 보면, 교육의 목표를 효과적으로 달성하기 위하여 교육의 모든 현상을 연구대상으로 하여 필요한 이론과 실천적 방법을 체계적으로 연구하는 학문이라 할 수 있다. 따라서 교육심리학의 연구자들은 "교육과 훈련이 이루어지도록 계획된 특정 환경 내에서 특정 교과과정을 가르치고 배우는 동안 사람들이 무엇을 생각하고 행동하는지, 그리고 무엇을 느끼는지에 대해서 연구"(Berliner, 1992)한다. 이러한 교육심리학의 연구들은 교사들로 하여금 학교에서 당면하는 문제들에 대한 이해를 돕고 의사결정과정을 촉진할 수 있게 해 주며, 또한 성공적인 교수-학습이 이루어질 수 있도록 촉진시키는 역할을 한다(권인탁 외, 2013).

표 1-1 여러 학자들의 교육심리학에 관한 정의

구분	내용
Wittrock(1967, 1992)	교육에 있어서의 심리학적 현상을 과학적으로 연구하는 기초학문
Ausubel(1969)	학교학습의 본질, 조건, 성과, 그리고 평가에 관한 심리학의 특수 분과
Mayer(1987)	교육심리학은 인간의 인지과정과 지식상태를 조절하는 기술에 관한 과학적 연구에 초점을 맞춘다.
Gage & Berliner(1992)	학교상황에서 어떻게 가르치고 배우는가에 관한 생각과 행동에 관한 연구
Goetz, Alexander & Ash(1992)	학생의 심리적 발달에 대한 이해와 학습과정, 학생이 습득해야 할 지식과 기술의 본질을 이해하는 데 도움을 주고 학생의 수행에 대한 평가와 측정에 관한 내용을 연구하는 학문
Snowman & Biehler(2003)	학생이 교실장면에서 형식적 수업을 통해 다양한 능력을 어떻게 습득하는지를 이해하고 개선하는 것에 관심을 가지는 과학적 학문

2. 교육심리학의 발전과정

교육심리학의 발전과정을 고찰하는 것은 교육심리학의 성격을 이해하는 데 많은 도움을 준다. 이성진(1996)이 정리한 교육심리학의 발전배경을 중심으로 교육심리학의 역사를 간략하게 소개하면 다음과 같다.

교육심리학은 19세기 말과 20세기 초반에 걸쳐 미국의 심리학 무대에 오르기 전에 이미 영국과 독일 등에서 싹트기 시작하였다. 영국에서는 Berkeley와 Hume 등으로 대표되는 경험주의가 그 배경으로, Berkeley의 이론은 현대의 연합주의에 영향을 미쳤고, Hume은 정신측정운동 때에 와서 널리 사용된 상관연구의 전조였다고 보고 있다. 특히 Mill과 그의 아들 J. S. Mill에 의해 꽃을 피운 영국의 연합주의는 현대의 심리학에 그 흔적이 생생히 나타나고 있다.

한편 독일에서는 영국의 경험주의와는 다른 Kant의 이성론이 현대의 인지심리학의 토대가 되어 Piaget나 Kohlberg 등의 발달심리학의 초석이 되었으며, 내성법을 주장한 Wundt는 심리학을 물리학이나 생리학과는 완전히 다른 종류의 학문이라는 점을 옹호하여, 실험심리학의 선구자로 불려졌다. Galton은 그의 천재연구에서 인간능력의 개인차 연구에 통계적 방법을 사용하여 인간능력이 유전된다는 증거를 내세워서 '유전-환경'에 대한 논쟁을 불러 일으켰으며, Cattell과 Thorndike 등이 그의 영향을 받아 교육심리학에 적지 않은 영향을 미쳤다. 대륙의 철학적 영향을 받으면서, 신대륙에서는 19세기 말과 20세기 초반에 접어들면서 심리학이 점차 교육심리학의 형성에 영향을 미치기 시작하였다. 여기에는 James, Hall, Cattell, Dewey, Angell, Thorndike 등의 학자들을 꼽을 수 있다(Walberg & Haertel, 1992).

James(1899)는 「Talks to teachers」를 통해 교사들에게 실제적인 도움을 주는 강의를 하였고, 질문지법을 처음으로 사용했던 Hall은 아동 행동에 관한 방대한 연구를 통하여 아동의 지식, 신념, 태도를 밝혔다. 그의 제자인 Cattell은 각종 측정 및 통계적 방법을 동원하여 개인차 연구를 주도하였고, 20세기 초의 기능주의에 힘입어 학습이론을 발전시키는 데에 주력하였으며, 그것은 곧 교육심리학의 핵심적 관심사가 되었다. 기능주의를 창도한 Dewey는 지적·신체적·도덕적으로 환경에 적응하는 인간의 능력을 중시하였으며, 그의 진보주의 교육은 아동이 환경에 적응하는 데 있어서 아동의 필요가 교육에 반영되어야 한다는 점을 설득력 있게 주장하였다. 또한 Angell은 기능주의자로서 개인의 필요와 환경 간의 중개자로서 인간의 마음이 어떻게 문제를 해결하는지에 관심을 가졌다. 결국 기능주의는 심리학을 실용적 학문으로서 교육문제를 포함한 일상생활의 문제를 이해하고 해결하는 데에 공헌할 수 있다고 보았다.

1913년과 1914년에 걸쳐「교육심리학」이란 세권의 저서를 출판한 Thorndike는 교육심리학의 학문적 체계를 정립함으로써 교육심리학이 독립된 학문으로 자리매김하는 데 크게 기여한 최초의 학자이다. 그는 정밀과학의 방법을 교육문제에 적용해야 한다고 말하고, 사변적 의견이나 정확한 양적 처리가 불가능한 자료는 전적으로 무시하는 태도를 취했다. 엄밀한 객관적 측정을 강조한 Thorndike 이론은 당시에 적지 않은 저항을 받았지만, 그가 실험과학에 사로잡혀 현실세계를 경시한 것은 아니었다. 그는 연구자료의 원천인 교육현장과 관련한 비과학적·비체계적 자료수집 방법을 개탄했을 뿐, 학교가 심리학적 연구의 자료원천임을 배격한 것은 아니었다.

초기 교육심리학의 발전에 공헌한 다른 한 사람은 학교교육 자체 – 교육의 내용, 학교조직, 학교방침, 교육실제 등 – 의 변형을 주장한 Judd이다. 학교현장에 초점을 맞춘 Judd는 학습이론, 동물실험, 자료의 양화에 몰두했던 Thorndike와는 대치되는 인물이다. Judd는 초등학교에서 중등학교, 그리고 대학으로의 순조로운 전환에 관심을 쏟고, 교육의 민주화, 즉 기회균등의 필요성도 강조하는 한편, 학교 교과목과 교수법에 대한 실험적·이론적 연구에 전념하였다. 그는 학교에서 일어나고 있는 학교학습에 직접적으로 적용되지 않는 Thorndike류의 연구를 신랄하게 비판하였다(최태훈, 2003).

19세기 말에서 20세기 초반에 Thorndike, Judd, James 등이 심리학과 교육과의 관계, 구체적으로는 심리학이 교육에 어떤 공헌을 할 수 있을 것인가를 심각하게 생각하던 때로부터 대략 한 세기가 넘었으나, 아직도 교육심리학자들은 교육심리학의 정체를 찾아 헤매고 있다. 교육심리학을 일반심리학이 연구·확립한 원리를 교육현장에 응용하는 학문이라는 정의에서 벗어나서 교육현장에 내재되어 있는 심리적 현상을 과학적·체계적으로 연구하는 학문으로 정의한다면, 교육에서 주도학문으로서의 지위를 되찾을 수 있고, 따라서 장차 교육심리학의 역할도 클 수밖에 없을 것이다. 즉, 교육심리학은 교육의 과정과 방법에 가장 밀접하게 관련되어 있기 때문에 교육심리학을 교육방법의 과학적·이론적 근거를 확립하고 제공하는 학문이라고 규정하고, 그것을 토대로 하여 교육실천의 과정을 지원한다는 것이다. 따라서 교육심리학은 교육의 여러 분야 중 가장 과학적이며 실천적이며 가장 교육 현장 지향적이어야 한다고 말할 수 있다(이성진, 1996).

3. 교육심리학의 학문적 성격

교육심리학의 학문적 성격은 학자에 따라 또는 바라보는 관점에 따라 다양하게 해석될 수 있다. 그러나 교육심리학이 하나의 독립된 학문으로 성립되려면, 그 나름대로 탐구영역과 연구방법론에 따라 지식을 일반화시키고 체계화시켜야 한다.

교육심리학이 어떤 내용영역 혹은 구조로 구성되어야 하는가를 결정하기 위해서는 우선 교육의 실제상황을 살펴보아야 한다. 교육과정은 교육목표의 설정, 교육내용의 선정과 조직, 교수-학습과정(교육방법), 교육성과의 평가라는 네 가지 활동영역으로 구성되며, 교육의 요소는 학습자, 교사, 교육과정의 세 가지 요소로 구성된다. 따라서 교육심리학의 학문적 구조는 이러한 교육과정과 요소를 근거로 성립될 때 그 타당성이 확보된다고 볼 수 있다. 특히 교육심리학은 교육의 목적과 내용을 제외한 학습자, 교사, 학습과 수업, 그리고 교육성과의 평가와 밀접한 관련을 맺고 있다. 교육과정의 경우는 교육목표 설정, 교육내용의 선정과 조직을 주요한 요소로 포함하고 있는데, '왜(why)'에 해당하는 교육목표 설정은 '교육철학'과 '무엇(what)'에 해당하는 교육내용의 선정과 조직은 '교육과정'과 밀접한 관계가 있다. 따라서 교육심리학의 탐구영역에서 교육과정 영역이 제외되는 것은 일반적인 경향이다(문은식 외, 2015).

이와 같은 교육심리학의 학문적 구조에 기초하여 그 성격을 제시하면 **그림 1-1**과 같이 나타낼 수 있다.

① 교육심리학은 가장 중요한 교육의 장(場)인 '학교'교육에 초점
② 교육심리학은 학습자와 교육환경과 상호작용의 맥락 속에서 교육의 과정을 파악
  – 환경이 개인에게 미치는 영향력만큼 개인도 환경에 영향력을 미친다는 관점에서 개인과 환경 간의 상호작용관계의 관점에서 출발
③ 교육심리학은 인간 행동 이해에 도움을 주는 중요한 지식을 모두 활용함으로써 학문간 접근을 채택
④ 교육심리학은 교육의 과정과 방법에 대한 과학적, 이론적 근거를 제공

교육심리학의 종류

↓

학습자의 성장과 발달의 측면
(발달심리학)

▶ 학습자의 발달단계를 이해
▶ 교육의 시기와 교육과정을 편성할 때 가장 기초적인 근거

교육환경의 측면
(사회심리학)

▶ 교육은 사회적 관계 속에서 이뤄짐
▶ 사회심리학은 집단과 집단 내의 개인에 관한 체계적인 지식을 제공

학습과 교수활동의 측면
(학습심리학)

▶ 교육은 학습의 과정이라고 할 수 있고, 학습심리학은 학습현상에 대한 의미 있는 지식을 제공
▶ 특정한 학습내용에 적합한 교수 활동 원리 제공

학습자의 적응을 돕는 측면
(인성심리학)

▶ 교육은 지적 학습 뿐 아니라 인성적 적응을 돕기 위한 활동
▶ 학교에서의 생활지도는 이와 같은 인성적 적응을 돕기 위한 교육활동

그림 1-1 교육심리학의 학문적 성격

출처 : 김희수·조영미(2017).

4. 교육심리학의 탐구영역

교육심리학의 이론과 연구는 단순히 인간행동에 대한 이해에 머물지 않고, 그 이해를 바탕으로 교육의 효과성과 목적 달성을 위한 다양한 연구에 기여하고 있다. 따라서 교육심리학 분야는 다양한 학문적 범위와 영역에서 학생들의 학습활동이나 바람직한 행동발달에 도움을 주고자 노력한다. 이를 위하여 교육심리학은 다음과 같은 영역의 문제를 꾸준히 연구해왔다(구광현 외, 2006; 신명희 외, 2010; 조수환, 2009).

1) 발달에 대한 이해

효과적인 교육이 이루어지기 위해서는 학습자의 연령이나 발달단계에 따른 보편적인 발달특징을 이해할 필요가 있다. 교육이란 교육자가 피교육자로 하여금 인간으로서의 바람직한 성장과 발달을 완성시키는 것이라는 점에서 발달은 인간형성의 과정이라고도 할 수 있다. 그러므로 교육심리학은 유아기, 아동기, 청소년기는 물론 대상에 따라서 성인기, 노인기에 이르는 인간의 발달과정에 대한 이론과 실제 및 단계 등을 다루는 영역이 필요하다.

2) 학습자에 대한 이해

교육은 학습자를 대상으로 하는 활동이므로 학습자의 특성에 대한 올바른 이해 없이는 효과적인 교육을 할 수가 없다. 따라서 학습자에 대한 객관적인 이해를 위해서 지능, 창의력과 같은 인지적 요인과 성격, 사회성, 도덕성, 동기 등과 같은 정의적 요인의 개인차 변인 및 특수교육이 필요한 학습자에 대해 이해하고 연구한다.

3) 학습에 대한 이해

교육에서 가장 중요한 것은 학습자의 학습을 극대화하는 것이라 할 수 있는데, 학습자에 대한 이해가 충분히 이루어졌다 하더라도 실제적으로 학습이 발생하는 기제를 이해하지 못한다면 효과적인 교육을 기대할 수 없다. 학습의 기제를 이해함으로써 학습과정에 영향을 주는 여러 가지 요인을 식별하고 효과적인 학습을 조정할 수 있는 통찰력을 갖게 된다. 따라서 교육심리학에서는 학습이 어떻게 일어나는 지에 대해 행동주의 이론과 인지주의 이론, 구성주의 이론을 바탕으로 다양한 학습이론에 관심을 가져왔다.

4) 교수에 대한 이해

교육심리학의 핵심은 교수-학습과정인데, 교수과정은 학습에 대한 이해와 밀접한 관계를 가지고 있는 분야이다. 효과적으로 가르치는 방법은 학습자의 특성을 이해하고 학습과정의 본질을 아는 것만큼 중요한 문제이다. 따라서 교육심리학에서는 효과적이고 체계적인 교수모형과 강의나 질문, 협동학습 등의 여러 가지 교수방법에 대해 연구하며, 그러한 모형이나 방법을 학습자들의 개인차를 고려한 교실수업으로 어떻게 전개될 수 있는지에 관한 내용을 제시한다.

5) 생활지도 및 상담에 대한 이해

기존의 학교교육이 지나치게 지식의 편중에만 중점을 두었으나 오늘날에는 교육관의 변천에 따라, 교육의 기능이 지식전달뿐만 아니라 정의적 측면인 생활지도의 중요성도 부각되고 있다. 교육현상이란 대부분 교과서적인 이론이나 원리를 단순히 적용하는 것 이상을 필요로 하는 다양하고 역동적인 현상이다. 따라서 학습자가 경험하는 인지적·정의적 측면의 문제를 적절하게 해결하지 못한다면 효과적인 교육을 기대할 수 없다(이지연·김태준, 2014). 이러한 이유 때문에 교육심리학에서는 과학적인 연구를 통해서 학생들의 적응을 조력하고 부적응을 예방할 수 있는 생활지도와 상담에 관한 이론과 기법을 발전시켜 왔다.

6) 평가에 대한 이해

교사는 학습자의 학업성취도를 비롯해서 제반 특성을 객관적으로 측정하고 평가해야 한다. 평가는 학습목표의 달성을 측정할 뿐 아니라 학습자의 동기와 학습을 증진시키며, 교수자는 학습자의 성취수준에 대한 평가를 통해 자신의 수업목표의 달성을 확인하고, 교수-학습과정을 설계하는데 피드백을 받을 수 있어 수업을 개선하는 데 도움을 준다.

이상과 같이 교육심리학은 교육이 실제로 일어나는 교육의 장에 기반을 두고 있는데, 특히 발달, 학습자, 학습, 교수, 생활지도와 상담, 평가 등 교육에 관련된 광범위한 영역을 이해하고 이론체계를 확립하며, 이를 효과적으로 적용하기 위하여 다양한 노력을 기울이고 있다.

표 1-2 교육심리학의 연구영역과 내용

영 역	내 용
발달	인간의 발달과정에 대한 이론과 실제 및 단계 등
학습자	지능, 창의력, 성격, 사회성, 사고양식, 학습양식, 도덕성 등
학습	행동주의, 인지주의, 사회인지이론, 정보처리과정 모형, 학습전략 등
교수	효과적인 교실수업을 위한 수업모형과 다양한 교수방법 등
생활지도 및 상담	교육지도, 직업지도, 성격지도, 건강지도, 사회성 지도 등
평가	공정한 학업성취의 측정, 표준화 검사, 검사의 해석, 결과의 활용 등

5. 교육심리학의 연구방법

1) 연구의 목적

학문분야에 따라 조금씩은 다르겠지만, 과학적 접근을 적용할 경우 모든 학문의 목적은 어떤 주어진 현상을 기술하고, 설명하고, 예측하고, 통제하려는 데 있을 것이다. 따라서 교육심리학의 연구목적도 교육의 심리학적 현상을 기술, 설명, 예측, 통제하려는 데 있다(문은식 외, 2007).

(1) 기술

기술(description)이란 어떤 현상을 실제 있는 그대로 정확히 관찰하고 보고하는 것을 말한다. 이를 근거로 주요 변인들을 발견해 내고 추후 변인들 간의 관련성을 추론할 수 있다. 기술에는 두 가지가 있는데, 하나는 어떤 현상의 상태 혹은 구조에 대한 기술이며, 다른 하나는 그 현상의 과정 혹은 기능에 대한 기술이다.

교육에 관련된 심리학적 현 상태에 대한 기술, 즉 상태기술은 심리학적 변인에 구체적으로 값을 명시하거나 있는 그대로를 서술하는 것을 의미한다. 예를 들면, '홍길동의 지능지수(IQ)는 120이다'라든가, '홍길동이 선호하는 학습방법은 강의식보다는 협동학습이다'라고 명시하는 것을 의미한다. 그리고 교육의 심리학적 현상과정에 대한 기술, 즉 과정기술은 관련변인들 간의 상관관계가 인과관계를 명시하는 것을 의미한다. 예를 들면, '지능지수와 학업성취도 간의 상관은 r = .70이다'라든가, '청소년의 학교생활 적응에 영향을 주는 관련변인에는 부모 및 교사와의 인간관계의 질, 학업동기가 있다'와 같은 기술을 뜻한다.

(2) 설명

설명(explanation)은 어떤 현상의 결정요인 또는 선행조건에 대해 밝히는 것으로, 그 현상이 왜 생기게 되었는지 그리고 무엇에 의해 그런 현상이 발생되었는지를 설명하는 것이다. 행동과학 연구에서는 행동의 결정요인을 일반적으로 세 가지로 구분해 설명한다. 즉, 역사적 또는 발달적 요인, 상황 또는 맥락 요인, 그리고 생물학적 요인이다. 역사적 또는 발달적 요인이란 개인 성장과정에서의 다양한 경험과 사건들이 행동반응을 일정한 방향으로 특징짓게 하고 때로는 습관화하는 것을 의미한다. 상황 또는 맥락요인은 한 개인이 처한 개인 외적 요인으로서 기후나 시설 등과 같은 물리적 환경이라든지, 주변 인물들이 만드는 상황일 수도 있다. 생물학적 요인은 개인 내적 요인으로서 기본적 욕구, 개인적 성향, 기질, 체력, 능력 등이 포함된다.

(3) 예측

설명은 사건이 이미 일어났다는 것을 알고, 그것이 발생한 원인을 밝히기 위하여 적당한 일반적 법칙과 특정한 조건으로서의 사실을 찾아낸다. 반면에 예측(prediction)의 경우에는 일반법칙과 사실에 관한 진술이 먼저 있고, 이것들로부터 특정한 사건이 발생하기에 앞서서 그 사건을 이끌어 내는 것이다.

과학자들은 발견된 법칙을 이용하여 미래의 사상을 예측하기를 원한다. 예측을 하기 위해서는 잘 만들어진 법칙과 더불어 많은 자료가 수집되어야 한다. 일반적으로 자연과학 분야에서 발견한 법칙들은 사회과학 분야의 법칙들에 비하여 예언력이 높다. 따라서 자연과학자들은 상당히 많은 현상을 예측할 수 있게 되었고, 또 그중에는 틀림없이 그렇게 되리라고 확신할 수 있는 경우도 많다. 그러나 사회과학 분야의 현상은 예측하기가 매우 어렵다. 아예 예측할 수 없는 경우가 대부분이고, 할 수 있다고 해도 비교적 단순한 현상에 제한된다.

(4) 통제

통제(control)란 어떤 현상의 원인 또는 필수적·선행적인 조건을 조작함으로써 인간의 힘으로 그 현상을 일어나게도 하고 혹은 일어나지 않게도 하는 것을 말한다. 이렇듯 통제가 연구목적일 경우, 연구자는 어떤 현상을 있는 그대로 기술하거나 예측하는 데 그치지 않고, 의도적으로 기존의 조건에 어떤 조작을 가하고 통제함으로써 그 현상에서 어떤 변화가 일어나기를 기대한다. 이는 어떤 현상의 선행조건에 대한 지식이 충분할 때 그리고 그 조건을 조작할 수 있을 때에만 가능하다.

2) 연구방법

교육심리학은 경험과학이다. 그러므로 그 연구방법에 있어서 과학성을 갖추어야 한다. 과학은 자연현상의 이해와 지식에 관련된 진취적인 정신이다. 과학은 이론이며 이론은 변인들 간의 관계에 대한 설명이다. 과학적 연구는 정확하고 객관적인 연구여야 하며, 숙련된 연구자에 의한 공평한 연구이고, 실험자의 편견이나 주관에 좌우되지 않는 연구여야 한다(장기덕 외, 2018).

교육심리학에서 가장 많이 쓰이는 연구방법은 기술적 접근(descriptive approach), 설명식 접근(explanative approach), 그리고 임상적 접근(clinical approach)이다(김운삼·성낙돈, 2014).

기술적 접근이란 객관적으로 관찰되거나 측정된 사실을 주관적인 해석을 가하지 않고 있는 그대로 충실하게 언어적 형식으로 표현하는 방법으로 자연과학을 비롯한 기술과학의 대표적인 방법이다. 이 방법에는 자연관찰법, 측정법, 조사법 등을 통해서 기술해야 할 자료를 수집하여 그 행동을 기술한다.

설명식 접근이란 일반적으로 인과성을 밝히는 연구형태로 어떤 정신현상이나 행동의 원인이 어디에서 연유된 것이며, 그 행동이 또한 앞으로 어떤 행동으로 발전할 것인가의 예언적 연구형태를 말한다. 이 방법에서 주로 쓰이는 기법은 실험법이다.

임상적 접근은 현장에서 진단과 치료를 위한 목적으로 연구하는 방법을 말한다. 이 경우 연구하려고 하는 사례의 성질이나 목적에 따라 기술적 접근 또는 설명적 접근의 어느 유형이든 될 수도 있고, 두 접근을 병행할 수도 있다. 예컨대 도벽이 있는 아동을 연구하려 할 때 무엇을 어떻게 훔치느냐, 훔치는 빈도는 어느 정도인가와 같은 문제는 기술적 접근으로 해야 하지만, 도벽이 생기는 원인은 설명적 접근을 택해야 할 것이다. 이와 같은 임상적 접근의 기법은 일반적으로 사례연구의 방법을 택할 때가 많다.

(1) 조사연구

조사연구(survey study)는 어떤 사실이 존재하는가를 파악하여 사실대로 기술하고 해석하는 연구이다. 객관적 사실을 알아보기 위한 실태조사뿐만 아니라 주관적 사실을 알아보기 위한 의견조사나 태도조사도 있다. 사회과학연구에서 가장 많이 사용되는 자료수집 방법으로서 웹사이트, 우편조사, 전화면담, 개별 직접면담 등을 통하여 응답자로부터 설문에 답하게 함으로써 자료를 수집하는 방법을 말한다.

이와 같은 조사연구에서는 모집단 전체를 연구하기는 어렵기 때문에 연구대상의 일부를 표집하여 모집단에 대한 추정을 하게 된다. 그리고 자료를 수집할 때 질문지를 제작하여 의견을 수렴한다. 의견수렴 방법은 직접 분배하고 회수하거나 우편 또는 전화를 통해서도 가능하다.

(2) 관찰연구

관찰연구(observational study)는 학생의 행동을 그대로 두고 관찰하는 방법으로, 그 목적은 학생의 마음과 행동을 이해하는 데 있으며, 교육적인 내용의 어떠한 판단에 필요한 자료를 수집하는 데 있다. 특히 관찰연구는 인간이해의 기본적인 방법으로 피험자의 연령제한을 받지 않는다는 점에서 영아부터 성년에 이르기까지 어떠한 피험자에게도 적용될 수 있는 방법이다(민영순, 1984).

관찰연구는 그 절차에 있어서 대체로 두 단계의 과정을 거친다. 첫째 단계는 행동을 기록하는 과정이고, 둘째 단계는 기록을 분석하는 과정이다. 그러나 이 같은 두 가지 과정에 들어가기에 앞서 연구자는 연구문제에 적합한 관찰계획을 세워야 한다. 관찰계획 시에 반드시 결정되어야 할 사항으로는 행동의 표집, 관찰장면의 선택, 기록방법 등이다.

이와 같은 관찰연구는 크게 자연적 관찰과 통제된 관찰로 나뉜다(김운삼·성낙돈, 2014). 자연적 관찰(naturalistic observation)은 있는 그대로의 자연스런 상황에서 관찰이 이루어지며, 관찰장면에서 일어나는 다양한 현상을 아무런 제한 없이 관찰하는 것이다. 반면 통제된 관찰(controlled observation)은 관찰장면에 일종의 통제가 가해지는 관찰로서 통제의 의미가 실험적 조작을 뜻하기도 하고, 관찰될 행동이나 시간을 미리 일정한 형태로 계획해 놓고 특정한 영역의 행동에 대해서만 관찰하는 것을 일컫기도 한다. 그 외에 관찰자가 대상집단의 일원으로 현장에 참여하는가에 따라 참여관찰과 비참여관찰로 나눌 수 있다. 참여관찰은 현장연구에서 주로 동원되는 방법이다.

한편, 관찰연구에서 오류를 유발하는 요인으로는 첫째, 관찰대상에 미치는 관찰자의 영향을 들 수 있다. 둘째, 관찰자 자신이 범하는 오류로서 관찰자의 개인적인 기대, 관찰자의 과대한 일반화, 관찰대상에 대한 후광효과 그리고 주관적 해석의 가능성을 들 수 있다. 셋째, 관찰범주에 관련된 것으로서 행동에 대한 개념적 체계를 설정하는 과정의 오류이다.

(3) 실험연구

실험연구(experimental study)는 변인 간의 인과관계를 규명하는 연구로서, 연구자가 의도적으로 처치, 자극, 환경조건을 조작 혹은 통제하여 연구대상이나 물체에 어떤 변화가 있는지를 분석하는 연구이다. 실험연구는 연구결과에 변화를 유도하는 변수(처치변수)와 처치에 따라 어떤 변화가 발생했는지를 보는 변수(종속변수)와 처치변수 이외에 종속변수에 영향을 주는 매개변수로 구성된다.

예를 들면, 어떤 유치원에서 새로운 교수매체를 도입하려고 할 때, 새로운 교수매체가 유아의 언어발달에 긍정적인 효과가 있는지 부정적인 효과가 있는지를 판단하기 어렵다. 새로운 교수매체가 오히려 유아들에게 부정적인 영향을 미친다면 굳이 새로운 교수매체를 들여올 필요가 없는 것이다. 이와 같은 상황에서 새로운 교수매체에 대한 도입 여부를 판단하기 위해 실험연구를 진행하게 된다.

여기에서 새로운 교수매체가 독립변인이 되고, 유아들의 언어발달이 종속변인이 된다. 실험자는 언어발달의 정도가 비슷한 두 집단을 선별하여 일정기간 동안 실험집단은 새로운 교수매체에 의해 수업을 진행하고, 통제집단은 기존의 매체에 의해 수업을 진행한다. 그런 다음 두 집단 간의 언어발달의 정도를 비교하여 실험의 효과를 분석한다. 이때 실험집단의 언어발달 정도가 의미 있게 높으면 새로운 교수매체와 언어발달 사이에 인과관계가 있다고 설명할 수 있다. 이처럼 두 집단

간의 언어발달 정도를 비교하여 새로운 교수매체의 효과성을 검증하는 연구가 실험연구의 한 예라고 할 수 있다.

(4) 상관연구

상관연구(correlational study)는 변인들 간의 관계를 탐색하는 것으로서, 인간을 대상으로 하는 연구에서는 엄격히 통제된 실험이 불가능한 경우가 많으므로 상관분석을 통해서 정보를 얻을 수 있다. 실험연구에서 독립변인을 조작하기 힘들 때는 짝지은 두 변인들 사이의 관련 정도를 상관계수로 알 수 있다.

상관관계연구는 대체로 복잡한 통계 절차를 거치지 않는 한 어느 변인이 어느 변인에 어떻게 영향을 주는지, 즉 인과관계를 알아보지는 못한다. 그러나 둘 이상의 변인 간에 서로 관계가 있는지를 규명해 주는 유용한 방법이다.

예를 들면, 수학성적(A변인)과 국어성적(B변인)의 관계를 알기 위해서 상관계수(r)를 산출하게 된다. 상관계수 r은 피어슨(Pearson, 1986)의 적률상관계수 공식에 의해 산출되는데, $-1 \leqq r \leqq 1$의 범위에 있다. $r = .20$ 이하는 상관이 거의 없는 것이고, $r = .20 \sim .40$은 낮은 상관이고, $r = .60$ 이상은 높은 상관이다. 수학과 국어성적의 상관계수(r)가 .30이라면 낮은 상관에 해당된다. 두 변인 간의 상관계수를 산출하여 관련성을 추측할 수 있다. 상관계수가 양수(+)일 경우에는 정적상관이라고 하여 A변인이 증가할수록 B변인도 증가하는 관계이다. 상관계수가 음수(−)일 경우에는 A변인이 증가할수록 B변인은 감소하는 관계이다(서미옥, 2015).

상관관계연구에서 상관이 높다고 인과관계가 반드시 성립한다고는 말할 수 없다. 물론 한 변인이 다른 변인의 원인이 되는 경우는 있지만 실험적인 경우가 없이는 그런 결론은 타당하지 못하다는 것이다.

(5) 사례연구

사례연구(case study)는 특정한 행동특성을 보인 개인이나 집단 또는 기관을 대상으로 어떤 문제나 특성을 심층적으로 조사·분석하는 연구이다. 소수의 연구대상을 선정하여 필요한 각종 정보나 자료를 여러 가지 방법으로 수집하고, 이러한 자료를 근거로 하여 연구대상이 가지고 있는 특성이나 문제점을 진단·기술하며, 그 문제점의 대책을 제시하는 연구이다(조원호, 2002).

사례연구는 그러한 현상이나 사회적 단위의 특성들이 맥락을 떠나서는 이해될 수 없는 상황에 적합한 연구방법이다. 사례연구를 수행하기 위해서는 우선 사례를 정해야 하는데, 이때 연구자는 사례를 선택하기 위한 합리적인 기준을 설정해야 한다. 사례선택 시 의도적 선택(purposeful selection)방법을 사용할 수도 있는데, 이는 연구자가 의도하는 바를 가장 잘 나타낼 수 있는 사례를 선택하는 것이다. 사례는 하나 또는 여러 개를 선택할 수 있는데, 사례의 수가 많아질수록 연구의 깊이는 줄어든다. 사례연구에서 사례 수는 보통 네 개를 넘지 않는다(장기덕 외, 2018).

여기에서 사례연구의 대상은 반드시 문제행동을 가진 사람만은 아니다. 바람직한 행동을 보인 사람도 연구대상이 된다. 그리고 사례연구는 살아 있는 사람만을 연구대상으로 삼지 않는다. 어떤 사람의 작품, 자서전, 일기, 생활기록부 등도 분석 및 연구의 대상이 된다.

Chapter

02

발달의 이해

교육심리학이란 인간을 대상으로 하는 학문이다. 그러므로 효율적인 교수전략은 교육의 주체인 교육자 또는 교사가 교육의 객체인 자신의 학습자 또는 학생들을 명확하게 이해할 때 이루어질 수 있다. 그러므로 교사는 인간의 성장 발달 가능성에 대한 확고한 신념을 가지고 있어야 하며, 또한 수정에서부터 죽음에 이르기까지 정지됨 없이 부단한 변화를 지속하는 학습자에 대한 정확한 지식을 가지고 있어야만 한다.

학습자의 발달을 이해하기 위해서는 전 생애에 걸친 인간발달이라는 관점에서 발달의 개념 및 원리에 대해 먼저 살펴 볼 필요가 있다. 생애발달적 접근(life span development approach)에 근거하여 발달을 단계별 그리고 영역별로 살펴보는 것은 인간 발달의 주요 특징 및 현상들을 체계적으로 이해하는 데 도움이 된다. 그리고 인간 발달에 있어서 주요 쟁점으로 논의되어 온 이슈들에 대해 아는 것도 중요한데 본 장에서는 유전과 환경, 연속성과 비연속성, 초기 경험과 후기 경험의 중요성, 공통의 발달과정 혹은 다양한 발달과정 등을 살펴봄으로써 학습자의 발달을 이해하는 기초를 제공하고자 한다.

1. 발달의 개념

인간의 발달(development)은 정자와 난자가 만나 수정된 그 순간부터 죽음에 이르기까지 인간의 전 생애에 걸쳐 진행되고, 개체와 환경 간의 계속적인 상호작용을 통해서 일어나는 양적인 변화뿐만 아니라 질적인 변화를 포함하는 개념이다. 여기에는 약물이나 특수한 상황 등에 의해 나타나는 일시적인 변화는 포함하지 않는다. 양적 변화란 신장이나 체중, 어휘 등에서 나타나는 크기나 양의 변화를 의미하며, 질적 변화란 의식작용 등에서 나타나는 본질과 구조 또는 조직상의 변화를 의미한다. 이러한 발달은 성장과 성숙, 학습에 의해 나타나는 결과이기도 하기에 이를 좀 더 구체적으로 살펴보면 다음과 같다.

1) 성장

발달이 일어나는 첫 번째 기제는 성장(growth)이다. 성장이란 키가 자라고 몸무게가 증가하는 것과 같이 발달과정에 따른 신체적 특성에 있어서의 양적인 변화를 말한다. 이전에는 발달을 신체적 향상과 심리적 진전을 의미하는 것으로 이해하였기에 성장이라는 용어와 혼용되기도 하였으나, 성장은 주로 양적인 면만을 의미하기 때문에 발달과 동의어라기보다는 발달의 한 측면이나 기제로 이해하여야 한다.

2) 성숙

성숙(maturation)은 사춘기의 급속한 신체성장과 같이 유전적 계획에 따라 나타나는 변화를 말한다. 즉, 경험이나 학습에 의하지 않고 생득적으로 갖고 태어난 유전에 의해 어떤 기능이나 행동상에 변화가 나타나는 것을 의미한다. 예컨대 유아들의 경우, 유아기 초기에 신경학적 성숙과 더불어 괄약근과 같은 근육의 능동적 조절이 가능해지면서 대소변을 자율적으로 능숙하게 가릴 수 있게 된다.

3) 학습

학습(learning)은 후천적인 경험의 산물로서 훈련이나 연습에 의해 일어나는 비교적 지속적인 행동의 변화를 의미한다. 이러한 학습은 개인의 노력에 의해서 이루어지기도 하나 타인이나 환경의 영향을 받아 이루어지기도 하므로 환경과 밀접한 관계가 있다.

인간발달은 앞에서 언급한 성장과 성숙, 학습 등 3가지 중 어느 하나에 의해서만 일어나는 것이 아니라 전 생애 동안 성장, 성숙, 학습에 의해 이루어지는 변화과정이라 할 수 있다. 과거에는 발달이란 용어가 좁은 의미로 사용되어 수정에서부터 아동기 내지 청년기에 이르는 상승적 변화만을 가리키는 것으로 사용되어 왔으나, 근래에는 넓은 의미로 사용되어 청년기 이후 노년기에 이르기까지의 하강적 변화까지도 포함하고 있다. 다시 말해 발달이란 수정에서 죽음에 이르는 전 생애에 걸친 모든 연령적 변화, 즉 '평생 발달'을 의미한다.

2. 발달의 원리

인간의 발달을 가능하게 하는 것은 유전적 특징인 성숙과 후천적인 경험으로 인한 학습이므로 어떤 유전적 특징을 가지고 태어났느냐에 따라, 그리고 어떤 경험을 하고 어떤 교육을 받았느냐에 따라 인간의 발달 모습이나 발달 속도는 달라질 수 있다. 그러나 그러한 차이에도 불구하고 인간의 발달은 대체적으로 일정한 원리와 순서에 따라 이루어지는 경향이 있는데 이를 '발달의 원리'라고 한다. 인간 발달은 다음과 같은 발달 원리에 의해 이루어진다(이병승 외, 2019).

1) 발달에는 일정한 순서가 있다

유아의 운동 발달을 살펴보면 유아는 엎드려서 기어 다니다가 앉을 수 있게 된 다음에 일어설 수 있게 되며 그 이후에 걸을 수 있다. 이와 같이 운동 발달에는 일정한 순서가 있으며 또한 이러한 운동 발달이 진행되는 방향에 따라 다음과 같은 일정한 경향이 있다.

① 상부에서 하부로, 즉 머리에서 발의 방향으로 발달한다. 예를 들면, 태아기에는 전체 신체에서 머리가 팔·다리보다 먼저 발달하여 발달률이 가장 큰 것을 볼 수 있다.

② 중심에서 말초 방향으로 발달한다. 심장이 모세혈관보다, 대뇌가 말초신경보다 먼저 발달한다.

③ 전체 활동에서 특수 활동으로 발달한다. 출생 후 수개월 된 유아가 손바닥으로 물건을 잡다가 좀 더 성장하면 다섯 손가락을 사용하다가 마지막에는 두 손가락으로 어떤 물건을 집어 올리는 것을 볼 수 있다.

아동 발달에 있어서 이와 같이 일정한 순서와 방향이 있다는 사실은 발달의 전 단계가 다음 단계의 기초가 됨을 뜻하며, 한 단계에서 다음 단계로 이행한다는 것은 보다 높은 차원의 발달이 이루어짐을 뜻한다.

2) 발달은 계속적인 과정이지만 발달의 속도는 일정하지 않다

신체의 각 부위나 정신기능에 있어 발달의 속도는 일정하지 않다. 신체의 발달을 보면 유아기와 사춘기에 급격한 증가를 나타내지만, 다른 시기에는 발달의 속도가 느리다. 어휘 수는 유아기에 급격히 발달하며, 추리력은 서서히 발달하여 아동기를 지나 청년기에 완숙된다.

이와 같이 특정한 시기에 어떤 기관이나 기능의 발달이 급격히 진행되는데, 이러한 시기를 결정적 시기(critical period)라고 한다. 이러한 시기에 정상적인 발달이 장애를 받으면 영구적인 결함을 지니게 되는 수가 많다.

3) 발달은 성숙과 학습에 의존한다

연령 증가에 따라 나타나는 발달적 변화는 성숙과 학습의 소산이다. 발달에 영향을 미치는 요인 중에서 성숙요인, 즉 생물학적 또는 유전적 요인의 영향이 큰지, 학습요인인 환경이나 경험적 요인의 영향이 큰지에 대한 논쟁은 아직도 명확한 결론을 내리지 못하고 있으나 대체적으로 유전과 환경, 다시 말해 성숙과 학습의 상호작용에 의해 발달이 이루어지고 있다고 보고 있다. 예를 들면, 아기가 혼자 서게 되는 것은 다리 근육의 성숙이 선행되어야 하지만 가끔 어른이 손을 잡고 일어서는 연습을 시키면 빨리 서게 되는 것처럼 성숙과 학습은 상호 영향을 주는 것이다.

4) 발달에는 개인차가 있다

사람마다 여러 가지 특성상의 차이가 있고 상이한 행동을 한다. 이러한 개인과 개인 사이의 차이를 흔히 개인차(individual difference)라고 부른다. 따라서 발달에 개인차가 있다 함은 사람마다 특성이나 행동에 차이가 있음을 인정하는 말이다. 어떤 사람은 고교 시기에 이미 성장이 완료되는 반면에 어떤 사람은 천천히 성장하여 대학교 시기까지 발달이 계속되는 경우가 있듯이 일정한 보편적 패턴을 밟으면서도 개인차를 나타낸다.

5) 발달의 각 측면은 상호 관련성을 가진다

신체적 발달, 지적 발달, 성격 발달 등이 각각 독립적으로 이루어지는 것이 아니라 서로 밀접하게 관련되어 있음이 여러 연구들을 통해 밝혀지고 있다. 예를 들면, 사회성 발달에 문제가 있는 아동의 경우 언어 발달도 더딘 경향이 있고, 인성 발달의 수준이 낮은 사람에게 높은 도덕성을 기대할 수도 없으며, 신체 발달이 우수한 아동이 지적 발달에 있어서도 앞서고, 지적으로 우수한 아동이 보다 긍정적이고 적극적인 성격으로 발달되는 경향이 있다.

6) 발달의 초기 단계가 일생에서 가장 중요한 시기이다

생의 초기 단계인 영유아기의 발달은 이후의 모든 단계의 성장 발달을 좌우한다. 발달의 초기 경험은 인간에게 치명적이고 지속적인 영향을 남긴다. 유아가 발달 초기에 따뜻하고 적절한 대인관계를 형성하지 못하면 발달의 후기에서도 원만한 대인관계를 형성하지 못해 적응곤란을 야기하게 된다. 만일 사회적 접촉의 결여로 인해 유아기에 정상적인 언어 발달이 이루어지지 않으면 계속 언어장애를 갖게 되고, 심할 경우 자폐증적인 증후가 나타나기도 한다.

3. 발달 단계

발달은 수정되는 순간부터 죽음에 이르기까지 일생 동안 일어나는 변화과정이다. 태내기에서 노년기에 이르는 각 발달단계는 이전 단계의 영향을 받음과 동시에 다음 단계에 영향을 미친다. 발달단계를 구분하는 데에는 학자들마다 서로 다른 견해가 있고, 노년기가 평균수명의 연장으로 다른 발달단계보다 상대적으로 길어지면서 노년 전기와 후기로 나누어야 한다는 최근의 견해도 있지만, 대체적으로는 8단계로 구분한다.

인간의 발달적 변화를 보다 쉽게 이해하기 위해서는 단계를 구분하여 접근하는

데, 일반적으로 연령을 기준하여 태내기, 영아기, 유아기, 아동기, 청소년기, 성인기, 중년기, 노년기의 8단계로 나누고 있으나(임지영 외, 2015), 발달의 개인차나 문화적인 차이 등을 고려하여야 한다.

1) 태내기

태내기(prenatal period)는 수정에서부터 출생까지의 기간으로 어머니의 자궁 속에서 태아의 신체 조직이 구성되고 신체성장이 가장 급속도로 일어나는 시기이다. 이 과정은 다시 발아기 또는 배종기(germinal period), 배아기(embryonic period), 태아기(fetal period)로 구성된다. 태아는 배 속에 있을 때부터 어머니의 건강과 심리적 상태에 민감하게 반응하므로 주의하여야 하고, 특히 태내 첫 3개월 동안은 기본적 신체 구조와 기관이 형성되므로 조심해야 한다. 그러기에 옛 어른들은 임산부가 불결한 것을 보지도 듣지도 못하게 막았고, 첫 3개월 동안은 힘든 일은 아예 못하게 보호하였다.

2) 영아기

영아기(infancy)는 출생 후 24개월까지의 기간으로 발달의 여러 영역에서 놀랄만한 성장이 이루어진다. 그중에서도 출생 후 첫 1개월을 신생아기라고 하는데, 이 시기는 어머니로부터 분리되어 태내 환경과 다른 새로운 환경에 적응해야 한다. 영아기 동안 영아는 신체적 성숙을 바탕으로 이동능력과 같은 기본적인 운동능력을 획득하고 인지적 발달을 통해 언어를 습득한다. 또한 주위 사람들과의 상호작용을 통해 애착과 같은 사회 및 정서적 반응을 보인다.

3) 유아기

유아기(early childhood)는 취학 전 시기라고도 불리며 보통 만 2세부터 6, 7세까지의 기간으로 초등학교 입학 전까지의 시기이다. 유아기는 영아기에 비해 신체적 발달의 속도가 완만해지기는 하지만 모든 발달영역에서 꾸준한 성장이 이루어진다. 기본 운동기능은 성숙하고 상상력이 풍부해지며 많은 어휘를 습득하여 의사소통능력이 좋아진다. 또한 또래와 놀이를 통해 세상을 탐색하고, 기초적인 사회화를 경험하며, 기본적인 생활습관을 형성하는 시기이다.

4) 아동기

아동기(middle childhood)는 만 6, 7세부터 12세까지의 초등학교에 다니는 기간으로 학교교육이 시작되는 시기이다. 이 기간 동안 생활의 중심이 가정에서 학교로 옮겨가면서 다양한 사회적 관계를 형성하는 시기이나, 아동의 학습과 성장에 가족은 여전히 중요한 역할을 하며 또래집단의 영향력도 사회화에 있어 중요한 자리를 차지한다.

5) 청소년기

청소년기(adolescence)는 만 12세에서 22, 23세까지로 사춘기에서 성년기 이전에 해당하는 시기이다. 2차 성징이 나타나면서 성적 변화가 급격하게 나타나며 지적 능력도 현격하게 증가하여 추상적이고 깊이 있는 사고가 가능해진다. 이 시기에는 자아정체감 형성이 중요한 발달과업이며 또래의 영향력이 더욱 증대된다.

6) 성인기

성인기(early adulthood)는 청소년기가 끝나는 시기부터 대략 40세까지를 이르며 직업선택과 결혼, 자녀출산 및 부모역할을 시작하는 시기이다. 성숙한 개인인 동시에 사회인으로서의 역할이 중요해지는 시기이다.

7) 중년기

중년기(middle adulthood)는 40세부터 65세까지를 이른다. 중년기는 자녀를 양육하고 직업을 통해 경제적 능력을 확장하는 등 개인 및 사회생활에서 절정에 다다르는 시기이나, 신체적으로는 갱년기를 경험하고 심리적으로는 중년기 위기를 경험하게 되면서 새로운 적응이 필요한 시기이다.

8) 노년기

노년기(late adulthood)는 65세 이후에 해당하는 인생의 마지막 단계이다. 평균 수명의 연장으로 그 기간이 매우 길어져 노년 전기와 노년 후기로 구분하기도 한다. 이 시기 동안 신체적 노화와 은퇴에 적응하고 변화하는 역할에 융통성 있게 대처해야 하며 배우자와 친구들의 죽음으로 말미암은 상실의 경험을 극복하고 자신의 죽음을 준비해야 한다.

4. 발달 영역

인간발달은 크게 생물학적 발달, 인지적 발달, 사회·정서적 발달 등의 3영역으로 이루어져 서로간의 상호작용 속에서 전 생애에 걸쳐서 진행된다.

1) 생물학적 발달

생물학적 발달(biological development)은 신체발달과 운동발달을 모두 포함하는 영역으로 뇌와 신경계의 발달, 대근육 및 소근육 운동발달, 감각기능 발달, 생리적 발달, 신체적 성장 등이다.

2) 인지적 발달

인지적 발달(cognitive development)은 환경을 탐색하고, 지식을 축적하며, 문제를 해결해나가는 모든 정신과정에서의 발달로 언어발달, 기억발달, 학습발달, 지능발달 등 정신적 능력에서의 발달을 의미한다.

3) 사회·정서적 발달

사회·정서적 발달(socioemotional development)은 대인관계의 발달, 성격의 변화, 정서발달을 포함하며, 특히 가족관계, 또래관계, 교사와의 관계 등을 통한 상호작용과 대중매체, 지역사회, 문화 등 거시적 환경의 영향을 받는다.

발달과정에서 이 3영역은 독립적으로만 발달이 진행되는 것은 아니며 상호 영향을 주고받는 복합적인 관계에 있다. 예컨대, 신체나 운동 기술의 변화에는 두뇌의 발달이 관여하며, 이러한 변화는 인지발달이나 사회·정서발달에도 영향을 미친다.

5. 발달에 대한 주요 쟁점

발달에 대한 쟁점에는 학자마다 차이가 있으나 여기서는 유전과 환경, 성숙과 학습, 연속성과 불연속성, 결정적 시기, 초기 경험과 후기 경험의 중요성에 대해 알아보고자 한다(정옥분, 2012).

1) 유전과 환경

인간의 발달에 있어서 유전과 환경에 대한 문제는 오랫동안 논란의 대상이 되어 왔다. 이는 인간의 발달이 선천적인 유전에 의한 것인지, 아니면 후천적인 환경에 의한 것인지, 또는 발달에 미치는 영향에 있어 유전이 더 중요한가, 환경이 더 중요한가 하는 문제이다.

유전론자들에 의하면, 인간의 타고난 유전적 기초나 생물학적 기초가 발달을 결정짓는다고 본다. 이들은 발달의 기제를 본성이나 성숙, 생득으로 간주하고 발달의 근원은 태어날 때 물려받은 특질에 의한 것이며, 대부분의 발달은 유전적으로 예정되어 이루어진다고 본다. 반면에 극단적인 환경론자들은 유전이 아니라 환경적 영향만이 발달의 변화를 설명할 수 있다고 주장한다. 이들은 발달이 환경으로 이루어지는 경험의 산물이라 보고, 학습을 주요 발달의 기제로 본다.

하지만 최근에는 인간의 발달을 설명하는데 더 이상 유전론과 환경론 중 어느 한 편에 치우쳐 한 가지 요인만을 강조하지는 않는다. 즉 인간이 보이는 대부분의 행동 특성을 유전과 환경의 상호작용으로 설명하려고 하며, 그에 따라 2개의 요인이 어떻게 어느 정도로 결합되어 발달이 일어나는가에 초점을 두고 있다.

2) 연속성과 비연속성

발달이 연속적인가 혹은 비연속적인가라는 2가지 입장으로 구분된다. 발달의 연속성을 주장하는 관점에서는 발달을 양적으로 증가하거나 더 복잡해지는 등 점진적이고 점차적으로 변화하는 것으로 보고 발달의 한 단계의 행동이 다음 단계의 발달과 직접적인 연관이 있다고 본다. 예컨대, 아기들이 기는 과정을 보면 처음에는 몸을 단순히 뒤집다가 다음에는 손과 무릎을 움직이고, 마침내 기기 시작하게 되는데 이는 연속적이며 점진적인 변화를 보여주는 것이다.

발달의 비연속성을 주장하는 입장에서는 발달이 일련의 독립적이며 질적으로 서로 다른 단계를 통해서 진행된다고 본다. 예컨대 아동이 어떤 단계에 도달하면 완전히 다른 사고방식을 획득하게 되며, 점차 이전의 방식이 아닌 새로운 방식으로 대치되므로 비연속적인 발달을 보여준다고 주장한다.

최근에는 이 논쟁 역시 극단적으로 한 입장을 취하는 것이 아니라 오랜 기간을 두고 변화의 곡선을 관찰한다면 발달은 이 2가지 형태를 결합한 모형으로 보일 가능성이 높다고 본다(Santrock, 2011). 즉, 질적인 변화도 갑작스러울 수 있지만 그러한 갑작스러운 변화는 점진적인 발달이 쌓여서 이루어진다고 본다.

3) 초기 경험과 후기 경험의 중요성

오랫동안 발달과정에서 인생 초기의 경험이 절대적으로 중요하며 전 생애 발달에 결정적인 역할을 한다고 보아왔으나(Cassidy et al., 2011), 최근에는 전생애 혹은 평생발달론자들을 중심으로 후기 경험 또한 초기 경험 못지않게 중요하다는 견해가 지배적이다. 예컨대 초기경험을 중시하는 학자들은 생애 초기에 양육자의 애정 어린 보살핌과 민감한 양육 태도가 결핍되면 영아는 안정적 애착관계를 형성하기 어렵게 되고, 이후 여러 영역의 발달에 부정적인 영향을 미친다고 본다

(Bowlby, 1980). 하지만 후기 경험의 중요성을 강조하는 학자들은 나중에라도 적절한 애정과 관심이 주어지면 이러한 부정적 영향이 완화될 수 있다고 본다 (Antonucci, Birditt & Ajrouch, 2011). 이들은 발달에 있어 가소성(plasticity)의 개념을 지지하며 인간은 삶을 살아가는 동안 계속 영향력 있는 경험에 의해 변화할 수 있다고 본다. 따라서 초기의 부정적 경험은 이후 긍정적 경험 여부에 따라 변화될 수 있다는 것이다(Overton, 2010).

4) 공통의 발달과정과 다양한 발달과정

인간의 발달과정이 공통된 하나의 발달과정으로 설명될 수 있는가, 아니면 다양한 발달과정을 인정해야 하는가와 관련된 것이다. 이 논쟁은 앞서 다루었던 '유전과 환경의 논쟁'과 밀접한 관련이 있는데, 유전을 강조하는 학자들은 유전적인 특성이 성장과 발달에 있어 공통적인 발달과정을 만들어 낸다고 보는 반면, 환경론자들은 유아가 경험하는 다른 환경들이 다양한 발달과정을 야기한다고 본다 (Santrock, 2011).

앞서 살펴본 바와 같이 과거에는 발달 논쟁에 대한 이론가와 학자들의 견해가 양극을 취하는 대립 경향이었으나 최근의 동향은 양자 간에 서로의 관점을 어느 정도 수용하면서 각자의 입장을 보완하는 추세이다(임지영 외, 2015).

개인의 발달에 있어 연속적 및 비연속적 변화가 모두 일어난다고 믿으며, 유전과 환경의 각 요인은 다른 요인의 잠재력에 영향을 주어 유아의 특성과 능력을 조정하면서 유전과 환경이 함께 작용한다고 여기는 이론가들이 증가하고 있다. 또한 초기 경험과 후기 경험의 상대적인 영향이 발달의 한 영역에서부터 각 개인에 걸쳐 매우 다양하게 나타난다는 것이 여러 연구에 의해 밝혀졌다. 그리고 학자들은 발달과정에 있어 공통된 발달과정이 있지만 각 개인에게 고유한 발달과정상의 특성들이 있다는 것도 인정한다.

최근의 이런 변화가 교육을 담당하는 현장의 교사 또는 부모들에게 주는 시사점은 발달에 대한 균형적인 관점과 다양성을 포함하는 폭넓은 관점을 갖게 하는 것이다.

Chapter

03

인지발달

1. Piaget의 인지발달이론

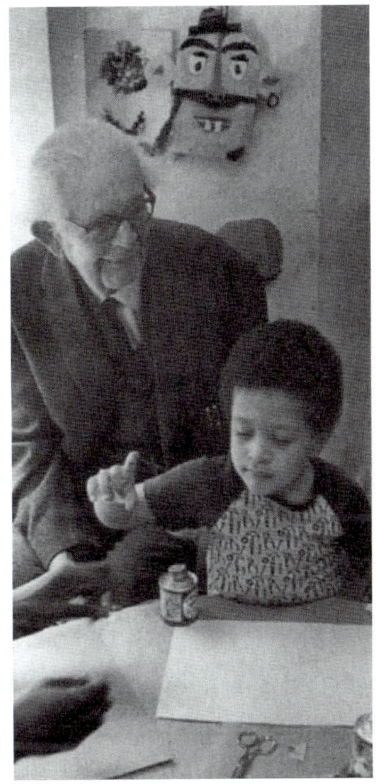

1896년 스위스 뇌샤텔에서 태어난 Jean Piaget는 심리학 역사상 가장 영향력 있는 발달심리학자이다. 그는 생물학, 심리학, 철학, 수학 등 다방면에 탁월했던 것으로 알려져 있다. 인간의 지식, 지능이 어떻게 획득되고 발달하는가에 대한 근원적 규명에 관심을 갖고 전 생애를 연구에 바친 발생학적 인식론자로서 150여 편의 논문과 『아동의 언어와 사고』, 『아동심리학』, 『아동지능의 요인』 등 50여권의 저서를 남겼다.

Piaget는 인간을 외부환경에 수동적으로 반응하는 존재로 보는 당시의 행동주의 심리학과는 달리 인간의 잠재 가능성을 토대로 환경에 능동적으로 반응하는 존재로 보았다. 그는 최초의 지능검사를 개발한 Binet의 지능실험실에서 연구원으로 일하면서 아동이 지능검사에서 오답한 문항 내용에 관심을 갖고 사고과정을 분석해 본 결과, 아동사고의 논리적 구조가 성인과 본질적으로 차이가 있음을 발견하였다. 그는 인간의 인지발달과정을 체계적인 이론으로 설명하고, 유아와 아동이 세상을 이해하는 방식을 연구할 수 있는 방법을 최초로 개발한 사람이라고 할 수 있다. 그는 공동연구자였던 부인과 함께 자신의 세 자녀 양육과정에서 자연적·체계적 관찰과 질문을 이용하여 아동의 사고를 추적하는 임상법을 통해 인지발달이론을 체계화하였다.

그의 이론은 1930년대에 돌풍을 일으키며 1940년대까지 인지발달과 관련한 중요한 많은 연구를 수행하였으나, 1950년대 초반에는 주춤하였다. 이는 Piaget의 아동의 학습과 발달에 대한 기본 가정과 연구 방법 등이 그 당시 미국 심리학을 지배했던 행동주의 심리학과 상당한 차이가 있었기 때문인 것으로 보인다. 그러나, 1955년경부터 다시 그의 이론에 대한 연구가 활발히 진행되기 시작하였고, 그 이후에는 유아교육의 이론적 토대구축과 교육과정 개발에 많은 시사점을 제공하였다.

Piaget는 생물학적 원리와 방법을 인간발달 연구에 적용하고자 하였으므로, 심리학에 도입된 다양한 용어들은 생물학에서 온 것이 많다.

1) 인지발달의 기본 개념

인지(cognition)란 지각, 상상, 추리, 판단 등과 같은 지각활동을 포괄하는 개념이며, 인지발달은 기존 정보를 보존하고 새로운 사실이나 개념을 추가하는 것이라고 할 수 있다. Piaget는 인간의 지적 능력을 개인이 주어진 환경에 효과적으로 적응할 수 있는 능력, 즉 밖으로는 환경의 조건과 대응하면서 안으로는 사고와 행위를 재구성해 나가는 순응행동의 특수형태라고 보았다.

Piaget(1963)는 인지발달을 적응과정으로서 조직(각각의 감각들을 구조 속으로 변형시키고 결합하는 것)과 순응(동화, 조절, 평형화의 과정)의 과정이라고 보았다. 그는 인지발달이 도식(schema)에 기초하여 이루어지며, 도식으로 이루어진 인지구조는 안정성을 추구하면서 동시에 새로운 자극에 새로운 도식을 추구하며 발전해 나간다고 하였다. 인간이 어떤 상황에서 사고하거나 행동하는 양식은 그 사람의 인지구조에 의해 결정되는데 개인의 인지구조는 매우 느리게 발달하며 일정한 기간 동안에 나타나는 사고양식에는 일관성이 있다. 인간은 발달에서 능동적·적극적 역할을 하며 개인이 적응하는 도구인 인지구조는 연령에 따라 변화하는데 Piaget는 이러한 변화를 인지발달단계로 체계화하였다.

Piaget는 사고의 기본적 경향으로서 조직화(organization)와 평형화(equilibration)를 제안하였다. 조직화란 행동과 사고를 조리 있는 체계로 결합→배열→재결합→재배열하는 것을 말한다. 또한 인간은 질서와 체계를 유지하려는 본능적·선천적 욕구를 갖고 있는데 Piaget는 이러한 경향을 평형에 대한 욕구라고 하였다. 따라서 평형화란 환경과의 효과적인 상호작용을 하는데 필요한 자기조절 기제로서 사고의 균형화를 추구하는, 즉 현재의 인지구조와 새로운 정보 간의 균형을 회복하는 과정을 일컫는다. 사고의 실제적 변화는 이러한 평형의 과정을 통해서 일어나며, 인간은 인지적 평형상태를 획득하기 위해 사고과정의 적절성을 계속적으로 검증한다.

2) 인지발달의 과정

Piaget의 인지발달이론을 설명하는 핵심 개념으로서 도식(schema), 동화(assimilation), 조절(accommodation)이 있다. 도식은 사고의 기본 단위로서 인간이 세계를 이해하고 반응하여 기능하기 위해 사용하는 지식, 절차, 관계를 뜻하는 것으로 일종의 외부 환경에 대한 이해의 틀(frame of understanding)이라고 할 수 있다. 즉, 인간이 경험을 표상하고 조직하고 해석하기 위해 만든 것으로 사물과 사건에 대해 정신적으로 표상하거나 생각해 보도록 하는 조직화된 행동 또는 사고의 체계이다. 인간은 환경에의 적응과정에서 반복되는 행동과 경험을 통해 도식을 구성해 나간다. 생후 초기의 도식은 감각운동적 차원에서 구성되며, 성장하면서 개념적 차원으로 확대되어 나가는데 이러한 개념적 차원의 도식을 인지구조라고 한다. 도식은 동화와 조절을 통해 평형을 이루고 새로운 도식을 형성하면서 인지구조의 변화가 일어나게 된다.

동화는 현재의 도식에 의해 세계를 해석하는 것이다. 새로운 정보나 개념, 경험을 접할 때 이미 자신이 가지고 있는 도식에 비추어 별다른 조절 없이 이해 가능할 때 그대로 기존 도식에 적용시키려하는 경향성을 말한다. 즉, 동화는 새로운 환경자극을 자신의 기존 이해의 틀에 맞추어 흡수하는 현상으로서 도식의 변화가 아닌 단지 기존 구조에 양적인 변화를 더하는 도식의 양적 성장과 관련이 있다.

이와 대조적으로 조절은 새로운 도식을 창출하거나 새로운 사물을 이해하기 위해 도식을 바꾸는 것이다. 새로운 정보 또는 경험이 기존에 가지고 있는 도식만으로 이해하기 어려울 때 이를 인식하기 위해 새로운 도식으로 받아들이거나 기존의 도식을 새로운 경험에 알맞게 수정하는 것을 의미한다. 조절은 도식의 질적 변화와 관련이 있다. 예를 들면, 유아가 언어를 배우기 시작할 때 털이 있고 다리가 네 개인 동물을 무조건 멍멍이로 인지하는 것은 동화, 동물의 울음소리, 상이한 모습 등에 따라 각기 다른 동물(예 : 고양이, 사자 등)로 인지하는 것은 조절, 조절을 통해 멍멍이 이외의 새로운 동물 도식이 생기고 그 결과 인지구조의 평형을 이루게 되는 것은 평형화이다.

이렇게 인지발달은 모순 없는 새로운 지식을 동화시키고, 기존의 도식에 적절하지 않은 지식은 도식을 조절하면서 끊임없이 도식을 확장시키는 과정이다. 그는 인지발달을 결정하는 주요 요인으로서 성숙(maturation), 물리적 경험(physical experience), 사회적 요인(social factors)을 들었다.

3) 인지발달 단계

(1) 감각운동기(sensory-motor stage, 0~2세)

태어나는 순간부터 2세가 될 때까지 영아는 주로 감각적인 인상과 운동 활동을 통하여 세상을 이해한다. Piaget는 이 단계를 감각운동기라 하였다. 감각운동기라는 용어는 영아가 자신의 감각이나 손가락을 입에 넣고 빠는 등과 같은 운동을 통해서 주변세계를 탐색한다는 것을 의미한다. 즉, 영아는 새로운 정보를 얻기 위해 자신의 감각을 사용하고 새로운 경험을 찾기 위해 운동능력을 사용하려 애쓰면서 지각능력과 운동능력이 발달하게 된다. 이 단계에 속하는 4~8개월 아동의 인지발달의 주요 특징으로는 대상영속성(object permanence) 발달이 있다. 이 시기 이전에는 글자 그대로 'out of sight'는 'out of mind'이다. 즉, 유아는 시야를 떠난 대상은 마치 더 이상 존재하지 않는 것처럼 취급한다.

감각운동기를 세분하면 다음과 같이 6단계로 나눌 수 있다.

① 1단계(반사기 : 출생~1개월)

단지 감각운동 체계만 있는 반사기능으로 새로운 정보를 얻기 위해 감각을 사용한다. 출생 후 유아는 단순히 선천적·무선택적인 반사적 활동(예 : 빨기, 울음, 미소 등)을 보이는데 이러한 반사활동의 반복적 사용과 환경과의 상호작용을 통해 행동을 수정하고 조절해 나간다. 반사활동은 이후 인지구조의 발달에 필수적이다. 이 시기의 유아는 자기와 다른 대상을 변별하지 못한다. 단지 빨기, 손에 닿는 것 잡기, 소리 나는 쪽으로 고개 돌리기 정도만 가능하다.

② 2단계(일차 순환반응 : 1~4개월)

반사기능으로부터 적응적 도식이 발달된다. 대상에 대한 인식과 변별이 생기기 시작하며 반응범위도 보다 넓어진다. 순환반응이란 흥미 있는 사건을 반복적으로 하려는 시도를 말하며, 이는 경험을 동화시키려는 능동적인 시도이다. 반사적 행동은 수정되어가지만 여전히 반사적이고, 목적은 행동이 연속적으로 진행되면서 생겨나며 의도적인 듣기, 반복행동 등이 나타난다. 이 시기엔 소리를 낸 대상을 보려고 애쓰는 시간과 청각 사이의 협응, 손에 닿는 것을 입으로 가져가 빠는 손과 입의 협응 등이 나타나기 시작한다.

③ 3단계(이차 순환반응 : 4~8개월)

인과관계(예 : 딸랑이를 흔들면 소리가 난다)를 인식하기 시작하며, 물체를 따라 눈이 움직이고 흥미 있는 사태를 재현하는 절차가 발달한다(예 : 딸랑이를 흔들어 소리가 나는 것에 흥미를 갖게 되면 그것을 계속 흔든다).

④ 4단계(이차 도식의 협응 : 8~12개월)

이미 알고 있는 도식을 새로운 문제에 적용시킨다. 이 시기의 유아는 수단과 목적을 구분하기 시작하며 수단과 목적을 결합하는 의도적 행동을 표출한다. 인과성에 대한 초보적인 객관화를 보이며 단순한 행위를 하기 위해 두 개의 친숙한 도식을 협응시키기 시작한다. 모방능력과 대상영속성의 개념이 발달하기 시작하여 눈앞에서 사라진 대상을 탐색하여 찾아낸다(예 : 장난감 앞에 베개를 놓으면 장난감을 잡으려고 베개를 치운다).

⑤ 5단계(삼차 순환반응 : 12~18개월)

탐색과 시행착오를 통해 새로운 수단-목적을 결합시킨다. 이전에 형성된 도식의 습관적인 적용보다는 경험을 통하여 목적에 도달하는 새로운 수단을 발달시킨다. 즉, 목적 달성을 위해 전략을 사용하기 시작하며(예 : 물건 딛고 올라가기), 이용 가능한 도식의 사용으로 해결될 수 없는 문제에 직면하면 시행착오를 거쳐 새로운 도식을 발달시킨다. 지연모방이 나타나기 시작하며 눈앞에서 어떤 대상이 이동되어 감추어진 것을 보고 그것을 탐색하여 찾아낸다(예 : 우유병을 가지고 몇 걸음 이동하여 그것을 수건으로 덮어 놓아도 수건을 들추어 우유병을 찾아낸다).

⑥ 6단계(사고의 시작 : 18~24개월)

감각운동 수준에서 표상적 수준(표상 및 상징 기능 출현)으로 인지가 발달된다. 이 시기의 유아는 정신적으로 대상과 사건을 표상할 수 있게 되고 그 결과로 표상을 통해 문제를 해결할 수 있게 된다. 행동하기 전에 생각하는 시기로서 이전의 경험을 표상해 봄으로써 미리 결과를 예측할 수 있다. 내재적 조합을 통해 새로운 수단을 창출하고, 보이지 않게 이동된 숨겨둔 대상을 탐색하여 찾아낸다.

(2) 전조작기(preoperational stage, 2~7세)

영아들은 신체적으로 조작할 수 있는 대상을 통해서만 세계를 이해하고 그 세상에 대해서 배울 수 있었으나, 유아기가 되면 사물에 관해 사고하는 능력이 점차 발달하고 대상을 정신적으로 표상할 수 있는 상징을 사용할 수 있게 된다. 전조작기 동안에 아동의 언어와 개념은 놀라운 비율로 발달한다, 그러나, 아직까지 그들의 사고는 미발달 상태로 남아 있다.

가장 잘 알려진 보존성 문제 중의 하나는 액체량 보존이다. 실험자는 조용한 방에 아동을 앉힌다. 실험자는 모양과 크기가 동일한 두 개의 유리컵에 아동이 두 컵에 들어 있는 양이 같다고 할 때까지 주스를 붓는다. 그리고 두 개의 컵 중에서 하나의 컵에 들어 있는 물을 길고 좁은 컵에 붓는다. 그리고 실험자는 아동에게 "어느 컵의 주스가 더 많니?"라는 질문을 한다. 6세 이하의 아동은 짧고 넓은 컵보다 길고 좁은 컵에 물이 더 많다는 주장을 한다는 것을 발견하였다.

전조작기 아동이 보존성 문제의 해결에 어려움을 겪는 첫 번째 이유는 지각적 중심화(perceptual centration) 때문이다. 지각적 중심화란 한 번에 대상의 한 가지 특징이나 문제, 사건의 한 측면에만 주의를 기울이려는 경향성이다. 논리적 사고를 어렵게 하는 두 번째 이유는 비가역성(irreversibility)이다. 비가역성이란 유아가 정신적으로 길고 좁은 컵에 있는 주스를 짧고 넓은 컵으로 다시 붓지 못하는 것을 의미한다. 세 번째 방해물은 자기중심성(egocentrism)이다. 자기중심성이란 어린 아동이 다른 사람의 관점을 고려하는 것이 어렵다는 것을 의미한다.

전조작기는 구체적으로 전개념적 표상기와 직관적 사고기의 두 단계로 나눌 수 있다.

① 전개념적 표상기 : 2~4세

이 시기의 유아는 상징적 사고의 출현과 언어의 급격한 발달이 이루어진다. 2세쯤부터 지연모방, 상징놀이, 그림그리기, 심상(mental representation), 언어 등의 표상이 나타나기 시작한다. 이 시기의 개념획득에 가장 결정적인 것은 다양한 언어활동과 신체활동을 통한 경험이다. 언어발달의 초기에는 자기중심적이며 비사회적이다. 이 시기는 내적 상징화가 형성되는 시기로서 상징적 사고를 통해 경험을 하며 자신의 경험을 모방하여 정신적 표상(예 : 인형에게 밥 먹이기)을 하고 상징놀이(예 : 소꿉놀이, 병원놀이, 전쟁놀이 등)를 한다. 이 시기 사고의 특징으로는 자기중심성, 중심화 등이 나타난다.

② 직관적 사고기 : 4~7세

이 시기의 유아는 상징적 매체(언어)보다 직관(보이는 그대로 인식)에 의존하기 때문에 판단에 오류가 많다. 예를 들면, 마주보고 있는 교사가 오른손을 들면서 "오른손을 드세요"라고 하면 유아는 보이는 그대로 왼손을 든다. 직관적 사고로 인해 역으로 생각할 줄 모른다(예 : 같은 양의 물을 모양이 다른 컵에 옮겨 담으면 양이 다르다고 생각). 하지만 개념적·상징적 양식을 획득하기 시작하여 지적 발달이 현저히 이루어지는 시기이다. 이 시기의 특징으로는 다양한 사회적 참여와 타인과의 다른 견해로 주변과 자신을 보기 시작하면서 탈중심화, 자기중심성의 감소가 나타나며 논리적 관계, 보존성의 원리, 양, 수, 유목화의 개념을 어렴풋이 이해하기 시작하지만 아직 사고는 비가역성 수준에 머물러 있다. 6~7세 정도가 되면 언어가 의사소통에 활발히 사용되고 사회적이 된다. 7세 정도의 아동은 타인의 관점이 자신의 관점과 다를 수 있음을 알게 된다.

(3) 구체적 조작기(concrete operational stage, 7~11세)

전조작기에 비해 추론과 사고가 보다 안정적·논리적이 되는 시기로서 구체적 조작기의 주요한 특징들은 다음과 같다.

첫째, 구체적 사물이나 대상을 활용하면서 논리적 사고를 한다.

둘째, 자기중심적인 사고 및 언어로부터 사회화된 사고 및 언어로 발달함으로써 탈자기중심성이 성취된다.

셋째, 유목화능력이 발달된다.

넷째, 미래의 가능성에 대한 사고는 대상에 대한 직접적이고 구체적인 경험 없이는 일어나기 어렵다.

다섯째, 보존개념이 획득되고 가역적 사고가 가능해진다.

여섯째, 도덕적 상대주의의 관점에서 도덕적 사고와 판단을 할 수 있으며, 행위를 판단하는데 결과보다는 동기를 중시한다.

(4) 형식적 조작기(formal operational stage, 12세 이상)

고도의 사고능력이 형성되는 시기로서 형식적 조작기의 주요한 특징들을 정리하면 다음과 같다.

첫째, 이 시기의 사고체계는 고도의 평형상태에 도달해 있으며, 융통성이 있고 능동적이어서 복잡한 문제를 능률적으로 다룰 수 있다.

둘째, 특정 사물이나 현상이 내재해 있는 무수한 가능성을 상상할 수 있으며, 구체적 현실을 초월하여 사고를 진행시킬 수 있다.

셋째, 추상적인 것을 포함한 논리적인 사고가 가능하다. 문제해결을 위하여 가설을 세워 귀납적 추리를 할 수 있으며, 삼단논법(syllogism)과 같은 연역적인 추리를 할 수 있다.

넷째, 도덕적 상대주의와 자율적인 도덕성이 보다 발달한다.

다섯째, 사상의 인과관계를 제대로 파악할 수 있다.

표 3-1 Piaget의 인지발달단계

발달단계	연령	주요 특징
감각운동기	출생~2세	• 감각과 운동을 통해 세상을 이해 • 대상영속성의 개념 형성 • 반사행동으로부터 목표지향적 사고로 이동 • 모방, 기억, 사고, 언어의 시작
전조작기	2~7세	• 직관적·비가역적·비논리적 사고 • 자기중심성(egocentrism), 중심화(concentration) • 물활론적 사고, 꿈의 실재론, 도덕적 실재론 • 언어의 급속한 발달 • 상징적 형태로의 사고능력, 개념 획득능력 발달 • 행동의 내면화(행동을 정신적으로 수행)
구체적 조작기	7~11세	• 논리적 조직(구체적·실제적·물질적 문제에 한함) • 가역적 사고, 보존개념의 획득 • 탈자기중심성, 탈중심화 • 분류, 서열화, 부분과 전체의 개념 발달
형식적 조작기	12세 이후	• 가설·연역적 사고 • 조합적 사고 • 추상적 사고 • 사회인식 능력의 발달

4) 교육적 시사점

Piaget는 인지발달에 있어서 학습자 스스로의 능동적 노력이 중요한 요인임을 강조하였다. 따라서 학습자가 능동적·자발적으로 학습에 임하도록 학습자가 자율성을 존중하고 전통적인 교사중심의 주입식 교육보다 학습자의 의견을 충분히 반영하고 학습자의 자기주도적 활동을 강조하는 학생중심의 교육이 요구된다.

Piaget의 인지발달이론은 현대 교육과정의 구성 및 교수이론에 많은 시사점을 제공하였는데 이를 정리하면 다음과 같다.

첫째, 교육내용과 관련하여 학습자의 인지발달수준에 기초한 적정수준의 내용을 선정하여 적절한 시기에 교육할 것을 강조하였다.

둘째, 교수방법과 관련하여 교육은 학습자의 잠재 가능성을 기초로 학습자의 자발성에 따라 탐구와 발견을 통해 이루어져야 하며 직접적인 경험과 활동을 통한 학습을 강조하였다. 따라서 지식을 주입시키려 하지 말고 아동에게 흥미와 문제를 제기하는 재료들을 찾아주어 아동 스스로 문제를 해결하도록 하는 것이 좋다. 개별 학습자의 흥미와 학습양식 특성을 고려하고, 사회적 상호작용을 통한 인지적 갈등이나 문제해결을 유도하는 것이 좋다. 학습자의 인지발달을 유도하기 위해서는 적당한 인지불균형이 유지될 필요가 있으며, 학습자의 능동적인 발견과정이 중요하므로 일방적인 지식전달의 전통적 교수방법이 아닌 아동의 인지발달수준에 따라 정보의 구체성과 추상성을 고려하여 다양한 효율적인 교수방법을 채택할 것을 강조하였다. 이러한 관점에서 Piaget 의 인지발달이론은 구안학습, 열린 학습, 구성주의 학습의 이론적 기초를 제공하였다고 할 수 있다.

셋째, 동기유발과 관련하여 특히 학습자의 내재적 동기를 중시하여 학습자의 지적 호기심, 탐구심, 흥미를 유발할 수 있도록 교육내용, 학습자료, 교수활동 등을 다양화할 것을 강조하였다.

넷째, 조기교육과 관련하여 학습자의 지적 발달을 가속화하기 위해 무리한 시도를 금지할 것을 강조하였다. 교육은 인지발달이 자발적이고 자연스럽게 발달하도록 돕는 것이어야 하며 모든 아동이 동일한 인지발달과정을 겪게 되지만 속도에 있어서는 개인차가 있으므로 아동의 인지수준에 알맞은 교육을 실시하는 것이 중요하다는 것이다.

5) 비판점

Piaget의 인지발달이론은 현대 교육과정의 구성과 교수방법 등에 큰 영향을 주었으며, 많은 교육적 시사점을 제공하였음에도 불구하고 다음과 같은 점에서 비판을 받고 있다.

첫째, 연구대상 표집의 제한으로 인해 사례연구 혹은 임상연구에 가깝다는 점이다.

둘째, 인지발달의 자연적 성장을 강조한 나머지 인지발달에 미치는 사회·문화적 요소의 영향력과 학습의 효과를 간과하였다는 점이다.

셋째, 인지발달은 Piaget가 주장한 것처럼 명확하게 단계가 구분되는 것이 아니라 단계 간의 변화는 점진적인 것으로 아랫단계의 지적 능력이 축척되어가는 과정에서 자연스럽게 발달되는 것이라는 점과 Piaget가 각 발달단계의 특징을 상세히 설명하고 있지만 그러한 발달이 어떻게 일어나는지 발달기제는 설명하지 못하고 있다는 점이다.

넷째, 인지발달이 논리적·과학적 측면만을 지나치게 강조하고 전 인지 영역을 포괄하고 있지 않다는 점이다.

다섯째, 유아와 아동의 인지능력이 과소평가되었다는 비판으로서 Piaget는 전조작기에는 보존개념이 형성되지 않는다고 하였지만, 일반적으로 4~5세만 되어도 간단한 보존개념이 형성됨을 보여주고 있다는 점이다.

여섯째, 성인의 인지발달에 대한 언급이 미비하다는 비판이 있다.

2. Vygotsky의 사회문화적 인지발달이론

L. S. Vygotsky(1896~1934)는 러시아의 발달심리학자로 Piaget, Skinner와 동시대에 활동하였으나 결핵으로 38세의 짧은 생을 마감하였다. 그는 8개국어를 구사할 만큼 명석한 두뇌와 열정을 가진 학자였으며, 180편이 넘는 논문, 저서, 연구물을 출판하며 많은 영향을 끼쳤음에도 불구하고 당시 스탈린 치하에서 정치적 이유로 인한 출판금

지와 요절로 인해 생전에는 빛을 발하지 못하였다. 그러나 그의 사후 제자들을 중심으로 Vygotsky의 인지발달이론에 대한 연구가 계속되어 스탈린 사후 서구에 소개되면서 1970년대 이후 미국 북부지방에서부터 시작하여 1980년대부터는 그의 이론에 관한 많은 관심과 연구가 이어지고 있다. 현재 그의 이론은 교육 및 발달 분야 등에서 교육의 가능성, 개인의 잠재능력 계발이라는 교육적 시사점이 높아 주목을 받고 있다.

1) 인지발달의 기본 개념

Vygotsky(1978)는 문화가 다음 세대에 전달되는 방식에 초점을 맞추어 문화적으로 의미 있는 행동을 습득하는 데 있어서 아동과 성인의 사회적 상호작용을 강조하면서 이러한 사회문화이론을 바탕으로 새로운 접근의 인지발달이론을 시도하였다.

그는 인지발달에 있어서 사회·문화·역사적 측면을 강조하였는데, 그 이유는 인간은 사회적 존재로서 타인과의 관계를 통해 영향을 받으며 성장하기 때문이라고 하였다. 즉, 인간의 정신은 독립적인 활동이 아니라 사회학습의 결과이며, 일상에서의 과제해결은 성인이나 혹은 뛰어난 동료와의 대화로부터 영향을 받으며 이들 구성원들과 상호작용하는 동안 자신이 속한 사회문화에 적합한 인지과정이 아동에게 전이된다고 하였다. Vygotsky는 아동의 인지발달에 가장 중요한 영향을 미치는 것으로 언어의 습득을 주장하였는데 이는 타인과의 상호작용에 언어가 필수수단이기 때문이다. 이러한 관점은 Piaget가 아동은 스스로 세계를 구조화하고 이해하는 존재라고 보는 것과는 많은 차이가 있다.

2) 언어 및 사고의 발달

Vygotsky(1986)는 서로 독립적으로 발생하기 시작한 사고(thought : 일정한 양의 비언어적 사고)와 언어(speech : 일정한 양의 비지적 언어)는 2세경이 되면 서로 연합하게 되고 이러한 연합은 발달과정에서 변화하고 성장하며 언어와 사고가 일치된 언어적 사고를 형성하게 된다고 하였다. 유아는 일정한 양의 비언어적 사고와 비지적 언어를 가지고 있으며 문제해결의 초기단계에는 비언어적 사고가 사용되지만 이 시기가 지나면 구체적인 단어로 형성된다고 하였다.

Vygotsky의 이론에서 언어는 사고와 인지발달을 촉진하는 매개적 기능을 한다. Piaget는 아동이 외계의 물리적 대상과 상호작용하는 경험을 통해 자기주도적 과정으로 지식을 구성한다고 보는 반면, Vygotsky는 아동이 성인이나 자기보다 유능한 또래와의 상호작용을 통해 인지발달이 이루어진다고 보았다. 이때 언어는 지식의 내면화 과정에 필수적 도구이므로 인지발달을 촉진하기 위한 매개적 수단으로써 언어가 발달하게 된다.

Piaget의 인지발달단계의 전조작기에 나타나는 자기중심적 언어(egocentric speech)는 자기중심적 사고를 나타내는 것이며 성장하면서 점차 감소되는 반면, Vygotsky는 자기중심적 언어의 사용이 단순하게 자기만의 생각을 표현하는 것이 아니라 문제해결을 위한 사고의 도구라고 생각하였다. 사회적 언어는 타인들과의 사회적 상호작용을 통해 발달되며, 목적 달성에 필요한 수단을 얻기 위해 마음속에서 사용되는 내적 언어(inner speech)는 문제해결에 중요한 기능을 하며 과제의 난이도가 높을수록 내적 언어의 사용이 증가한다. 인지발달은 내적 언어와 사회적 언어 모두의 영향을 받는다. Piaget와 Vygotsky의 언어와 사고의 발달과정을 비교하면 다음의 **그림 3-1**과 같다.

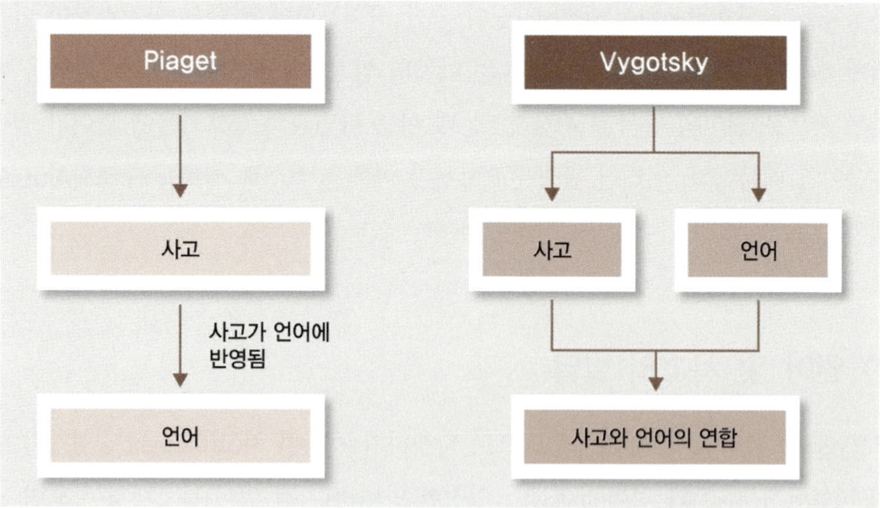

그림 3-1 Piaget와 Vygotsky의 언어와 사고의 발달과정 비교(임규혁, 2001)

(1) 언어발달단계

Vygotsky는 언어가 내면화되는 과정을 다음과 같이 네 단계로 설명하였다.

① **원시적 또는 자연적 단계(primitive or natural stage : 출생~만 2세)** : 세 가지의 비지적 언어기능 출현

- 정서적 해방을 표현하는 소리(울음, 옹알이, 목청의 울림 등)로서 사고와는 상관없는 언어
- 생후 2개월부터 기존의 정서적 반응과 타인의 모습이나 목소리에 대한 사회적 반응으로 해석될 수 있는 소리
- 대상과 욕구에 대한 대용으로 기능하는 최초의 단어들이 출현하는데 이 단어들은 조건반사에 의해 학습됨

② **순수심리 단계(native psychology stage : 만 2세 이후 ~ 4.5세)** : 문법의 구조를 깨닫지 못한 상태의 언어

- 언어의 상징적 기능 발견
- 자발적으로 활발히 정보 추구
- 어휘의 급격한 증가
- 언어와 사고의 결합
- 적절한 문법적 구조의 언어를 사용하지만 문법적 구조가 수행하는 내면적 기능은 인식하지 못한다는 점에서 순수('… 때문에', '어차피…' 등과 같은 문법의 구조를 깨닫지 못한 상태의 언어)

③ **자기중심적 언어 단계(egocentric speech stage : 만 4.5세 ~ 7세 이전)** : 혼잣말(self-talk)을 많이 사용

- 취학 전 유아, 놀이장면에서 많이 나타남
- 주변에 다른 사람의 존재에 상관없이 자신이 활동하는 것에 대해 혼잣말을 하는 형태로 나타남
- 문제해결을 위한 계획을 모색하는 사고의 중요한 도구가 됨
- 자기중심적 언어의 감소와 함께 내적 언어단계가 시작됨

④ **내적 성장 단계(ingrowth stage : 7세 이후 ~)** : 언어가 사고로 내면화된 단계로서 사고능력의 증가

- 언어를 머릿속에 무성언어의 형태로 조직
- 문제해결을 위한 내적 기호를 사용하는 논리적 기억을 수단으로 하는 사고

를 함

- 내적 언어와 외적 언어의 양자를 개념적 또는 언어적 사고의 도구로 간주

(2) 사고발달단계

Vygotsky는 일련의 연구를 통해 사고발달, 즉 개념형성 과정을 다음과 같이 세 단계로 구분지어 설명했다.

① **비조직적 더미에서의 사고** : 자신의 지각에 우연히 연결되는 바에 따라 사물을 조직화하고 이름을 붙임. 이때의 더미는 아무런 근거도 없이 함께 묶인 공통점이 없는 사물들로 구성됨

- 시행착오에 의한 조직화
- 시각적 장의 조직화
- 더미의 수정

② **복합적 사고** : 사물을 단순히 주관적 인상과 사물들 사이에 존재하는 관계에 의해 관련지음. 이때의 사고는 구체적 맥락 속에 있는 배열된 요소들 간의 연결에 기초함으로 분석이나 종합, 추상화에 취약

- 연합적 복합단계
- 집합적 복합단계
- 연쇄적 복합단계
- 확산적 복합단계
- 의사개념적 복합단계

③ **개념적 사고** : 사물을 종합하는 능력과 분석하는 능력을 갖추게 되고 추상화 가능

3) 근접발달영역

근접발달영역(Zone of Proximal Development : ZPD)이란 혼자서 독립적으로 문제를 해결할 수 있는 실제 발달수준과 성인이나 혹은 보다 유능한 또래의 도움을 받아 문제를 해결할 수 있는 좀 더 높은 수준의 잠재적 발달수준 간의 거리를 말한다. 즉, 아동이 혼자서는 해결할 수 없지만 성인이나 뛰어난 동료의 조력이

있으면 성공적으로 문제를 해결할 수 있는 영역을 의미한다.

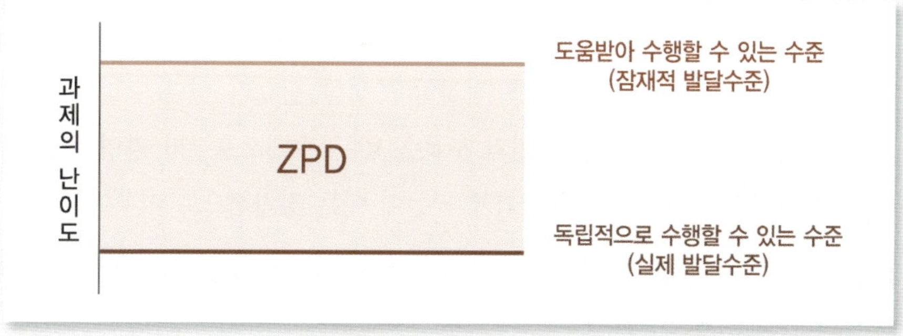

그림 3-2 근접발달영역(ZPD)

그는 아동들의 현재의 수준은 같을지라도 근접발달영역은 개인차가 있을 수 있다고 하였다. 그는 근접발달영역을 학습과 발달을 위한 전략으로 간주하였다. 근접발달영역 안에 있는 기술이나 행동은 역동적이고 끊임없이 변화한다. 현재 도움을 받아야 할 수 있는 일도 곧 독립적으로 할 수 있게 되고 도움을 필요로 하는 성취수준은 아동이 발달해감에 따라 변화한다. 근접발달영역은 고정된 것이 아니라 보다 높은 수준의 사고와 지식을 달성함에 따라 계속 변화한다.

아동이 근접발달영역에 있을 때는 구조화할 수 있는 단서를 제공한다든지 세부적인 내용이나 단계를 기억할 수 있도록 조력자의 격려나 도움이 필요하다. 성인 또는 보다 뛰어난 동료는 아동이 지적으로 성장하는데 필요한 요소를 지원하는 안내자, 교사의 역할을 할 수 있는데 이러한 조력을 발판 혹은 비계설정(scaffolding, 예 : 단서제공, 시범, 설명, 질문, 토론, 격려, 주의집중 시키기, 공동참여 등)이라고 한다.

발판이란 개념은 Vygotsky가 직접 제안한 것은 아니며 Wood 등(1989)이 Vygotsky의 이론을 적용하여 근접발달영역 내에서의 효과적인 교수-학습을 위해 성인이 아동과의 상호작용 중 적정한 도움을 주는 것으로 소개된 용어이다. 효과적인 발판은 아동의 수준에 적절한 도움을 주는 것이다. 아동이 어려움에 봉착하면 처음에는 보다 구체적이고 적극적인 도움을 주지만 점차 아동이 자기조절을 증진시키면서 도움을 줄여나간다. 예를 들면 아동이 어떤 문제에 대해 잘 이해하지 못하고 있으면 아동이 이해할 수 있는 언어로 보다 구체적으로 문제 상황을 설명해 주고 문제해결을 위한 구체적인 시범을 보여주고 문제해결 전략을 아동이 스스로 해보도록 유도한다. 아동이 문제를 해결하게 되면 긍정적인 피드백과 함께 좀 더 어려운 문제 상황을 제시한다. 조력을 통해 아동이 스스로의 힘으로 문제를 해결할 때까지 도움의 양과 수준을 적절히 조절할 필요가 있다.

근접발달영역에서의 발달은 타인의 도움을 받는 수행으로부터 타인의 도움 없이 자기조절에 의한 수행으로 나아가게 되는데 이는 점진적으로 이루어지게 된다. 이러한 근접발달영역에서의 발달을 Tharp와 Gallimore(1991)가 다음과 같이 4단계로 세분화하여 제시하였다.

① **1단계(타인조절)** : 보다 유능한 타자에 의해 도움을 받아 이루어지는 수행단계로서 아동이 독립적인 수행을 하기 이전에 성인이나 유능한 또래에게 의존해 있는 단계

② **2단계(자기조절)** : 자기조절(self-regulation), 자기안내(self-guidence)와 같은 자기 자신에 의해 도움을 받는 수행단계

③ **3단계(자동화)** : 내면화, 자동화되는 수행단계로서 과제 수행의 원활과 통합, 성인이나 자기 자신의 도움을 더 이상 필요로 하지 않는 단계

④ **4단계(탈자동화)** : 근접발달지대를 통한 회귀로 탈자동화가 이루어지는 수행단계로서 새로운 능력의 발달을 위해 근접발달지대로 회귀하는 단계

4) 교육적 시사점

Vygotsky의 인지발달이론은 인지발달에 있어서 사회·문화적 환경을 중시하였는데 이러한 관점은 교육환경에 있어서 특히 인적 환경이 중요한 요인임을 시사한다. 즉, 아동의 주위 사람들, 특히 부모나 교사, 뛰어난 동료들이 단순한 지식 전달자가 아닌 지식 형성의 촉진자로서 학습자에게 어떠한 영향력을 행사할 수 있는지, 어떠한 역할을 해야 하는지에 대한 교육적 시사를 주고 있다. 그는 이러한 맥락에서 근접발달영역에 대한 강조와 함께 교사 및 뛰어난 동료들의 역할을 중시했다.

교사는 아동의 근접발달영역을 면밀히 파악하여 근접발달영역 범위 내에서 조언 및 조력을 제공해야 한다. 초기 학습단계에서는 아동을 돕기 위한 발판으로서 다양한 수준의 힌트와 단서를 제공하여 비교적 많은 조력을 제공하고 점차 그 조

력을 감소시켜 궁극적으로 아동 스스로의 힘으로 문제를 해결할 수 있도록 한다. 조력을 통한 근접발달영역 내에서의 성공은 아동의 근접발달영역을 독립적인 문제해결 영역으로의 이전과 함께 새로운 근접발달영역을 도입하게 함으로써 연속적인 인지발달을 유도할 수 있다는 점에서 매우 바람직하다.

Vygotsky는 아동의 인지발달수준에 적정한 과제를 부여할 것을 강조한 Piaget와는 달리 아동이 현재의 인지발달수준보다 조금 앞서는 과제를 부여하고 적정한 조언과 도움, 즉 발판을 제공함으로써 아동의 인지발달을 촉진시킬 것을 강조하였다.

근접발달영역은 아동의 현재의 인지수준에 초점을 두고 앞으로 할 수 있는 가능성을 강조하므로 과정중심적이며 미래지향적이다. 근접발달영역은 아동의 인지발달에 사회적 상호작용, 즉 교사나 성인, 뛰어난 동료 등 주위 사람들이 적극적인 도움을 줄 필요가 있음을 시사하는 이론적 근거를 제공하였으며, 도제교육, 협동학습(cooperative learning)에 대한 관심을 불러일으켰다. 최근 학교현장에서 사용되고 있는 협동학습은 동료들로부터 조력을 받을 수 있는 효과적인 교수-학습방법으로서 특히 발달수준이 다양한 이질적인 집단에서 학생 개개인의 적극적인 참여와 상호 도움을 이용함으로써 인지발달의 도모는 물론 학생들 상호 간의 유대도 증진시킬 수 있다는 점에서 적극적으로 도입해 볼 만하다.

Vygotsky는 수업 시 각종 매개체와 언어, 행동적 단서 등의 적절한 활용과 공유된 활동을 활용할 것을 강조하였는데, 공유된 활동을 통해 교사와 학생, 학생과 학생간에 서로 상호작용함으로써 근접발달영역 내에서 효과적인 문제해결 전략에 노출될 수 있기 때문이다. 학생 평가와 관련하여 그는 종래 대부분의 표준화된 지능검사가 어느 특정단계의 현재 능력수준만 측정할 뿐 근접발달영역은 측정하지 않아 아동의 전반적인 지적 능력을 알 수 없기 때문에 적절하지 않다고 주장했다. 이러한 Vygotsky의 교육관, 교육방법 등은 1980년대 이후 서구에서 큰 관심을 불러일으켰으며 학습자의 잠재능력 계발, 자기주도적 학습을 위한 수업방법에 많은 시사점을 주고 있다.

5) 비판점

Vygotsky의 인지발달이론은 아동의 인지발달, 지식 습득에 사회적 상호작용의 중요성을 시사하는 이론적 근거를 제공하였음에도 불구하고 다음과 같은 점에서 비판을 받고 있다.

첫째, 인지발달에 있어서 언어가 미치는 영향을 지나치게 강조한 결과 다른 형태의 상징적 표상화가 고등정신기능에 어떠한 영향을 미치는지 제시하지 못하였으며, 성인이나 유능한 또래와 같은 타인의 역할을 지나치게 강조하여 학습자 스스로 능동적으로 무엇을 해야 하는가에 대한 설명은 충분하지 않다는 점에서 비판을 받고 있다.

둘째, 근접발달영역 개념의 모호성에 대한 비판으로서 근접발달영역 측정의 어려움, 즉 아동의 전체적인 지적 능력의 모습을 알 수 없으며 완전하게 설명할 수도 없다는 점이다.

표 3-2 Piaget와 Vygotsky의 인지발달이론의 비교

구분	Piaget	Vygotsky
인지발달	• 아동은 스스로의 세계를 구조화하고 이해하는 독자적인 존재 • 발달이 학습에 선행 • 인지발달에 있어서 학습의 역할 과소평가	• 아동은 타인과의 관계에서 영향을 받으며 성장하는 사회적 존재 • 학습이 발달에 선행 • 인지발달에 있어서 사회적 학습의 영향 강조
환경적 요인	• 물리적 환경에 관심	• 사회·문화적 환경에 관심
논리적 구조의 형성	• 개인 내의 평형화 작용	• 대인 간 과정→개인 내 과정→대인 간 과정
발달의 계열성	• 보편적·불변적	• 사회구조와 유기체 구조간의 역동적 산물
발달의 개인차	• 개인차에 관심 없음	• 개인차에 관심
발달단계	• 이전 단계의 포섭적 팽창	• 나선적 팽창
사고와 언어의 발달	• 사고가 언어에 반영(자기중심적 사고가 자기중심적 언어로 표현됨) • 인지발달에 의해 언어가 발달	• 사고와 언어가 독립적으로 발달하다가 2세경에 연합 • 비언어적 사고를 사용하다가 구체적 단어로 형성 • 언어는 사고의 도구

구분	Piaget	Vygotsky
자기중심적 언어	• 사회적·인지적으로 덜 성숙한 유아가 사용 • 타인과의 의사소통 능력이 없음을 나타냄 • 논리적 사고의 발달을 통해 자기중심적 언어가 사라짐	• 문제해결을 위한 도구로서 외면화된 사고를 나타냄 • 자기 인내, 자기 지시의 목적을 위해 자신과 의사소통하는 것 • 외적 언어인 자기중심적 언어가 내적 언어(inner speech)로 발달하면서 논리적 사고가 발달
상호작용 대상	• 물리적 환경에 대한 아동의 능동적인 상호작용 • 인지적 갈등을 불러일으키는 또래 와의 상호작용 중시	• 성인이나 유능한 또래와 같은 보다 유능한 사회적 구성원과의 협동적인 상호작용 중시
교육과 인지발달과의 관계	• 인지발달이 이루어진 후에 각 발달수준에 적합한 교육 실시	• 인지발달을 촉진할 수 있도록 현재의 발달수준에 조금 앞서는 과제를 부여하고 조력을 통한 ZPD 확장과 발달 주도

Chapter

04

성격발달

1. 성격의 의미

성격은 인간이 환경에 적응해 나가는 과정에서 비교적 일관성 있게 나타나는 개인 특유의 행동 및 사고양식, 한 개인의 가장 현저하거나 지배적인 특성을 말한다. 성격발달에 대한 관점은 대략 세 가지로 분류해 볼 수 있다. 첫째, 인본주의적 관점에서는 성격발달에 있어서 성장과 자아실현을 향해 나아가는 사람들의 긍정적인 노력과 영향을 강조한다. 둘째, 행동주의적 관점에서는 성격이 환경에 의해 결정되는 행동의 축적이라고 본다. 셋째, 정신분석학적 관점에서는 성격발달에 있어서 개인의 내적 충동의 조절을 강조한다. 이 장에서는 Freud의 심리성적 성격발달이론과 Erikson의 심리사회적 성격발달이론에 대해 고찰해 보고자 한다.

2. Freud의 심리성적 성격발달이론

Sigmund Freud(1856~1939)는 체코슬로바키아의 영토인 모라비아의 프라이베르크(현재 체코)에서 20세 어머니와 40세 아버지 사이에서 장남으로 태어났다. 그는 어린 시절 생활이 어려워 자주 이사를 다녔다. 대학에 진학하여 의학을 전공하였는데 26~35세경까지 신경학에 관심을 기울였으며, 자유연상법을 통하여 히스테리 환자의 억압된 감정과 생각을 의식으로 떠올리도록 하는 방안을 창안했다.

Freud는 정서적 어려움을 겪고 있는 자신의 환자들의 생활사를 분석하여 인간발달에 대한 이론을 만들었다. Freud는 최면술, 자유연상 그리고 꿈의 분석에 많이 의존하였다. 왜냐하면 그것들이 환자들을 억압해 온 무의식적 동기의 일부 징후를 나타내기 때문이다. 환자들의 억압을 유발하는 동기와 사건들을 분석함으로써,

Freud는 인간발달을 갈등적 과정이라고 결론지었다. Freud에 따르면, 생의 초기 몇 년 동안에 부모들이 성적 욕구와 공격적 욕구를 다루는 방식은 아동들의 행동과 성격형성에 중요한 역할을 한다.

1) 기본 개념

Freud 이론의 기본 가정은 정신결정론에 기초, 무의식의 가정, 행동의 무의식적 결정요인을 강조함으로써 성격연구의 새로운 측면을 제시하였다. 그는 인간의 무의식적 동기 중에서 특히 성적욕구, 5세까지의 초기경험(early experience), 부모의 양육태도가 성격의 기초를 형성하는데 매우 중요하다고 보았다.

Freud는 인간의 정신세계가 의식(consciousness), 전의식(preconsciousness), 무의식(unconsciousness)으로 구성되어 있다고 주장하였다. 의식은 감각기관을 통해 인식하는 모든 것으로 주의를 기울이는 순간 알아차릴 수 있는 즉, 현재 자각할 수 있는 것을 말한다. 전의식은 현재 의식되지 않지만 주의를 집중하고 노력하면 의식으로 회상될 수 있는 정신세계로 의식과 무의식 사이에 존재한다. 의식과 전의식은 대부분의 자아 영역에 위치하고 있다. 무의식은 감각기관으로는 의식할 수 없으며, 의식 밖에 위치하여 자신이 전혀 자각하지 못하고 영원히 알지 못할 수도 있는 마음속 깊은 곳에 감추어져 있는 정신계로서 인간의 행동과 사고를 좌우한다.

그는 히스테리 환자의 최면술 치료를 보면서 인간의 마음속에 본인이 의식하지 못하는 무의식이 존재함을 믿었다. 그는 인간의 마음을 '빙산'에 비유하여 물 위에 떠 있는 작은 부분을 의식, 물 속에 가려져 있는 훨씬 더 큰 부분을 무의식이라고 하였다. 인간은 의식하고 싶지 않은 불쾌한 기억은 무의식 속으로 밀어내어 억압시키는 경향이 있는데, 이 무의식이 인간의 사고와 행위를 통제하는 보이지 않는 힘이며, 성적 본능 지배하에 나타난다고 주장하였다. 무의식 속에 본능, 욕구, 열정, 억압된 관념, 감정 등이 깊게 자리하고 있으며 특별한 정신분석적 기법으로 접근하지 않고는 밝히기 어렵다고 하였다.

그는 또한 꿈을 중시하였는데 그 당시 꿈은 무의미한 현상으로서 진지한 연구의 대상이 되지 않았으나, Freud는 꿈이야말로 무의식의 세계에 이르는 길이라고 보고 꿈의 의미와 기제에 관해 심층적인 연구를 시도하였다. 그는 꿈을 억압된 소원의 충족을 목적으로 하는 잠재의식이 시각화, 왜곡, 상징화되어 나타난 대리물로 생각하였으며 꿈의 분석을 통해 무의식적 갈등이나 욕구 등을 찾아내려 하였다.

2) 성격의 세 구성요소

Freud의 심리성적 이론에서는 성격의 세 구성요소 원초아(id), 자아(ego), 초자아(superego)가 발달하여 점차적으로 심리성적 발달의 5단계로 통합된다고 한다. 이들은 서로 상이한 역할과 기능을 가지고 있다.

Freud는 성적 에너지, 즉 성충동을 발현시키는 힘을 뜻하는 리비도(Libido)라는 개념을 제안하고, 리비도는 인간에게 생득적인 본능 에너지로서 원초아, 자아, 초자아를 형성하고 움직이게 한다고 하였다.

원초아는 출생 시에 나타나는 것으로 원초아의 단일 기능은 타고난 생물학적 본능(예 : 먹고 마시고 고통을 피하고 성적 쾌감을 얻으려는 욕구 등)을 충족하는 것이며, 즉각적으로 본능을 충족하려고 시도할 것이다. 즉, 원초아는 원시적·비합리적·무의식적이다. 원초아는 현실 상황을 고려하지 않고 욕구를 당장 충족하여 쾌감이나 만족을 얻고 고통을 회피하려는 본능에 충실한 쾌락의 원리(pleasure principle)를 따른다. 어린 아기의 정신은 거의 원초아로 이루어져 있다. 아기는 배가 고프면 엄마가 당장 젖을 줄 상황인지 아닌지 전혀 고려하지 않고 젖을 달라고 무조건 울어댄다. 원초아는 비현실적 방법으로 욕구를 충족시키려하기 때문에 일차과정 사고(primary thinking process)를 한다고 한다.

자아는 원초아의 일부가 외부와 접촉하여 형성된다. 생후 6~8개월경부터 발달하기 시작하지만 생후 2~3년은 되어야 자아의 기능을 제대로 수행할 수 있다. 자아는 원초아의 충동을 억제하고 합리적인 방법으로 쾌락을 얻으려 한다. 현실의 검증자, 성격의 집행 및 통제자로서 욕구 만족을 위해 본능적인 욕구와 주위환경의 현실적인 여건을 고려하여 조정하고 적응하려는 현실의 원리(reality principle)를 따른다. 자아는 원초아와 초자아 사이에서 중재자 역할을 한다. 어린 아기와는 달리 유아는 지금 당장 배가 고플지라도 어머니가 밥을 줄 상황인지 아닌지 파악하고 만일 줄 상황이 아니면 욕구 충족을 지연시킬 줄 안다. 자아는 의식세계에 존재하며 현실적응에 필요한 기능을 담당하며 현실에 근거, 현실과 타협한다. 즉, 자아는 조직적·합리적·현실 지향적이다. 만일 자아가 약하면 세 체계 간의 조절 기능을 충분히 수행하지 못해 합리적인 방법으로 대처하지 못하고 비현실적 방법으로 긴장, 불안감을 제거하려 하며 자기보호를 위해 무의식적 심리적 기제인 방어기제(defense mechanism)를 사용하게 된다.

초자아는 의식의 자리다. 3~6세에 아동들이 도덕적 가치와 부모들의 기준을 내면화함(자신의 것으로 취함)에 따라서 생기며, 도덕적 감시자로서 도덕적 이상, 양심, 완벽을 추구하여 사회적 원리, 도덕성의 원리를 따른다. 원초아의 충동을 억제하고 자아의 목표를 현실적인 것에서 도덕적인 것으로 유도한다. 현실보다는 이상, 쾌락보다는 완성을 추구하고 자아를 관찰, 지도하며 용납하기 어려운 원초아의 충동을 차단하고 사회적 규준이나 도덕을 자기통제의 형태로 내면화한다. 초자아는 사회문화적 규범이 내면화된 것으로 외부의 영향을 많이 받는다. 초자아의 기준에 따라 행동하면 심리적 보상(자부심, 자기애), 반대로 그렇지 못했을 때는 심리적 처벌(죄책감, 열등감 등)이 뒤따른다.

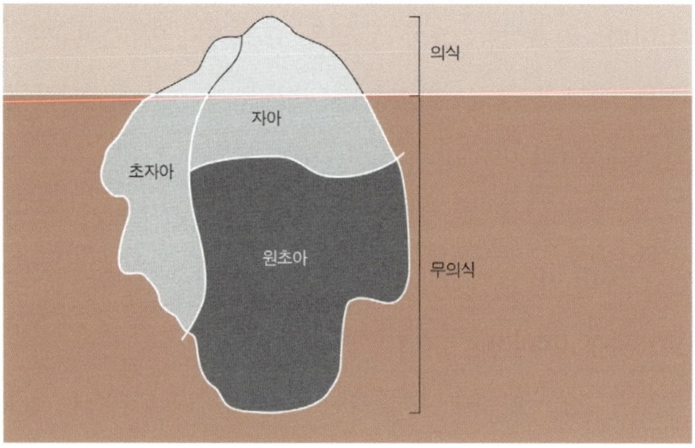

그림 4-1 성격의 구조

표 4-1 방어기제

방어기제	특징
합리화	• 용납할 수 없는 자신의 행동과 감정을 정당화하기 위해 사회적으로 받아들일 수 있는 그럴듯한 이유를 붙여 자기보호와 체면을 유지하고 사회적 비판을 피하려 함
투사	• 자신의 바람직하지 못한 특성들을 다른 사람에게 전가함으로써 불편한 마음, 자기책임으로부터 벗어나려 함
퇴행	• 현실적으로 만족할 수 없는 위협이나 불만, 불안 등을 어린 시절의 원시적이고 유치한 행동수준으로 후퇴하여 해소시키려 함
억압	• 사회적으로 수용될 수 없거나 매우 고통스러운 감정이나 생각, 욕구 등을 무의식수준으로 밀어냄

방어기제	특징
승화	• 억압된 충동이나 감정을 사회적으로 잘 수용될 수 있는 형태의 욕구로 변형시켜 표현함
백일몽	• 불유쾌한 문제나 현실에 처해 있을 때, 현실적으로 불가능해 보이는 것을 가능한 것으로 유쾌한 장면을 상상함
반동형성	• 자신이 가지고 있는 것과는 반대되는 생각이나 감정을 과장되게 표현함으로써 본래 자신이 가지고 있는 생각이나 감정을 은폐시키려 함
부정	• 고통스럽거나 위협적인 상황을 받아들이기 두려울 때 그 상황의 존재 자체를 인정하지 않음
동일시	• 자신보다 우월하다고 생각되는 타인의 가치나 성격 특성을 자기 것으로 내면화함으로써 자신의 무능력이나 나약함을 회피하려 함
고립	• 어떤 일에 관련되는 것을 거절하고 회피함으로써 그로 인해 생길지도 모르는 정서적 긴장과 갈등의 상황을 벗어나려 함
보상	• 자신의 부족한 점을 감추기 위해 약점을 지각하지 않거나 어떤 다른 특성을 발전시키는 것

3) 성격발달 단계

Freud의 성(性)의 개념은 성교만이 아니라 신체에 쾌감을 일으키는 모든 것을 포함한다. Freud는 성적 에너지를 리비도(libido)라고 하고 나이가 들면서 성적 에너지가 집중된 성감대(erogenous zone)가 옮겨 간다고 했다. 즉, 아동기의 중요한 성감대는 입, 항문, 성기이다. 이러한 단계이론은 생물학적인 성숙에 따라 지배되나 아동의 경험이 발달에 중요한 영향을 주며 다음과 같은 단계에 따라 진행된다고 했다.

(1) 구강기(oral stage, 0~1세)

아기는 영양을 공급받고 살아남기 위해 빨아야 하지만 빠는 행위 자체가 아기한테 쾌감을 준다. Freud는 이러한 쾌감을 자애적(autoerotic)이라고 불렀다. 즉, 아기가 자신의 손을 빠는 것은 자신의 충동을 다른 사람에게로 향하는 것이 아니라 바로 자신의 몸을 통해서 만족을 얻는 것이다. 생후 6개월 동안의 아기들의 세계는 '대상 부재(objectless)' 상태다. 즉, 젖을 먹을 때 어린 아기들은 엄마의 따뜻한 품을 경험하나 엄마의 존재를 자신과 분리된 타인으로는 인식하지 못한다. 대략

6개월이 되면서 타인, 특히 어머니에 대한 개념을 형성하기 시작한다. 만일 충분한 만족을 얻지 못하면 다음 단계로 넘어가지 못하는 고착(fixation) 현상이 나타난다. 구강기에 고착되면, 입술이나 손가락 빨기, 과식이나 과음, 과도한 흡연과 같은 구강적 특성이 나타난다.

(2) 항문기(anal stage, 2~3세)

이 시기에는 배설물을 보유하거나 배출하는 데 쾌감을 얻는다고 한다. 괄약근을 조절할 수 있을 만큼 성숙하면, 때로는 최후의 순간까지 배설을 참아 내장의 압력을 증가시키면서 마지막 방출의 쾌감을 높이려 한다. 이때 유아의 본능적 충동이 외부로부터 통제받는 경험을 겪게 된다. 만일 부모가 엄격하고 억압적으로 훈련하면 성인이 된 다음에도 고착현상이 일어난다. 반대로 너무 깨끗하게 통제하면 결벽성을 형성하게 된다. 또한 대변을 참고 있을 때 생기는 항문 수축에서 오는 쾌감에 치우치면 수전노와 같은 인색함을 형성하게 되며, 대변 배설 후의 긴장이완에서 오는 쾌감에 치우치면 물건을 낭비하거나 지저분한 성격이 형성된다.

(3) 남근기(phallic stage, 3~5세)

이 단계에 이르면 주된 성감대가 항문으로부터 성기로 옮겨간다. 남근기 동안 아동은 오이디푸스 콤플렉스(Oedipus complex)를 경험한다. 즉, 이성 부모에 대한 성적인 애정과 접근하려는 욕망을 느끼게 된다. 아버지를 어머니의 애정쟁탈의 경쟁자로 생각하여 아버지에 대한 적대감이 형성되고, 이러한 감정이 아버지로 하여금 아동의 성기를 없애 버릴 것이라는 거세불안(castration anxiety)에 시달리도록 한다. 결국 아버지에 대한 적대감정을 억압하고 아버지에 대한 동일시(identification)를 증가시킴으로써 경쟁심을 극복한다. 그 결과, 남아는 적절한 남성적 역할을 습득하게 되어 아버지의 도덕률과 가치체계를 내면화하게 되고, 이를 통하여 양심과 자아 이상을 발달시킨다. Freud는 여아에게도 이와 비슷한 현상이 나타나는데 이는 엘렉트라 콤플렉스(Electra complex)라고 했다. 여아는 남근이 없으므로 거세불안을 갖지 않는 대신에 남근선망(penis envy)을 갖는다고 한다. 따라서, 여성은 약한 초자아를 형성하게 되어 남성보다 덜 엄격한 편이라고 한다.

(4) **잠복기**(latency stage, 6~12세)

이 시기에는 성적이고 공격적인 환상들이 대부분 잠복 상태에 있다. 비교적 평온한 상태를 유지한다. 아동들은 스포츠나 게임, 지적 활동 등과 같은 구체적이고 사회적으로 용납되는 일에 에너지를 전환시킨다.

(5) **생식기**(genital stage, 12세 이후)

사춘기가 시작되면서 성적 에너지는 성인과 마찬가지로 힘으로 솟아올라 비로소 이성에게 성적 만족을 얻으려고 한다. Freud는 이 시기의 주요한 과제는 '부모로부터 자유로워지는 것'이라고 했다. 아들의 경우 어머니와의 연결된 고리를 풀고, 자기 자신의 여자를 발견하며, 아버지와의 경쟁심을 버리고 아버지로부터도 자유로워져야 한다. 그러나 오랫동안 부모에 대한 강한 의존심을 쌓아 왔기 때문에 떨어진다는 것은 매우 고통스러운 일이다.

4) 교육의 시사점

Freud는 성격발달에 있어서 특히 5세까지의 초기 경험이 결정적인 영향을 미친다고 하였는데, 이 시기에 유아는 주로 부모 또는 주양육자를 통해 거의 모든 경험을 하게 된다. 따라서, Freud의 심리성적 성격발달이론은 부모의 자녀양육에 대한 각성과 바람직한 부모의 역할과 양육태도, 유아교육 및 가정환경의 중요성을 일깨워 주는 등 많은 교육적 시사점을 제공하였다. 또한 인간의 공격성, 도덕성 발달, 성역할 발달 등과 관련한 연구를 자극하고 이러한 연구들에 많은 시사점을 제공하였다.

5) 비판점

Freud는 인간행동의 무의식적 결정요인을 강조함으로써 성격연구에 획기적인 전기를 마련해 주었으며, 정신분석을 통해 자신이 인지하지 못하는 충동들에 의해 사고나 행동이 동기화될 수 있음을 밝혀주었다. 그럼에도 불구하고 다음과 같은 점에서 비판을 받고 있다.

첫째, 인간을 성욕과 과거 경험에 지배되는 수동적이고 소극적 존재로 보았다는 점이다.

둘째, 정상적인 아동을 직접 관찰해서 얻은 결과가 아닌 자신의 신경증 환자들을 치료하는 과정에서 성인의 자유연상을 통해 얻은 임상자료를 가지고 정상적인 사람들의 발달을 역으로 적용시켰다는 점인데, 이러한 자료는 과학적 검증이나 설명이 힘들다는 것이다.

셋째, 성격발달을 개인 내적인 것에 집중함으로써 성격발달에 영향을 미칠 수 있는 사회문화적 환경의 영향을 고려하지 않았다는 점이다.

넷째, 성격발달에 있어서 성적 요구만을 지나치게 강조하였다는 점이다.

다섯째, 성격발달의 결정적 시기로서 5세까지의 초기과정만을 지나치게 강조하고 청소년기나 성인 이후의 성격발달 가능성은 간과하였다는 점이다.

여섯째, 오이디푸스 콤플렉스와 엘렉트라 콤플렉스, 남근 선망 등은 문화 간 비교 연구결과 보편성이 입증되지 못하여 일반화하기 어려우며, 문화적·계층적 다양성을 고려하지 못하였다는 점이다.

일곱째, 양심발달에 주위 사람들의 격려나 인정, 처벌 등이 영향을 미친다는 사실을 간과하였다는 점이다.

3. Erikson의 심리사회적 성격발달이론

Erik Homburger Erikson(1902~1994)은 독일 프랑크푸르트에서 출생하였다. Erikson의 이론은 Freud의 이론을 확장시켜 성격발달이 전 생애를 포함하도록 단계를 확장하였으며, 각 단계에서 사회적 요인들이 성격발달에 어떻게 개입되는지를 상세히 제시하고 있다. 그는 아동이 어떻게 자아정체감(self-identity)을 발달시키고 어떻게 사회화되는가에 주된 관심을 가졌다. 그가 말하는 정체감이란 용어에 대해서는 그때그때에 따라 주체성, 자기 정의(定

義), 자기 한계, 존재 증명, 자각, 자기 가치 등의 여러 가지 용어에서 나타나는 의미를 포함하고 있다. 그것은 '나는 무엇인가?'라는 질문에 대한 대답이며, 자기의 깊은 내부에 있는 것으로 언제 무엇을 하더라도 그것에 따라서만 인생의 모든 것을 볼 수밖에 없을 정도로 그 개인에게 강한 영향력을 갖고 있는 것이라고 정의를 내릴 수 있다.

1) 기본 개념

Erikson은 성격발달에 있어서 개인과 사회의 역할을 모두 중요시하였는데, 성격발달단계는 유전적 요인에 의해 결정되지만 유전적으로 결정된 단계가 현실화되는 것은 사회적 혹은 환경적 힘에 의해서라고 주장하였다. Freud가 정신 내적 측면에 초점을 두고 생물학적으로 기초된 본능적인 충동과 성욕구를 중시한 반면, Erikson은 자아에 관심을 두고 성격형성에 있어서 성적 억압이나 갈등보다는 사회문화적 영향을 강조하고 정상적인 건강한 성격발달에 초점을 맞추었다.

Erikson은 Freud와는 달리 성격발달이 발달초기의 좌절이나 갈등으로부터 계속 영향을 받는 것으로 보지 않고 성인후기까지 계속되는 발달과업의 해결과 관련이 있는 것으로 보았다. 그러나 전 단계 과제의 성공적인 완수가 다음 단계의 이행에 영향을 미치므로 아동기에 달성하지 못한 갈등요인이 성인기까지 장애요인으로 남을 수 있다고 하였다. 그렇다고 초기의 실패가 영구적으로 치명적이라고 보지는 않았으며, 다음 발달단계에 잘 적응하고 건전한 성장을 하려면 각 단계의 위기를 적절히 해결해 나가야 한다고 하였다. 그는 Freud가 별로 중요시 하지 않은 청소년기를 성격발달에 중추적 역할을 하는 시기로 보았다. Erikson의 심리사회적(psychosocial) 성격발달이론은 발달에 있어서 사회 및 문화의 영향을 강조한다는 점에서는 Vygotsky의 견해와 유사하고, 개인을 역동적·적응적인 발달의 주체로서 파악하고 발달을 연속적인 단계로 설명한 측면에서는 Piaget와 유사한 점이 있다.

2) 심리사회적 발달단계

Erikson(1963)은 인간의 성격발달단계를 인간이 사회 속에서 맺게 되는 사회적 관계를 토대로 전 생애에 걸쳐 8단계로 나누었다. 그는 각 단계마다 특정 과업을 설정하고 각 단계를 통해 나타나는 자아의 특성에 초점을 맞추었다. 인생주기에서 각각의 단계가 우세하게 출현되는 최적의 시기가 있으며, 각 단계가 계획대로 전개될 때 완전한 기능을 하는 성격이 형성된다고 하였다. 발달단계의 순서는 불변적이며, 각 단계는 독립된 것이 아니라 상호 관련되어 현재 진행되고 있는 발달은 그 이전 단계들에 기초하여 연속적으로 이루어진다고 하였다.

그는 성격발달은 생애의 여러 시점에서 수립되는 사회적 관계들에 달려 있으며, 각 단계에 생리적 성숙과 개인에게 부과된 사회적 요구로부터 발생하는 과업과 위기가 수반되는데, 이를 어떤 식으로 해결하는가에 따라 성격의 방향이 결정된다고 하였다. 만일 각 단계에서 당면하는 과업과 위기를 긍정적으로 적절히 해결하면 건강한 성격을 발달시키는 기회를 갖지만, 부정적인 측면으로 문제를 해결하게 되면 다음 단계의 발달을 지연시키고 성격형성에 좋지 않은 영향을 미치게 된다는 양극이론을 주장하였다.

또한, 성격형성의 결정적 시기가 있어 각각의 성격특성은 그 결정적 시기를 전후하여 형성된다고 하였다. 그러나 모든 사람들이 같은 시기에 같은 정도의 위기를 경험하는 것은 아니며 연령의 범위는 위기가 해결되는 최상의 시기, 즉 결정적 시기를 나타내지만 그때가 유일한 시기임을 의미하는 것은 아니라고 하였다. 각 단계에 동반되는 심리사회적 위기는 보편적인 것이며, 문화에 따라 그 해결방안은 다를 수 있고 어느 한 단계를 성공적으로 통과하지 못해도 다음 단계를 경험하게 된다고 하였다. 위기의 원인과 그것을 해결할 수 있는 방법으로는 환경의 역할을 강조하였다.

(1) 신뢰감 대 불신감(Basic trust vs. Mistrust, 0~1세)

인간이 직면하지 않으면 안 될 최초의 발달과제는 ‘기본적 신뢰 대 기본적 불신’이다. 이 과제의 달성은 건강한 성격형성의 기초가 된다. 유아는 기본적 신뢰의 능력이 기본적 불신에의 경향을 만회하도록 균형을 취하지 않으면 장래 타인과의 만족스러운 인간관계를 지속적으로 유지하지 못하게 된다. 그렇기 때문에 이 시기에는 어머니 자녀 간의 상호성이 강조된다. 이 시기는 Freud의 구강기에 해당된다고 볼 수 있다.

(2) 자율성 대 수치심(Autonomy vs. Shame and doubt, 2~3세)

아이의 자율은 근본적으로 '자율적 존재로서의 부모'에 대한 반응이다. 즉, 자율적으로 행동하고 사고하는 부모들로부터 아동들의 자율의 원형이 비롯된다는 것이다. 이 두 번째 단계의 긍정적인 결과는 자아존중감(self-esteem), 자기 통제, 자기 확신, 자신의 장래에 대한 의지이다. 자율의 단계에서 자신의 장래에 대한 의지의 원초적인 형태가 발달하게 되는데, 이것은 청년기의 정체감 형성을 위한 중요한 전제가 된다.

(3) 주도성 대 죄의식(Initiative vs. Guilt, 4~6세)

Freud의 남근기에 해당하고 오이디푸스 콤플렉스가 생기는 시기이다. Erikson은 이동(移動, locomotion)과 인지력(cognitive abilities)의 발달에 따라 아이가 자발적이 되고 지배와 책임을 확장하는 시기라고 본다. 이 시기를 통해서 새로운 목표를 찾아내고, 새로운 능력이 아이 속에서 발달한다.

주도성 대 죄의식이라는 심리사회적 위기의 긍정적 해결은 환경에 대한 적극적인 인지적 탐색이 여러 가지 정보를 가져다주는 즐거운 경험이라고 하는 감각의 발달과 관계가 있다. 이 심리사회적 위기를 부정적으로 해결하면 압도적인 죄의식을 형성해 버린다. 실험이나 탐색을 부모가 어떻게 제한하는가에 따라 아이는 자기 주위의 세계에 대한 어떠한 의문이나 의혹도 그것들이 부모들의 침입이라고 느끼게 된다. 아이의 질문은 부분적인 진실, 부적절한 설명, 그리고 무관심과 마주치게 된다. 실제 호기심 자체가 금기시되어 어떤 것에 흥미를 갖는 일이 죄라고 느끼게 된다. 이와 같은 위기를 죄의식의 방향에서 해결하는 아이는 환경에 어떻게 대처하면 좋은가에 대하여 부모나 그 외의 권위자에게 의존해 버린다.

(4) 근면성 대 열등감(Industry vs. Inferiority, 7~11세)

Freud의 잠복기에 해당하는 근면성 대 열등감은 성적 관심이 후퇴되고 '나는 배우는 존재다'라고 하는 단계를 맞이하여 '어떠한 일로 얼마나 바쁠까?'를 생각하고 싶게 한다. Freud는 이 시기가 성격형성에는 아무런 중요한 의미도 갖지 않는다고 지적하고 있다. 그러나, Erikson은 개인의 일에 대한 기본적 태도가 이 단계에서 확립된다고 주장한다. 이 단계에서 아이가 자기의 능력을 발달시켜 평가에 관한 개인적 기준을 획득하면 자기가 사회에 대해서 얼마나 공헌할 수 있는가 하는 평가도 할 수 있게 된다.

근면이라는 개념 속에는 능력을 형성시켜 유의미한 일을 수행하고자 하는 열의(eagerness)가 포함되어 있다. 학령기에는 아이를 동기 유발시키는 많은 측면이 존재한다. 일에 대한 이러한 능력은 새로운 것으로 아이를 성인의 능력에 가깝게 한다. 이 새로운 능력들은 아이의 가치 감각을 높이는 책임을 가지거나 어느 정도 독립을 허용하는 효과를 가지고 있다. 이와 같은 능력의 증대에 부수적으로 따르는 동기유발적인 요인에 덧붙여 능력의 발달을 촉진시키는 수많은 외적 강화의 원천이 있다.

(5) 자아정체감 대 역할혼미(Self-Identity vs. Role confusion, 12~18세)

이 시기는 자기 자신의 정체감을 느끼기 시작하는 시기이다. 인간이 독특한 존재이며, 사회 속에서 무엇인가 의미 있는 역할을 스스로 하고 있다는 감정을 의미한다. 다르게 표현하면, 자아정체감이란 '내적 불변성(sameness)과 연속성(continuity)을 유지하는 능력(심리학적 의미에서의 개인의 자아)이 다른 사람에 대한 자기 의미의 불변성과 연속성이 합체하는 경험으로부터 생긴 확신'을 말한다.

이 시기를 맞이한 청년은 개인 고유의 특징(좋아하는 것, 싫어하는 것 등), 예상되는 미래의 목표, 자기 자신의 운명을 통제하는 힘을 느끼고, 현재의 자기가 무엇이며 앞으로 무엇이 되고 싶은가를 결정하고 싶어진다. 이와 같은 정체감 형성의 내적인 원동력이 되고 있는 자아는 '① 같은 생각을 가진 사람들과 동일시하고 사회적 환경에 적응하는 능력, 적성, 기능을 선정하고 통합하는 능력 ② 어떠한 충동, 욕구, 역할이 가장 적절하고 유효한가를 학습함에 따라 위협이나 불안에 대하여 방어를 유지하는 능력'을 갖고 있다. 이들 자아가 선택한 특징은 모두 집합되고 통합되어 그 인간의 심리사회적 정체감을 형성하는 것이다.

(6) 친밀감 대 고립감(Intimacy vs. Isolation, 19~24세)

이 시기는 개인이 정체감의 문제를 처리할 수 있을 만큼 성장했기 때문에 다른 사람과의 관계의 문제, 즉 우정, 사랑, 성적 친밀성 그리고 자기 자신, 자신의 내적 자원, 자신의 흥분이나 참여(commitment)의 범위 내에서의 친밀성을 포함한 친밀한 관계의 문제로 이행할 수 있는 시기이다. '친밀감'이란 자기가 무엇인가를 잃어버리고 있는 것은 아닌가 하는 두려움 내지 자신의 정체감과 다른 누군가의 정체감을 융합하는 능력으로 생각할 수 있다. 그렇기 때문에 결혼은 이와 같은 친밀감을 전제로 해야 한다.

Freud는 이 시기를 생식기라고 부르고 있는데, 자아정체감을 다른 사람의 정체감과 연결시키는 친밀감 위에 세우지 않으면 인간은 사랑하는 대상과의 상호성 속에서 진정한 성적 생식을 발전시킬 수 없다고 보는 것이 Erikson의 입장이다. 친밀감 단계의 위험성은 고독이다. 그것은 친밀감에 관련되는 것을 즐거워하지 않기 때문에 인간관계를 피하는 것이며, 일시적으로는 선택을 위해 필요한 조건이 될지 모르나 성격장애가 되는 것임에 틀림없다.

(7) 생산성 대 침체감(Generativity vs. Stagnation, 25~65세)

이 시기의 성인은 사회 속에서 자신의 위치를 차지하기 시작하고 사회가 만든 것은 어떠한 것이든 그 발견과 완성을 위해 노력하기 시작한다. 그리하여 개인은 그것에 대하여 책임을 가진다. 생산성은 본래 포괄적인 의미로 낳는 것을 의미하는데, 세대에서 세대로 태어나는 것, 즉 아이, 생산물, 관념 및 예술작품을 의미한다고 볼 수 있다.

따라서, 생산성이란 사회가 존재하는 데 빠뜨릴 수 없는 능력이다. 사회 구성원으로서의 성인은 자기의 자질, 기능, 창조성이 젊은이들의 생활의 질을 향상하기 위하여 제고되어야 한다는 의무감을 어느 시점에서 느끼기 시작하는 것이다. 생산성과는 대조적으로 성인기의 여러 요구에 응답할 수 없기 때문에 침체(정체)가 생긴다. 침체란 심리적인 성장이 결여되고 있음을 의미한다.

(8) 자아통합 대 절망감(Integrity vs. Despair, 65세 이상)

인생의 최종단계가 끝나는 시기는 사람에 따라 다르므로 심리사회적 위기가 이 단계에서 해결된다고 생각하기는 어렵다. 그러나, 자아통합이 달성되기 위해서는 자기 인생의 의미에 대하여 깊이 숙고해 볼 필요가 있다. Erikson 이론에서 자아통합이란 자기의 인생을 있는 그대로 받아들이고 죽음에 대하여 크나큰 공포심을 갖지 않고 직면할 수 있는 능력을 의미한다. 자아통합 감각(또는 상태)을 확립한 사람은 자기의 과거에 대하여 실존적인 관점에서 조망할 수 있다. 그리하여 자기의 인생과 개성이 개인적인 만족과 위기의 축적에 따라 생겨난 것임을 인식한다.

지금까지의 여러 경험에 대하여 어떤 것을 부정하거나 다른 사실을 지나치게 강조하지 않고 전체로서 받아들이는 일이 가능할 것이다. 자아통합이란 일상생활에서 사용하는 것과 같은 의미로서가 아니라 현재의 상황과 함께 과거의 역사를 통합하고 그 결과에 만족할 수 있는 능력이다. 자아통합의 반대방향은 절망이다. 절망이란 감정은 '인생은 무의미하다'든가 '종말(죽음)이 가깝다'든가 하는 감정을 증대시킨다.

표 4-2 Erikson의 심리사회적 성격발달단계

단계	성격발달	결정적 시기	인간관계의 범위	주요 발달과업과 사회문화적 역할	긍정적 해결	부정적 해결
1	기본적 신뢰감 vs. 불신감	0~1세	어머니, 주양육자	• 신체적·심리적 욕구 충족 • 일관성 있는 보호와 애정, 관심	기본적 신뢰감, 희망, 낙천성	불신감, 두려움
2	자율성 vs. 수치심 및 회의감	2~3세	부모	• 배변훈련, 걷기, 언어의 발달 • 분별력 있는 적절한 도움과 격려	자율성, 의지력	수치심, 회의감
3	주도성 vs. 죄책감	4~6세	가족	• 목표지향적 행동, 도덕의식의 발달 • 주도성을 발휘할 기회와 자유 제공	주도성, 솔선성	죄책감, 무가치감
4	근면성 vs. 열등감	7~11세	이웃, 학교	• 인지적·사회적 기술 습득 • 성취 기회의 제공과 격려, 인정	근면성, 지적·사회적 능력	열등감, 무능감
5	정체감 vs. 역할혼미	12~18세	또래집단, 교사, 영향력 있는 모델	• 자아정체감의 형성 • 정서적 안정과 바람직한 성역할 모델 제공	자신에 대한 통찰, 자아정체감의 확립, 성실성	역할혼미, 갈등, 불확실성
6	친밀감 vs. 고립감	19~24세	친구, 배우자	• 원만한 인간관계, 배우자 선택, 공유된 정체감 • 자신과 타인에 대	친밀감, 사랑, 우정	고립감, 타인에 대한 두려움, 소외

단계	성격발달	결정적 시기	인간관계의 범위	주요 발달과업과 사회 문화적 역할	긍정적 해결	부정적 해결
				한 이해, 타인과의 친밀한 관계 유지		
7	생산성 vs. 침체감	25~65세	직장동료, 자녀	• 자녀 양육, 후세대 양성 • 직업적 성취, 학문적·예술적 업적, 사회봉사	생산성, 보호, 배려	침체성, 이기주의
8	자아통합 vs. 절망감	65세 이상	인류	• 생의 음미 • 자신의 완성을 위한 노력과 성취	충만함, 통정성, 지혜, 만족	절망, 초조, 공허함, 무의미감

3) 교육의 시사점

Erikson의 심리사회적 성격발달이론은 인간의 성격이 단계적으로 발달해가는 것이기 때문에 각 발달단계에 알맞은 적절한 환경을 제공하고 교육은 아동의 관점에서 계획할 것을 시사한다. 각 발달단계마다 성취해야 할 과업과 극복해야 될 위기 상황이 있는데, 이때 영향을 미칠 수 있는 사회적 요인들을 교육에 잘 적용할 필요가 있다.

영아에게는 이 세상은 평온하고 안정된 곳이라는 느낌을 갖게 하여 기본적 신뢰감을 형성할 수 있도록 부모가 애정을 갖고 자녀의 신체적·심리적 욕구를 충족시켜 주면서 일관성 있게 잘 돌봐 주어야 한다.

어린 유아에게는 자율성을 기를 수 있도록 유아의 자발적 행동에 대해 칭찬과 신뢰를 표현하고 격려하고 용기를 주고 유아의 방법과 속도에 따른 기능을 발휘할 수 있도록 지지해 주는 것이 필요하다. 학령전기의 유아에게는 자기주도적 활동을 최대한 허용하여 주도성을 형성하도록 도와야 한다.

초등학교 시기의 아동에게는 과제를 완성하는 즐거움, 성취감을 경험할 수 있는 기회를 가능한 한 많이 제공하고 적정한 기대와 칭찬, 격려를 통해 자신감과 근면성을 형성하도록 도와야 한다. 아동 개개인을 능력 있고 가치 있는 존재로 인식하고 긍정적인 자아개념을 갖도록 관심을 가져야 하며, 아동이 갖고 있는 능력보다 아동의 노력, 진보에 관심과 칭찬, 평가를 해 줄 필요가 있다.

중·고등학교 시기는 자아정체감의 확립시기이므로 열린 마음으로 솔직한 토론의 장과 상담을 마련하여 스스로 문제를 해결할 수 있도록 격려하고 긍정적인 자아정체감을 형성하도록 적극적으로 지도할 필요가 있다.

4) 비판점

Erikson은 사회문화적 요인이 성격발달에 어떻게 영향을 미치는가를 설명함으로써 인간의 행동발달을 이해하는데 새로운 관점을 제공하였음에도 불구하고 다음과 같은 점에서 비판을 받고 있다.

Erikson이 주장하는 것처럼 성격발달이 고정된 순서로 일어나는가, 성격발달에 결정적 시기가 있는가, 성격발달의 보편성 등이다.

비판론자들은 인간의 성격발달은 Erikson이 주장하는 것보다 덜 포괄적·고정적·경직적이라고 한다. 또한 성격발달단계를 Freud의 성욕발달단계에 무리하게 연결시키려 했으며, 많은 개념적인 문제들을 불명확한 상태로 남겨둔 애매성 때문에 실증적 연구가 힘들다는 점에서 그의 이론은 엄밀한 과학적 연구라기보다 다분히 사변적이라는 점이다.

표 4-3 Freud와 Erikson의 성격발달이론 비교

구분	Freud	Erikson
이론의 특징	• 심리성적 발달	• 심리사회적 발달
성격발달의 주요인	• 개인의 내재적 요인, 부모의 영향 강조	• 자아가 형성되는 외부적·사회적·환경적 영향 강조
성격발달기간	• 사춘기 정도까지 성격이 거의 형성되며 이후에는 성격형성 및 변화가 거의 이루어지지 않음(총5단계)	• 일생을 통해 성격이 형성되고 변화한다고 봄(총8단계)
행동의 원인	• Id, 무의식 강조	• Ego, 의식 강조
연구대상	• 정신질환자	• 정상인
성격발달 관점	• 발달의 부정적 측면 강조 (비관론)	• 발달의 긍정적 측면 강조 (낙관론)
적응상의 문제 원인	• 부-유아-모의 갈등적인 삼각관계	• 사회적 관계

Chapter

05

도덕성 발달

1. 도덕성의 의미

도덕성(morality)이라는 용어는 라틴어의 'mores'에서 유래된 것으로, 예의범절, 관습, 생활양식 등을 의미하는 말이다. 즉, 도덕성이란 사회가 구성원에게 기대하는 바람직한 행동 형태에 따르려는 심성으로서, 도덕적 인식과 판단, 실천적 행위, 실천적 행위로 유발되는 정서적 측면 등을 포함한다. 인간은 부모 및 주변 사람들과의 사회적 관계를 통해 선악, 옳고 그름, 사회의 인습 등을 배우면서 도덕적으로 성숙되어 간다.

도덕성 발달은 인간으로서 살아가는데 있어서 중요한 과업 중의 하나이다. 개인은 사회의 한 구성원으로서 자신이 속한 사회에서 기대하는 바람직한 행동규범에 따라야 하기 때문이다.

도덕성 발달이 어떻게 이루어지는지에 대한 해석은 다양하다. 행동주의 이론가들은 도덕성 발달이 아동의 사회화 과정에서 성인들이 아동의 행동에 대해 강화(보상과 처벌)한 결과에 대한 반응이 습관화된 것이라고 하였다. 정신분석학적 입장에서는 도덕성을 초자아의 도덕적 이상, 양심으로서 부모와 자녀 간의 관계에서 발생하는 모방과 동일시에 의해 형성되며 이를 초자아의 형성과정으로 설명하였다. 사회학습이론에서는 개인이 특정 사회가 지닌 가치, 규범, 관습 등을 내면화함으로써 이루어진다고 보았으며, 인지주의이론에서는 도덕성을 포괄적인 인지구조의 한 양상으로서 도덕성 발달은 인지적 요소와 직결되어 있어 지적 발달과 병행한다고 보고 도덕적 추론을 강조하였다. 이 장에서는 Piaget와 Kohlberg, Gilligan의 도덕성 발달이론을 고찰해 보고자 한다.

2. Piaget의 도덕성 발달이론

Piaget는 자신의 저서『아동의 도덕적 판단(The moral judgement of the child)』에서 아동의 도덕성은 인지발달 과정에 의해 발달하는 것이라고 주장하였다. 도덕성 발달에 대한 여러 학자들의 연구가 있지만, 진정한 의미에서 도덕성 발달을 개념화한 것은 Piaget 연구에서 비롯된다.

Piaget(1932)는 도덕성 발달단계를 타율적 도덕성의 단계와 자율적 도덕성의 단계로 나누어 설명하였는데, 이를 구체적으로 살펴보면 다음과 같다.

1) 타율적 도덕성의 단계(heteronomous morality : 3~8세)

타율적 도덕성의 시기에 있는 아동들은 부모가 제시한 도덕적인 규범은 무조건적으로 복종해야 하는 것으로 생각하며, 옳고 그름의 두 가지로만 사고하는 시기이다. 또 이 시기의 아동은 다른 사람의 입장이나 상황을 고려하지 못하는 자기중심적인 사고를 하기 때문에, 행동의 결과로 나타난 사실만 보고 도덕적인 판단을 내리게 된다. 예컨대, 어머니를 돕기 위해 설거지를 하려다가 컵을 여러 개 깬 아이가 어머니 몰래 사탕을 꺼내 먹으려다가 컵을 한 개 깬 아이보다 더 나쁘다고 판단하는 경우가 여기에 해당된다.

2) 자율적 도덕성의 단계(autonomous morality : 8세 이후)

자율적 도덕성을 가진 아동들은 도덕적인 행동을 판단할 때 자기중심적 사고에서 벗어나 타인의 내면적인 동기나 의도도 함께 파악하여 결정하게 된다. 이 시기의 아동들은 같은 사회에 속한 사람들끼리 동의해서 만들어진 것이 규칙이며, 인간의 욕구나 상황에 따라 변화, 조절 가능한 것이라 생각한다. 예컨대, 어머니를 돕기 위해 설거지를 하려다가 컵을 여러 개 깬 아이는 의도가 선하지만, 어머니 몰래 사탕을 꺼내 먹으려다가 컵을 깬 아이는 동기가 불손하기 때문에 도덕적으로 더 나쁘다고 판단하는 경우가 여기에 해당된다.

이후 Piaget의 도덕성 발달이론에 대한 연구들이 많이 행해졌다. 아동의 도덕성은 타율적 도덕성에서 자율적 도덕성으로 이행된다는 Piaget의 주장은 그 이론의 타당성이 많은 연구자들로부터 지지되고 있다. 그러나, 아동의 도덕적 판단에 있어서 행위의 의도와 결과를 추론하는 능력은 Piaget가 제시한 것보다 훨씬 더 일찍 일어난다는 연구결과들도 보고되고 있다. 타율적 도덕성의 단계에 있는 아동들도 도덕적 판단을 요구하는 과제가 쉬울 경우에는 의도를 추론할 수 있다는 증거들이 제시되기 때문이다. 예컨대, 어린 아이의 경우에도 아무런 이유도 없이 친구와 싸우는 것보다, 다른 아이가 먼저 자신의 장난감을 망가트렸기 때문에 그 아이와 싸우는 것은 덜 나쁘다고 판단할 수 있기 때문이다.

3. Kohlberg의 도덕성 발달이론

Lawrence Kohlberg(1927~1987)는 미국의 뉴욕에서 출생하였으며, 박사학위 논문(The development of modes of thinking and choice in the 10 to 16 years, 1958)에서 아동의 도덕적 딜레마(자신의 욕구 충족과 갈등되는 법이나 규칙이 있을 때 어떻게 해야 하는가?)에 대한 추론의 차이에 관한 연구를 기초로 그의 도덕성 발달 이론을 체계화하였다. Kohlberg의 도덕성 발달 이론은 Piaget의 도덕성 발달이론과 Dewey의 교육철학에 근거하여 이론을 정교화하고 확장시킨 것인데, 1970년대 미국에서 돌풍을 일으켰다.

1) 기본 개념

Kohlberg(1963, 1975)는 나이가 들면서 인지능력이 발달하고 사회적 경험이 풍부해지면서 도덕성 발달수준도 단계적으로 계열을 따라 순서대로 발달해 간다고 주장하였다. Kohlberg의 도덕성 발달이론은 특히 Piaget의 도덕성 발달이론에서 많은 영향을 받았다.

Piaget는 4~5세까지의 유아는 규칙에 대한 관심을 거의 보이지 않거나 규칙이 있다는 것조차 자각하지 못하여 아직 규칙이란 것을 이해하지 못하는 전도덕단계라고 보았으며, 이후 도덕성 발달단계는 도덕적 실재론 단계(moral realism : 6~10세)와 자율적 도덕성(moral autonomy : 10세 이후)의 두 단계를 거쳐 이루어지는데, 도덕적 실재론으로부터 자율적 도덕성 단계로의 이행은 대략 8~9세 사이에 이루어진다고 보았다.

도덕적 실재론 단계는 타율적 한계를 갖는데 이 단계의 아동은 단일하고 절대적인 도덕적 관점을 고수하고 규칙을 존중하며 규칙에 복종해야 한다고 생각한다. 규칙은 결코 변경될 수 없다고 생각하고 절대시한다. 행위자의 의도보다는 행위의 객관적 결과를 가지고 옳고 그름을 판단하는 시기이다. 예컨대, 응급환자 이송 시 도로 규칙을 위반하는 것도 당연히 벌을 받아야 한다고 생각하는 단계이다.

자율적 도덕성 단계가 되면 다양한 도덕적 관심을 인식하고, 규칙은 사람들의 동의 여하에 따라 바뀔 수도 있는 임의적 합의라는 사실을 깨닫게 된다. 이 시기에는 행위의 객관적 결과보다는 행위의 의도를 고려하여 옳고 그름을 판단한다. 자율적 도덕성은 주로 협동과 상호작용의 산물이며, 개인차의 인식에서 오는 것으로 보았으며, 아동들 간의 도덕적 판단의 개인차는 학교교육, 가정생활 및 기타 환경적 요인, 또래 간 협동의 기회, 호혜적인 상호관계의 경험 등에서 기인한다고 보았다.

이러한 Piaget의 이론에 대해 Kohlberg는 Piaget가 아동을 연구대상으로 하여 도덕적 실재론과 자율적 도덕성으로 양분한 것은 도덕성 발달을 지나치게 단순하게 본 것이라고 주장하고, 성인까지 확대해 인습(convention)을 기준으로 3수준 6단계로 확대하였다. 그리고, 그의 말년에 6단계에 우주영생지향단계를 추가하여 모두 7단계를 제안하였다.

2) 도덕성 발달단계

Kohlberg는 Piaget의 도덕성 발달단계를 기초로 아동 후기부터 성인에 이르기까지의 도덕성 발달을 3수준 6단계로 나누어 설명하고 있다. 도덕적 발달단계는 정의의 개념과 옳고 그름을 판단하는 합리적 사고의 근거를 바탕으로 형성되었다.

이 도덕성 이론의 특징은 도덕성 발달이 인지발달 수준에 따라 그 단계가 결정된다는 것이다. 또한 다른 발달이론과 마찬가지로 연령 증가와 함께 낮은 단계의 발달이 이루어져야 다음 단계로 이동할 수 있다는 것이다. Kohlberg는 자신이 고안한 도덕적 딜레마인 '하인즈 딜레마(Heinz dilemma)'를 제시하여 도덕적 추론을 설명하였다.

> 유럽에서 한 여인이 특이한 종류의 암에 걸려 죽음 직전에 와 있었다. 의사들은 그 여인을 살릴 수 있을 것으로 생각되는 한 가지 약이 있었다. 그것은 같은 도시에 있는 한 약사가 최근에 발견한 것으로 라듐의 한 형태였다. 그 약을 제조하는 데는 비용이 많이 들었다. 그 약사는 약값으로 제조 비용의 10배를 불렀다. 그는 라듐 구입에 200불을 지불하고 그 약의 소량 처방에 2,000불을 요구했다. 환자의 남편 하인즈는 돈을 구하기 위해 아는 사람을 모두 찾아다녔지만 약값의 반인 1,000불 밖에 구하지 못했다. 그는 약사에게 자기 아내가 죽어 가고 있다는 것을 말하고 약을 좀 싸게 팔거나 아니면 약값을 나중에 갚도록 해 달라고 부탁했다. 그러나 약사는 "안돼요 내가 그 약을 발견했고 나는 그걸로 돈을 벌려고 합니다"라고 단호히 말했다. 그러자 하인즈는 절망했고 아내를 위해 그 약을 훔치려고 약국을 부수고 침입했다. 하인즈는 정당한 일을 하였는가? 만약 정당하다면 그 이유는 무엇인가?

(1) Level 1. 인습 이전의 도덕성

이 단계에서는 옳고 그름의 의미가 자신의 주관적인 감정의 측면에서 규정된다. 옳은 것이란 벌을 피하고 보상을 가져오는 것이다. 자신이 그것을 좋아하면 그것은 옳은 것이며, 좋아하지 않으면 그른 것으로 간주된다. 자기중심성이 지배하여 자신의 주관적 감정이 판단을 좌우하는 정서적 수준의 이해라고 볼 수 있다.

■ 1단계 : 처벌과 복종에 따른 도덕성

복종이 강조되며 권위자의 위력을 인지하고 그것이 벌을 면하게 해 줌을 인식한다.

■ 2단계 : 도구적 목적 및 거래 수단으로서의 도덕성

자신이 필요로 하고 원하는 것을 다른 사람이 해 줄 때 그것이 옳다고 생각한다.

(2) Level 2. 인습적 도덕성

아직도 옳고 그름은 주관적인 감정에 따라 좌우되지만 그러한 감정이 여러 사람을 통해 공감될 수 있는 것이 된다. 부모나 사회의 기대, 법 등과 같은 권위에 따라 인정되는 것을 옳은 것으로 생각한다. 복종의 개념은 사회 집단의 규칙과 규준에 따르게 된다. 사회의 규칙과 기대를 이해하고 수용한다.

■ 3단계 : 대인관계의 조화를 위한 도덕성

이 단계에서는 다른 사람들이 자신을 좋은 사람, 선한 사람으로 보아 주기를 바란다. 따라서 다른 사람의 기대가 매우 중요하게 작용한다. 특히 부모, 친구들과 신뢰와 존중, 감사의 관계를 유지하기를 바란다.

■ 4단계 : 법과 사회질서 준수로서의 도덕성

사회체제를 유지하는 데 필요한 사회적 의미나 규범에 대해 복종한다. 이 시기의 도덕성은 법과 질서의 도덕성이라고도 불린다. 다른 사회적 의무와 갈등을 일으킬 때 법을 준수하는 것이 중요하다고 생각된다. 또한 권위자는 벌을 줄 권리가 있다고 믿는다.

(3) Level 3. 인습 이후의 도덕성

이 수준에서의 옳고 그름의 판단은 객관적인 원리에 따라 이루어진다. 개인이 공감하는 인류 공통의 기준, 정의, 기본적 권리, 인간 존중의 측면에서 판단된다. 합리적이고 이성적인 개인은 자신의 감정이나 다른 사람의 명령을 넘어서서 객관적으로 옳다고 생각하는 것을 발견하고 존중할 수 있어야 한다고 생각한다. 사회정의, 공정성, 기본권 등의 개념이 존중된다.

■ 5단계 : 사회 계약 정신으로서의 도덕성

사회적 관계와 개인의 권리가 존중되며, 사회적 법률이란 상호 합의에 따라 변화될 수 있는 것으로 본다. 다수를 위한 최대의 선이 강조된다.

■ 6단계 : 보편적 도덕원리에 따른 도덕성

일반적인 윤리적 원리를 기본으로 한다. 인간의 삶의 권리, 최대한의 자유, 이러한 기본 원리에 대한 진지한 책임 등이 강조된다.

3) 교육적 시사점

Kohlberg는 교육의 목적을 성숙한 도덕성을 갖고 정의로운 사회구축에 공헌하는 인성을 형성하는데 있다고 보고 교육이 해야 할 일은 개인의 인지구조와 사회적 환경의 상호작용에 의해 촉진되는 도덕성 발달의 자연적 과정을 자극하는 것이라고 하였다. 아동에게 인지발달수준 이상의 도덕적 행동을 요구하는 것은 무리이며, 적절한 지도를 위해서는 먼저 아동의 도덕적 판단수준을 이해하고 대략적인 도덕적 추론단계를 파악하여 현재의 도덕성 발달수준보다 한 단계 위의 단계에서 도덕적 상황에 대해 설명하는 것이 바람직하다고 주장하였다.

그의 도덕성 발달이론은 부모나 교사들이 아동의 연령에 따라 도덕교육을 어떻게 할 것인가에 대한 구체적인 방법을 제시하고 있다. 어린 유아의 경우 나쁜 행동을 했을 때는 즉각적인 벌로 유아의 행동이 잘못되었음을 알려주어야 하며, 학령전기의 유아는 도덕적 덕목이나 원리를 이해하기 어려우므로 말보다 행동으로 모범을 보여 지도하는 것이 좋다. 또한 도덕적 행동을 요구할 때 왜 그렇게 행동하도록 요구하는지 설명해 주고 도덕적 판단을 해야 하는 상황에서 일관성 있게 지도함으로써 가치관의 혼란을 일으키지 않도록 해야 한다.

좀 더 성숙한 아동이나 청소년에게는 처벌이나 제재보다는 보편적 가치기준이나 양심에 호소하는 것이 보다 적절한 방법이 될 수 있다. 또한 정의로운 사회분위기에서 도덕적 행동을 보고 듣고 깨달음으로써 실천하도록 하는 것도 중요하다.

또한, 학교에서 교사는 학생에게 특정의 도덕적 신념이나 태도를 가르치기보다 도덕적 성찰과 학생 상호간 토론을 통해 자기 성찰과 타인의 견해를 이해하도록 돕고, 학생들이 민주적 의사결정에 적극적으로 참여하고 다양한 학교생활을 자치적으로 운영하게 하는 방법도 활용해 볼 만하다.

수업방법과 관련하여 그는 특히 토론식 수업을 제안하였는데, 아동의 도덕성 판단단계에 맞게 소집단을 만들어 도덕성 문제, 도덕적 가치 갈등 상황(예 : 시험기간에 커닝에 대해 어떻게 생각하는지)에 대하여 학생들 간의 자유로운 토론을 통해 보다 고차원적이고 다양한 사고방식을 경험해 보게 함으로써 자신의 도덕적 사고를 시험해 보고 다른 학생들과 비교하여 상위 단계의 도덕성으로 이행되도록 도덕성 발달을 유도할 수 있다. 이때 도덕적 판단능력이 같은 또래들과 상호작용하도록 하는 것보다 그 아동보다 한두 단계 위인 사람들과 상호작용하도록 하는 것이 좋다. 도덕적 딜레마에 대한 효과적인 토론을 위해서 교사는 구체적인 도덕적 딜레마 상황과 합리적이고 다양한 해결방식을 계획하여 학생들이 찬반토론을 통해 자신의 선택을 논리적으로 설명하고, 자신과 타인의 관점을 비교해 보고 다양한 행동을 분석해 볼 수 있는 기회를 제공하는 것이 좋다.

4) 비판점

Kohlberg는 인간의 도덕성 발달을 지나치게 단순화한 Piaget의 이론을 성인기까지 확장·정교화하였으며, 아동의 연령에 따라 어떻게 도덕교육을 해야 하는지에 대한 구체적인 교육적 시사점을 제시하였다는 점에서 이론적·실제적으로 공헌하였음에도 불구하고 다음과 같은 점에서 비판을 받고 있다.

첫째, 도덕적 추론 또는 도덕적 판단과 실제 도덕적 행위 간에 차이가 있을 수 있다는 점을 간과하였다. 올바른 판단능력을 갖고 있다고 해서 반드시 도덕적으로 행동한다고 보장하기는 어렵기 때문이다.

둘째, 문화적 보편성의 결여, 즉 서구사회에서의 도덕적 사고가 모든 문화권에 통용되는 도덕적 가치는 아니라는 것이다. 특히 후인습수준은 개인주의를 강조하는 서구의 사회문화적 가치에 유리하도록 편파되어 있다.

셋째, 남성에 대한 종단적 연구에 근거하여 남성 중심적 가치로 치우쳐 있다. 그는 도덕수준에 있어서 남성이 여성보다 상위의 도덕성을 갖고 있다는 성차를 주장하였는데 그것은 어떤 문제를 해결하는 남녀의 처리방법이 다르기 때문에 생기는 차이일 뿐 도덕적으로 남성이 더 우월하기 때문이 아니며 남성을 대상으로 근거한 이론이 여성의 도덕적 추론과 도덕성 발달단계에는 적절하지 않다는 것이다.

넷째, 도덕적 퇴행을 고려하지 않았다는 비판으로서 그는 도덕성 발달 순서의 불변성을 주장하였는데 고등학생에서 대학생으로 올라가는 시기에 4단계에서 5단계로 진전하는 대신 도덕적 회의가 들면서 2단계로 퇴행하는 경우도 있다.

다섯째, 6단계에 도달하는 사람이 극히 드물다고 하면서 6단계를 인정한 것이다. 즉, 6단계는 인간이 지향해야 할 이상적인 도덕발달의 방향을 보여준다는 측면에서 이론적 가치는 있지만 도덕발달 양상을 진단해 줄 수 있는 틀로서는 부적합하지 않느냐 하는 점에서 이론의 타당성 측면에 대한 비판이 제기되고 있다.

4. Gilligan의 도덕성 발달이론

Carol Gilligan(1936~)은 미국 뉴욕 출신으로 하버드 대학교에서 박사학위를 취득한 이후 34년 동안 모교에서 재직하다가 현재 뉴욕 주립대 교수로 재직중이다. 그녀는 여성의 입장에서 도덕성을 새롭게 정의하였다. 1982년 출간된『다른 목소리(In a Different Voice)』라는 저서에서 서양의 기존 윤리관은 가부장적 사회구조에서 탄생한 남성중심의 성차별적 윤리관이며, 하버드 대학교 동료 교수였던 Kohlberg가 소년만을 대상으로 도덕성 발달단계를 설정하고, 이를 기준으로 여성의 도덕성 발달이 남성에 비해 낮다고 한 성차별적 발언에 대해 강력히 비판하였다. 그녀는 남성의 도덕성은 정의지향적인 반면, 여성의 도덕성은 인간관계에서의 보살핌, 애착, 책임을 강조하는 대인지향적임을 주장하면서 남성과 여성의 도덕적 지향과 선호가 다르다고 주장하고 '배려의 윤리(ethic of care)'를 제안하였다.

Gilligan(1982)은 도덕성이 '정의'와 '배려'라는 두 개의 상호 의존적인 요소로 이루어져 있으며, 이 요소들은 도덕적 문제를 파악하는 특수한 방식을 나타냄과 동시에 각각의 요소들은 서로 다른 발달 유형을 보여준다고 주장하였다. 이러한 이유로 여성과 남성의 도덕성을 어느 한 가지 관점에서 파악하고 비교하는 것은 바람직하지 않은데도 불구하고 Kohlberg는 '정의'에만 관심을 기울였다고 비판하였다.

그녀는 여성과 남성에게 있어 도덕적 명령이 추구하는 바가 다르다고 보았다. 여성에게 있어서 도덕적 명령은 동정이나 보살핌 같은 것이고, 남성에게 있어서는 개인의 권리와 자유를 중시하면서 사회를 유지하기 위한 기본 원리로서의 정의와 다른 사람의 권리를 존중해 주는 것이라고 하였다. 그녀는 여성들에게 보다 강하게 나타나는 도덕성의 한 측면으로서 인간관계 속에서의 타인에 대한 배려를 들었다. 여성은 타인의 요구에 민감하게 반응하며 타인과의 관계를 고려하고 추상적인 도덕적 원리보다는 인간에 대한 책임을 강조한다. 또한, 타인에게 해를 끼치거나 폭력을 행사하는 것을 피하고 자신을 희생하더라도 인간관계를 유지하고자 하는 강한 대인 간 배려지향이 나타난다고 하였다.

1) 기본 개념

Kohlberg는 소년의 도덕성은 정의지향적·독립적·이성적·주체적인 단계로 발전하는데 비해 소녀의 도덕성은 의존적·공동체적·감정적으로 소년에 비해 한 단계 뒤떨어진다고 한 바 있다. 이러한 주장에 대해 Gilligan은 여성의 도덕성 발달이 남성보다 뒤지는 것이 아니라, 다만 여성과 남성은 보는 관점이 다르고, 판단하는 기준이 다르다고 주장했다. 즉, 남성은 '정의'와 개인의 '권리'라는 관점에서 도덕적 판단을 하는 경향이 있는 반면, 여성은 공동체적 '관계'와 타인에 대한 '배려(보살핌)'와 '책임'이라는 관점에서 판단하는 경향이 있기 때문이라고 반박하였다.

Gilligan은 도덕적 이상형은 정의로운 인간이 아니라 배려할 줄 아는 인간으로서 도덕성의 핵심은 자기 자신과 타인들에 대한 책임감과 배려, 동정심, 타인과의 조화라고 보았다. 그녀의 이러한 관점은 남성중심적·가부장적·정의와 권리를 강조하는 도덕성과 여성적·공동체적·감성적 배려와 관계를 강조하는 도덕성을 상호 조화시키고 보완해야 함을 강조하며, 여성의 도덕성 발달에 대한 새로운 접근을 제시하고 있다.

배려는 자신과 타인의 복지를 고려하는 것이다. 도덕적으로 성숙하지 못한 인간은 자신만을 고려하다가 타인과의 관계성을 의식한 다음부터는 차츰 타인도 고려의 대상에 포함시킨다. 타인을 고려하는데 있어서는 타인에 대한 책임감이 중요한 역할을 한다. 타인에 대한 책임감의 인식은 타인에 대한 배려 윤리의 시발점이라고 할 수 있다. 자신만을 생각하는 이기적인 태도는 타인에 대한 책임감을 인식하게 되면서 사라진다.

자신과 타인의 복지가 갈등을 일으키는 상황에서는 자신의 권리와 타인에 대한 책임감을 조화시켜 갈등을 해소하며 결국 이러한 권리와 책임감의 조화가 배려를 만들어 낸다. Gilligan의 배려는 권리의 절대적인 평등성을 전제로 하지 않고 개인의 상황과 처지에 따라 차이를 두는 형평성을 전제로 한다. Kohlberg가 도덕성의 이성적 측면을 중시한 반면 배려의 윤리는 감정이나 정서가 중요한 역할을 한다.

Gilligan의 초기이론에서 배려 윤리는 가부장적 사회 질서 안에서 나타나는 관계적 세계 윤리를 의미한다. 즉, 관계를 위해서는 관계를 포기하고, 비이기적이고 자기 희생적인 것을 배려로 간주한다. 반면에, 후기의 여성주의 배려 윤리는 진정한 관계와 인간 사이의 연결을 강조한다. 여성주의 배려 윤리를 통해서 여성은 잃어버린 자신의 목소리와 관계를 회복하고 가부장적 사회구조를 변화시킬 수 있다고 보고 학교교육을 통한 여성 간의 연대와 유대를 강화할 것을 제안하였다.

2) 도덕성 발달 단계

Gilligan은 성적 갈등, 낙태 등의 문제와 관련되는 상황에서 청소년들의 도덕적 판단을 분석한 결과를 가지고 '배려의 윤리'라는 3수준의 여성 도덕성 발달단계를 제안하였다. 이 세 수준은 각각 자아와 타인이 어떻게 관련되어 있는가에 대한 특정한 이해 방식을 반영한다.

Gilligan은 임신하고 있거나 임신 중절 경험이 있는 여성을 대상으로 한 연구에서 자신과 타인 사이에 배려하는 개념이 어떻게 형성되는가를 관찰한 결과 '배려의 윤리'라는 세 단계의 과정을 거쳐 발전된다고 주장하였다. '배려의 윤리'가 발전됨에 따라 자아의 도덕의식 발달단계가 드러나고, 이에 따라 보살피는 자의 자아개념과 타인과의 인간관계에 대한 인식도 변화한다.

배려의 윤리 발달과정에서 1수준과 2수준, 2수준과 3수준 사이에 앞 수준의 모순을 발견하게 되면 그 단계에 머무르지도 못하고 다음 수준으로 이행하지도 못하는 과도기를 겪게 된다. 자아는 두 차례의 과도기를 겪게 되는데, 제1 과도기는 자아가 자기 자신의 이기심을 인식하게 될 때 일어나고, 제2 과도기는 자아가 무조건적인 자기 희생적 보살핌에 대하여 모순을 느낄 때 일어나는데 이 두 과도기는 자아가 다음 수준의 도덕성으로 이행할 때 겪어야만 하는 필수적인 과정이다. 자아는 이 두 번의 과도기에 기존의 도덕관의 붕괴를 겪으면서 위기 상황을 체험한다.

① 1수준 : 자기 이익 지향

미성숙한 대인 간 도덕적 사고수준으로서 아동기에 해당한다. 자기의 이익과 생존에 자기중심적으로 몰두하는 단계로서 어떤 상황이나 사건이 자신의 욕구와 갈등을 일으킬 때에만 도덕적 사고와 추론을 시작하며, 어느 쪽이 자신에게 중요한가가 판단의 준거가 된다. 자신과 타인 혹은 자신의 삶과 타인의 삶 간의 관계성을 고려하지 않고 자신의 생존과 자신의 복지만을 생각하며 타인이 입는 손해나 불이익에 대해서는 관심을 두지 않는다. 이러한 관점이 비판받게 되면 자신의 욕구와 타인에 대한 책임감 사이에 갈등이 생기게 되는데 이러한 시기를 과도기라고 한다.

1수준으로부터 2수준으로의 이행 시 겪게 되는 제1 과도기는 이기심으로부터 책임감으로 전환되는 시기로서 자신이 하고 싶은 개인적 욕구와 자신이 해야 하는 책임이 구별되기 시작한다. 타인에 대한 관심이 나타나면서 보다 성숙한 도덕적 추론이 시작된다.

② 2수준 : 타인에 대한 책임으로부터 선의 선별

사회적 조망이 발달하는 도덕성 시기로서 청년기에 해당된다. 자신의 욕구나 복지는 미루고 타인의 복지에 초점을 맞추고 타인의 요구에 응하려는 시도를 하며 타인에 대한 배려와 책임감, 자기 희생을 지향하며 이를 선한 것으로 간주한다. 자신과 타인의 관계를 고려하고 타인에 대해 책임감을 느낀다. 자신의 책임을 강조하면서 자신에게 의존하고 있는 사람이나 자신보다 약한 위치에 있어서 자신이 도움을 줄 수 있는 사람들을 보살피려는 생득적·모성적 도덕을 채택한다. 타인을 배려하는 것과 선을 동일하다고 생각하며 배려의 대상에서 자아는 제외된다. 이러한 상황의 모순이 인간관계에서 문제를 일으킬 때, 자아와 타인 모두 욕구에 대해서 책임을 지려는 과도기가 온다. 2수준으로부터 3수준으로 이행하는 시기에 겪게 되는 제2 과도기에 개인적 욕구와 타인에 대한 배려, 책임감의 균형에 대해 필요성을 깨닫기 시작하면서 선함의 본질에 대한 새로운 인식이 시작된다.

③ 3수준 : 자신과 타인과의 역동

대인 간 도덕적 추론의 마지막 단계로서 개인의 권리 주장과 타인에 대한 책임이 조화된다. 자신을 무력하거나 수동적인 존재로 고려하지 않고, 의사결정 과정에 적극적으로 참여한다. 3수준 도덕성의 주요 지표는 비폭력, 평화, 박애 등으로서 개인적 권리와 타인에 대한 배려가 조화를 이룬다. 2수준의 자기 희생적 불평등 관계에 모순을 느껴 이를 극복하고자 한다. 즉, 타인에 대해 느꼈던 책임감만큼 동일한 책임감을 자신에 대해서도 느끼게 되며 타인은 물론 자신의 복지를 모두 고려한다.

자신과 타인의 상호성에 대한 올바른 인식과 책임감의 균등한 분담이 이 단계의 관건이며, 어느 한쪽만을 고려하는 것이 궁극적으로 양쪽 모두에게 해로운 것이라는 도덕적 태도를 내면화한다.

3) 교육적 시사점

Gilligan은 배려의 윤리에서 도덕적 자아, 도덕교육에 대한 새로운 패러다임을 제시하였다. 전통적으로 도덕교육 이론들은 도덕 행위자의 모습을 자율적·합리적이며, 추상적이고 보편타당한 추론을 할 수 있는 능력을 지닌 사람으로 규정하여 왔다. 그러나, Gilligan은 인간은 본래 타인과 관계되어 있으며 그 속에서 자신의 책임을 다하는 존재라고 주장하였는데, 이러한 주장은 도덕교육이 자율성이나 합리성만 강조할 것이 아니라 공동성, 관계성, 책임성 등도 고려해야 함을 시사하고 있다.

4) 비판점

Gilligan은 도덕성 발달에 있어서 성차를 고려하지 않고 지나치게 인지적인 측면에서만 도덕성을 고려한 Kohlberg의 도덕성 발달이론의 한계를 보완하다는 점에서 최근 많은 발달심리학자들의 관심 대상이 되었으며, 도덕성 발달에 대한 시야를 넓히는 데 공헌하였다. 그러나, 이러한 공헌에도 불구하고 다음과 같은 점에서 비판을 받고 있다.

Gilligan이 주장한 도덕성의 남녀 성 편향이 존재하는가에 대한 경험적 평가들에서 Holstein은 같은 단계의 남녀가 자신의 입장을 정당화하는 과정에서 성역할의 차이는 존재하였지만, 성 편향 비판을 확증하는 증거는 찾을 수 없었다고 하였다. Worker도 도덕성 발달과 관련한 108개의 연구를 분석하였지만, 그중 8개에서만 유의미한 남녀 차이가 있는 것으로 나타났다고 밝힘으로써 Kohlberg의 도덕성 발달 평가에서 남녀 성 편향이 존재한다고 보기 어렵다고 주장하였다.

남자는 '정의지향적'이고 여자는 '배려지향적'이라는 Gilligan의 주장에 대해 남자와 여자의 도덕성에 차이가 있는 것이 아니고 많은 경우 이 두 가지 도덕적 관점은 상호작용한다는 비판이 제기되고 있다. 이에 대해 Gilligan은 도덕적 문제를 추상적인 정의의 원리를 특수한 사례에 적용함으로써 해결되는 것으로 보지 말고 실제적인 인간관계에서 사람들에 대한 배려를 표출하는 것에 대한 관심으로 보아야 한다고 주장하였다. 즉, 도덕성을 배려, 동감, 책임의 원리에 의해 그 성숙도를 잰다면 Kohlberg의 이론에서 대부분의 여성들이 머물렀던 3단계가 아닌 보다 성숙한 단계의 도덕성에 이를 수 있다고 하였다.

또한, Gilligan의 '정의' 대 '배려'의 입장 차이에 대한 강조는 서구 자유주의 사회에 만연된 이성과 감정의 이분법을 영속화시키는데 공헌할 뿐이라고 비판한다. 만일, 배려의 윤리가 이성을 무시하는 결과가 된다면 그것 또한 남성에 대한 편견으로 바람직한 것이 아니라고 비판한다. 이에 대해 여성주의 윤리학자들은 이성의 우월성을 강조하는 도덕이론들에 반대하고 도덕성에 있어서 바람직한 형태의 감정계발의 필요성을 제기하였다. 배려, 공감, 감정이입 등은 이성과 마찬가지로 실제적 상황에서 도덕성의 필수적 구성요소라고 주장한다.

표 5-1 Kohlberg와 Gilligan의 도덕성 발달이론 비교

구분	Kohlberg	Gilligan
철학적 배경	• Kant	• Hume
도덕의 원천	• 정의(justice : 의무감), 권리, 규칙	• 배려(care :선천적 충동), 책임감
이성과 감성의 역할	• 이성중심적 도덕이론	• 감성중심적 도덕이론(이성의 역할을 전적으로 무시하지는 않음)
성별 초점	• 남성적 접근	• 여성적 접근
연구내용 및 방법	• 탈개인적 추상적 방법	• 개인적 구체적 방법
권리의 평등성	• 절대적 평등성	• 상황적 형평성

Chapter

06

지능과 창의성

1. 지능

1) 지능의 정의

지능(知能, intelligence)이란 인간의 지적 능력을 나타내는 대표적인 심리학적 구성개념이다. B. S. Bloom은 학업성취를 100%로 보았을 때 학습자의 지적 특성이 50%, 정의적 특성이 25%, 수업의 질이 25%, 기타 요인이 10% 정도로 예언할 수 있다고 할 정도로 지능은 학업성취에 강력한 영향을 미치는 요인으로 인정되어 왔다.

그러나 지능이라는 개념을 보편적으로 사용하면서도 그 개념이 매우 추상적이어서 지능에 대한 인식의 수준은 모호하고 불분명한 것이 사실이다. 따라서 연구자 간의 의견일치가 어렵기 때문에 통일된 정의를 내리기가 쉽지 않다. 지능에 대한 정의의 수가 연구하는 학자보다 더 많다는 말은 지능이 복잡한 개념이라는 것을 잘 나타낸다고 볼 수 있다(오윤선, 2017).

전통적인 심리측정적 관점(psychometric perspective)에서는 지능을 주로 문제를 해결하고 추상적으로 사고하고 논리적·비판적으로 사고하는 능력이라고 보았다. L. M. Terman과 C. Spearman은 지능을 '추상적으로 사고하는 능력', Dearborn은 '학습하는 능력', Stern은 '생활의 새로운 문제나 상황에 대한 정신적 적응능력', D. Wechsler는 '목적적으로 행동하고 합리적 사고를 하며 환경을 효과적으로 다루는 개인의 집합적 능력', Henmon은 '소유하고 있는 지식의 양과 지식을 알 수 있는 능력'이라고 정의한 바 있으며, Stern은 지적 능력을 지능지수(IQ)라는 표준화된 점수로 환산하였다. IQ(Intelligence Quotient)는 편차지능지수로 동일한 연령집단 내에서의 개인의 상대적 위치로 규정하며 100이 평균이다(문은식 외, 2015).

전통적인 지능이론에 대한 비판과 함께 새롭게 등장한 현대 지능이론들은 정보처리적·상황주의적 경향이 우세하며, 기존에 비해 사회적·범문화적·실생활에서의 지능을 강조하고 있다. 실제 생활장면에서의 지능을 강조하는 최근의 이론으로는 Sternberg의 삼위일체지능이론과 Gardner의 다중지능이론을 들 수 있다. Sternberg는 지능을 '메타요소, 수행요소, 지식획득 요소의 기능에 따라 신기성에 대한 반응 혹은 정보처리의 자동화와 관련하는 경험의 연속선에서, 어떤 지역에서 상황적으로 적절한 행동을 방출하는 정신능력'이라고 하였으며(이해경 외, 2005), Gardner는 지능을 '한 문화권에서 인정하는 문제를 해결하거나, 산물을 창조해내는 능력'으로 정의하였다.

이와 같이 지능의 개념은 매우 다양하나, 다음의 네 가지로 분류할 수 있다(김희수 · 조영미, 2017).

첫째, 지능의 적응적 기능을 강조하는 입장으로 Stern, Pintnet, Colvin, Piaget 등이 속한다. 이들은 지능을 한 개인의 전체 환경에 대한 적응이며 생활의 새로운 문제 및 새로운 사태에 대한 일반적인 행동을 보다 효과적으로 재조직하는 능력이라고 보았다. 즉, 지능이 높은 사람은 새로운 상황에 직면했을 때 효과적이고 적절하게 적응해 나가게 되며, 지능이 낮으면 적응력도 낮아진다고 보는 것이다.

둘째, 지능을 학습하는 능력으로 보는 입장으로 Binet, Terman, Thorndike, Gates, Dearborn 등이 있다. 이들은 지능이란 개인이 교육받을 수 있는 범위를 의미하며, 보다 지적인 사람은 그렇지 못한 사람에 비해 더 잘 배울 수 있고, 더 많이 배울 수 있다고 하였다. 즉, 지능이 높은 사람은 학습할 수 있는 능력이 높고, 지능이 낮은 사람은 학습능력이 낮다고 보는 것이다.

셋째, 지능을 고등정신 능력으로 보는 입장이다. 여기에는 Thurstone, Terman, Spearman 등이 속한다. 지능이란 추상적 사고뿐만 아니라 그것을 구체적 사실과 관련시키려는 탁월한 능력으로 보는 것이다.

넷째, 포괄적인 관점에서 지능을 정의하는 입장이다. Wechsler의 정의는 이런 관점을 대표하는 입장이라 할 수 있다. 이러한 입장에서의 정의는 개인의 지능을 인간 행동의 종합적인 능력으로 보는 것이 특징이며, 최근 많은 학자들로부터 지지를 받고 있다.

이와 같이 지능은 현실적인 능력이나 학력이 아니라 잠재적인 능력이나 소질적 능력으로서 새로운 문제해결과 새로운 환경에 보다 합리적이고 목적적이며 통찰적으로 적응할 수 있는 정신능력이라 할 수 있다.

2) 지능이론

(1) Spearman의 2요인설

Spearman(1927)은 지능이 일반요인(general factor : g요인)과 특수요인(specific factor : s요인)으로 이루어진다는 2요인설을 주장하였다.

일반요인은 지능의 핵심요인으로 모든 지적 과제 수행에 공통적으로 영향을 주는 능력으로, 관계를 인식하거나 공통된 관련성을 이끌어내는 타고난 능력이다. 반면에 특수요인은 언어 문제나 수 문제와 같은 특수한 과제 수행에만 작용하는 능력으로 다른 과제들의 수행에는 영향을 주지 못한다. 그는 특수요인의 의미는 중요시하지 않았고 일반요인이 중심적이며 우월한 것으로 여겼으며, 이에 따라 지능이란 일반요인으로 구성되는 단일능력으로 보았다. 따라서 머리가 좋다는 것은 g요인을 많이 가지고 있다는 것을 의미한다. 물론 g요인이 높으면서도 특정과제의 수행능력은 떨어지는 경우가 있을 수도 있다. g요인은 모든 정신적 과정 속에 스며있는 정신능력의 형식이기 때문에 전체적으로 일반지능이 낮은 사람이 특정영역에서 높은 지능을 보일 수 없을 것이다(김이영 외, 2014).

Spearman의 2요인설은 지능을 단일의 지능지수(IQ)로 나타낼 수 있다고 보는데, 이러한 지능검사는 일반지능을 측정하여 지능지수로 표시하고 학업장면을 위시하여 다양한 직종의 수행을 상당히 잘 예측한다는 장점이 있다. 반면에 일반요인을 측정하는 검사는 운동능력, 지각능력, 창의력과 같은 다양한 능력을 측정하지 못한다는 제한점이 있다.

(2) Thurstone의 다요인설

미국의 심리학자 Louis Thurstone(1887~1955)은 다양한 능력 간의 차이에 관심을 가지고, Spearman의 일반 지능에 동의하면서도 지능이 한두 가지의 요인으로 설명할 수 없다고 보았다. 그에 의하면, 지능은 7개의 구성요소로 상호관련 되어 있다고 보았고 이것을 기본정신능력(primary mental ability : PMA)이라 하였다. Thurstone은 1947년 후속연구를 통해서 일곱 가지의 기본정신능력이 인간의 정신능력 개인차를 설명할 수 있는 기본적 집단요인이라고 주장하면서, 이 일곱 가지의 기본정신능력은 서로 상관관계를 보이고 있어서 합리적이라고 주장하였다. Thurstone의 일곱 가지 정신능력 요인과 각 요인의 예시는 다음과 같다.

① **언어이해요인(Verbal comprehension factor : V) : 단어와 문장의 의미를 이해하는 능력**

예시 : '당신에게 3개의 단어가 주어져 있다. 첫 번째와 두 번째 사이에서는 일정한 관계가 성립된다. 세 번째 단어와 다음에 답으로 보여준 5개의 보기 가운데도 일정한 관계가 있는 그것을 찾으시오.

어두운 : 밝은 = 젖은 : ?

a) 비　　b) 낮　　c) 습기 있는　　d) 바람　　e) 건조한

② **단어유창성요인(Word fluency factor : W) : 단어를 빠르게 생각해 내는 능력**

예시 : 4분 이내에 'D'자로 시작되는 말을 가능한 한 많이 적으시오.

③ **공간 요인(Spatial visualization factor : S) : 공간적 관계의 인식**

예시 : 다음에서와 같은 기호 연속에서 영상적으로 거꾸로 보이는 것 아래에 줄을 그으시오.

h p　　b y

④ **수리 요인(Numberical factor : N) : 간단한 산수의 능력**

예시 : 다음의 숫자 집단 중에서 각각의 첫 번째, 두 번째 숫자를 더하여서 세 번째 숫자로 나눈 결과를 적으시오.

152　375　422　957　261　813　996　882　574

⑤ **기억 요인(Memory factor : Ar) : 단어, 그림 등을 기억하는 능력**

예시 : 다음의 알파벳-숫자로 된 것을 2분 이내에 외운 후 그것을 기억하여 적으시오.

b-11,　d-222,　h-33,　n-44,　p-55,　q-666,　u-777

⑥ **지각 요인(Perceptual factor : P) : 혼란을 야기하는 자극들에서 상이한 자극을 신속히 확인하는 능력**

예시 : 다음 단어들에서 'A'와 'a'에 밑줄을 그으시오.

Aufgabe, Bnde, Caesar, Daumen, Einfall, Fahrmann, Gala

⑦ **추리 요인(Reasoning factor : R) : 원리 혹은 법칙 등을 알아내거나 논리적 사고를 하는 능력**

예시 : 다음 기호를 논리적으로 올바른 식으로 계속 연결하여 보시오.

×○○○○××○○○×××○○××

출처 : 김청자(2011) 재구성.

(3) Guilford의 지능구조모형

Guilford는 다요인설의 관점에서 Thurston의 기본정신능력을 확대·발전시킨 지능구조 모형을 제안하였다. 그는 지능을 '다양한 방법으로 상이한 종류의 정보를 처리하는 능력이나 기능의 체계적인 집합체'로 정의하였는데, 정신능력이 아니라 인지활동으로 인간의 지능을 이해하려는 첫 시도가 된다. Guilford는 인간의 지능은 3개의 필수적 차원이 존재한다고 보았다. 지능에 내포된 인지활동의 요인인 내용(content)의 차원과 그 요인에 요구되는 정보를 처리하고 작동하는 지적활동인 조작(operation)의 차원, 그리고 그러한 조작이 내용에 작용하여 나타나는 결과, 즉 산출(product)의 세 가지가 정신능력에 필수적으로 요구되는 차원이라고 보고, 이러한 내용, 조작, 결과를 조합하면 거기에는 특정한 요인이 발생한다고 가정하였다. 이들 3차원은 처음에는 내용차원이 4개, 조작차원이 5개, 산출차원이 6개로 120개 요인이 제시되었으나 후에 제시된 지능구조 모형은 5개의 내용차원과 6개의 조작차원, 6개의 산출차원을 구성하는 요소들이 상호결합하여 얻어지는 180개의 상이한 정신능력으로 수정·확대되었다. Guilford는 자신이 제안한 180개의 요인을 설명하기 위해 그림 6-1과 같이 입방모형을 제시하였다.

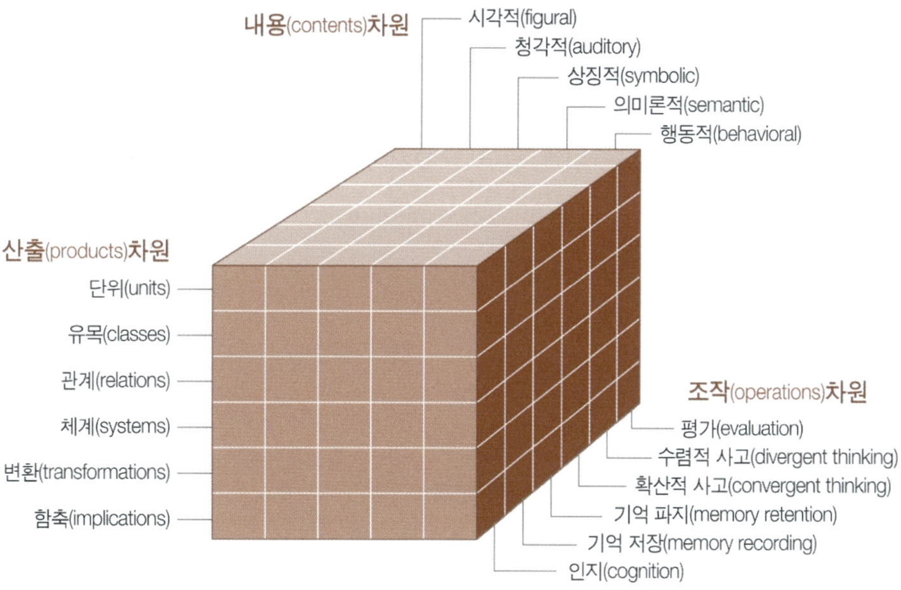

그림 6-1 Guilford의 지능구조모형

출처 : 김희수·조영미(2017).

① **내용**

정보와 관련된 정신활동으로 개인이 무엇에 의하여 사고하는가와 관련이 있다.

- 시각적 : 시각기관에 의하여 수용된 내용
- 청각적 : 청각기관에 수용된 내용
- 상징적 : 글자나 부호체계
- 의미론적 : 생각이나 어의의 형태
- 행동적 : 사회적 지능이나 자신 및 타인에 관한 이해

② **조작**

특정 내용을 처리하는 것과 관련된 정신활동으로 개인이 어떻게 사고하는가와 관련이 있다.

- 인지(지식)
- 기억파지(인지된 것의 파지)
- 기억저장(인지된 것의 저장)
- 확산적 사고(창조적 사고와 생산)
- 수렴적 사고(관계와 유추형성)
- 평가(평가와 결정을 내리는 일)

③ **산출**

조작을 내용에 적용하는 것과 관련된 정신활동이 포함된다.

- 단위(시각, 청각, 상징적, 어의적 자료의 이해)
- 분류(단위들을 분류하는 일)
- 관계(항목 간의 연계를 인식하는 일)
- 체제(서로 관련된 일체의 지식)
- 변환(기존의 자료를 변형시키는 일)
- 함축(서로 관련성이 없었던 항목을 연관짓는 일)

Guilford의 지능구조모형은 이론의 복잡성으로 인해 교실에서의 공식적인 적용에는 무리가 있으나, 지능을 이해함에 있어 다음과 같은 측면에서 기여하고 있다(박아청, 2002).

첫째, 종래의 애매모호했던 지능의 의미를 실험과 요인분석을 토대로 풍부한 기준을 가지고 정의하였다.

둘째, 종래의 비교적 좁았던 지능의 개념을 확산적 사고 등을 포함하여 보다 폭넓게 발전시켰다.

셋째, 확산적 사고, 즉 새로운 해결책이나 아이디어를 산출하는 능력을 포함시킴으로써 창의적 사고의 기틀을 마련하였다.

넷째, 지적인 작용을 내용, 사고조작, 산출의 상호작용으로 보았으며 각 차원을 체계적으로 분류했다.

다섯째, 새롭고 다면적 차원에서 인지능력의 본질과 발달을 이해시킴으로써 지능을 보다 발전적으로 개념화하는 데 공헌하였다.

(4) Cattell의 유동성-결정성 지능

미국의 심리학자 Cattell(1963)은 지능의 요인들을 효율적으로 다루는 방식인 지능의 위계적 모델을 개발하였다. 이러한 모델은 일반지능이 두 개의 주요 하위요인들을 구성하고 있는데 유동성 지능(fluid general ability : FG)과 결정성 지능(crystallized general ability : CG)으로 구분되며, 이 두 하위요인은 더 많은 여러 특수요인들을 포함하고 있다. 유동성 지능은 선천적 지능으로 유전적, 신경·생리적 영향에 의해 발달되는 지능으로 뇌와 중추신경계의 성숙에 비례하여 발달한다. Spearman의 g개념과 유사한 요인으로서, 속도(speed), 기계적 암기(rote memory), 지각력(perception), 일반적 추리력(general reasoning) 등의 능력에서 잘 나타난다. 결정성 지능은 후천적 지능으로 환경적·경험적·문화적 영향에 의해 발달되는 지능이다. 언어 능력(verbal comprehension), 문제해결력(problem solving), 논리적 추리력(logical reasoning), 상식(common sense) 등을 포함한다(박형근 외, 2016).

Cattell에 의하면 연령이 증가함에 따라 건강 등 신체적인 요인은 감퇴해도 각종 절차와 의식적 행위에 관한 지식은 증가하기 때문에 유동성 지능은 감소하나 결정성 지능은 오히려 증가한다고 주장하였다(심우엽, 2000). 또한 유동성 지능과 결정성 지능 간에는 어느 정도의 상관관계가 있으며, 결정성 지능은 문화 내에서의 학습경험에서 유동적 지능으로의 투자에 따라 달라질 수 있다고 설명하고 있다.

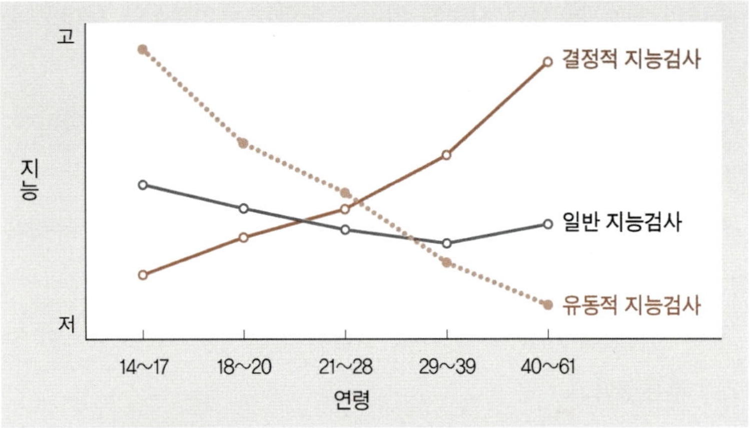

그림 6-2 발달에 따른 유동성 지능과 결정성 지능

출처 : 신명희 외(2010).

(5) Gardner의 다중지능이론

Gardner(1993)는 종래의 지능 이론들은 언어적 지능과 논리·수학적 지능만을 지나치게 강조하여 학교나 가정에서 그 외의 지능이 우수한 아동들의 실제능력을 개발해 주지 못한다고 지적하고 인간의 지적능력의 다양성을 전제한다는 것과 대인관계 지능을 특색으로 들 수 있다. 또한 내성지능에서 보이는 감정, 정서, 예민성, 인내심 등 사람에 대한 관심의 정도 등도 지능에 포함시킬 수 있다는 점이 특색이다.

그는 인간의 사고 전체를 이끄는 적어도 일곱 가지의 지능이 있고 이들은 서로 독립적이지만 이들이 발현될 때는 서로 교류하면서 복잡한 방식으로 함께 협응하여 작용한다고 주장하였다. 누구나 이 지능들 중 최소한 한두 개는 강점으로 소유하고 있다고 주장하면서 이러한 지능이 제대로 기능할 수 있도록 학교교육의 역할이 이루어져야 함을 시사하고 있다. 최근에 그는 자연이해 지능을 첨가하여 8개의 지능을 다중지능으로 주장하고 있다. 또한 준거에 아직 부합하지 않는다고 생각하는 실존지능을 후보지능으로 올려놓고 있다(Gardner, 1999).

미국에서 다중지능이론의 대두는 종래의 천편일률적인 획일적 교육에서 벗어나 개인의 강점 또는 잠재능력을 극대화시키는 새로운 학교개혁의 이론적 틀로서 부각되었다. 그동안 간과해 왔던 인간의 잠재력에 관심을 돌리게 하였으며, 개인차를 고려한 다양한 교육방법과 맞춤형 교육의 중요성을 강조함으로써 현대교육에서 지향하고 있는 학생중심, 개인중심 교육의 견인차 역할을 하였다. 기존의 지필고사 위주의 객관식 평가방식에서 수행평가로 이행하는 계기를 마련하였으며, 종래에는 크게 인정받지 못하던 예체능 능력, 사회적 능력 등이 언어·논리·수학적 능력과 마찬가지로 중요시되는 계기를 가져왔으며, 탈 IQ를 시도하는 Sternberg의 삼위일체 지능이론과 같은 새로운 지능이론이 출현하는 데 기여하였다(문은식 외, 2015).

반면에 가드너의 지능이론은 지능을 여러 가지로 분류하여 명명하는 것은 지능과 다른 인성특성이나 재능과의 구별을 흐리게 할 뿐이며 지능이해에 별로 도움이 되지 않는다는 점과 지능측정 방법으로 IQ검사와 같은 간편한 검사가 없다는 점, 또한 학교교육에서 학습자들의 다양한 지능을 발견하고 개발하여 교육적으로 활용하기가 쉽지 않다는 점에서 비판이 되고 있다(김운삼·성낙돈, 2014).

표 6-1 Gardner의 다중지능이론

지능의 유형	설명	예
언어적 지능	단어의 의미와 소리에 대한 민감성, 문장 구성법의 숙련, 언어 사용 방법에 대한 이해	시인, 정치연설가, 교사
논리·수학적 지능	사물과 상징, 그 작용 및 작용 간의 관계에 대한 이해, 추상적 사고능력, 문제를 인지할 수 있는 능력과 이유를 찾으려는 능력	수학자, 과학자
공간적 지능	시각적 세계를 정확하게 지각하는 능력, 지각된 것을 변형시킬 수 있는 능력, 물리적 자극 없이 시각경험을 재생할 수 있는 능력, 균형, 구성에 대한 민감성, 유사한 양식을 감지하는 능력	예술가, 건축가, 기술자
신체운동적 지능	표현하거나 목적을 직접 나타내기 위해 자신의 신체를 숙련되게 사용, 사물을 능숙하게 다루는 능력	무용가, 운동선수, 배우
음악적 지능	개개의 음과 음절에 대한 민감성, 음과 음절들을 더 큰 음악적 리듬이나 구조로 결합하는 방법에 대한 이해, 음악의 정서적 측면에 대한 이해	음악가, 작곡가
대인관계 지능	타인의 기분, 기질, 동기, 의도를 파악하고 구분 짓는 능력, 타인에 대한 지식에 따라 행동할 수 있는 잠재력	정치가, 종교인, 사업가
개인내 지능	삶에 대한 자신만의 감정에 대한 접근, 행동을 주도하고 이해시키기 위해 감정을 유도하는 능력	소설가
자연탐구 지능	동식물이나 주변사물을 자세히 관찰하여 차이점이나 공통점을 찾고 분석하는 능력	사냥꾼

(6) Sternberg의 삼위일체 지능이론

Sternberg는 사람들이 지적인 활동을 할 때 정보처리가 어떻게 이루어지는가의 측면에서 지능을 보다 광범위한 관점에서 이해하고자 하였다. 즉, 그는 전통적인 지능의 개념에 실제적 지능의 개념을 포괄하는 지능의 삼위일체 이론으로 지능에 대한 새로운 접근을 제시하였다. 그는 지능을 개인의 내적 세계, 경험, 외적 세계와의 관계 등의 측면을 고려해 구성적 부분, 경험적 부분, 맥락적 부분으로 나누었다.

① 구성적 부분

개인의 내적 세계와 관계되며 지능작용에 가장 중심적인 기능을 한다. 기존의 지능 개념과 유사한 것으로 성적이 좋은 우등생들에게서 찾아볼 수 있다. 이 부분은 기본적인 정보처리를 위해 메타요소, 수행요소, 지식습득 요소의 세 가지 요소로 구성되며, 문제해결 시 이 세 요소들은 상호작용한다. 메타요소가 무엇을 할 것인가를 결정한 다음 수행요소와 지식획득 요소가 활성화되고 이 두 요소가 메타요소에 피드백을 제공하고 메타요소는 정보처리를 위한 전략과 정보의 표상을 조절한다.

㉠ 메타요소(metacomponents) : 고차적 집행과정으로 활동계획을 세우고 결정한 일의 진행과정을 감독, 조정하고 진행결과를 평가하는 데 관여(예 : 보고서 작성 계획 세우기)

㉡ 수행요소(performance components) : 과제수행에 실제로 이용하는 과정으로서 정보를 부호화하고 기억, 추리하는 데 관여(예 : 자료수집, 읽기, 보고서 작성)

㉢ 지식획득 요소(knowledge-acquisition) : 새로운 정보획득에 이용하는 과정으로 선택적 부호화, 선택적 조합, 선택적 비교 등에 관여(예 : 자료를 조직하고 쓰는 방법, 연구방법 등의 학습)

② 경험적 부분

지능의 구성이 인간의 경험과 긴밀하게 관련되어 있어 인지활동을 위한 지능을 이해하는 데 반드시 고려해야 할 부분이다. 우리들의 경험은 새로운 과제를 처리하고 정보처리를 자동으로 할 수 있는 능력을 증가시킨다. 처음 겪는 문제나 상황을 처리하기 위해서는 통찰과 창의적인 사고가 필요한데 이러한 사고능력이 지능의 훌륭한 지표라고 여겼다. 경험적 부분은 신기성을 다루는 능력과 정보처리를 자동화하는 능력으로 구성되는데, 지능적인 사람은 새로운 경험을 과거의 경험과 관련짓고 보다 빠르게 효과적으로 과제를 자동화할 수 있다.

㉠ 신기성(novelty)을 다루는 능력

㉡ 새로운 상황을 효과적으로 다루는 능력, 통찰력, 창의력

㉢ 정보처리를 자동화(automatization)하는 능력 : 익숙한 과제에 대해 효율적이고 자동적인 문제해결능력, 사고력

③ 맥락적 부분

외적 세계에 대처하여 적응할 수 있는 기능으로 현실상황의 적응력을 강조한다. 즉 지능은 어떤 목적을 갖고 한 개인의 생활에 관련되는 실제상황에 적응하고, 상황을 선택하고, 변형하려는 정신활동으로 보는 부분이다. 이 맥락적 능력은 전통적인 지능검사의 IQ나 학업성적과는 무관한 능력이다. 이 능력은 정규적인 학교교육을 통해 길러지는 것이 아니라 일상의 경험을 통해 획득되고 발달되는 능력이다. 맥락적 부분은 적응, 선택, 조성으로 구성되며 지능적인 사람은 자신의 장점과 환경과의 균형을 유지하기 위해 이들 구성요소의 과정을 효과적으로 사용한다.

㉠ 적응(adaptation) : 기존 환경에 자신을 맞추는 것

㉡ 선택(selection) : 적응이 가능하지 않거나 조성이 적절하지 않을 때 새로운 환경을 선택하는 것

㉢ 조성(shaping) : 기존 환경을 자신에게 맞도록 변형시키는 것

Sternberg는 성공을 위해서는 이 세 가지 능력의 조화가 필요함을 강조하면서, "지능이란 메타요소, 수행요소, 지식습득요소의 기능에 따라 신기성에 대한 반응 혹은 정보처리의 자동화와 관련하는 경험의 연속선에서, 어떤 지역에서 상황적으로 적절한 행동을 방출하는 능력"이라 정의하고 있다.

3) 지능검사

지능을 측정하기 위한 최초의 시도는 1905년 프랑스의 심리학자인 Binet와 그의 동료 Simon이 개발한 지능검사에 의해서이다. 이들은 정규교육과정에서 뒤처지면서 정규과정과는 구별되는 특수한 지도가 필요한 아동을 구별해내기 위한 검사지를 고안하였고, 소위 학습부진아로 가정되어 차별을 받고 있는 학생의 학습권리를 보호하고자 노력하였다. 이들이 개발한 지능검사지는 정신연령이라는 개념을 도입하여 제작되었고, 그에 따라 각 연령집단을 기준으로 점수를 표준화하였다. 7세 문항을 성공적으로 수행한 그들의 실제 연령이 5세, 7세 혹은 10세라 할지라도 결국 7세 아동의 정신연령을 지니고 있는 것으로 간주된다.

IQ라고 불리는 지능지수(intelligence quotient) 개념은 Binet의 검사가 미국으로 건너간 후, 스탠포드 대학에서 개정되고, 개정된 Stanford-Binet 검사가 나온 후에야 도입되었다. 미국의 Terman(1877~1956)은 정신연령의 개념을 지능지수라는 개념으로 발전시켰는데, 이때의 지능지수라 함은 사람의 정신연령을 실제연령과 비교하여 계산한 것으로서, 생활연령에 대한 정신연령의 비율에 100을 곱한 것을 의미한다. 어떤 아동의 정신연령이 10세이고 실제 생활연령이 8세라면 그 아동의 지능지수는 10/8×100, 즉 125가 된다. Stanford-Binet 검사는 모두 네 번에 걸쳐 개정되었음에도 문제점이 발견되었다. 사람의 정신연령은 15세 이후에는 거의 증가되지 않으나 실제 생활연령은 지속적으로 증가하기 때문에 결국 정신연령을 기반으로 계산되는 지능지수는 각 연령대에 따라 동일한 의미를 가질 수 없다. 즉 이러한 방식의 지능 측정은 아동에게는 유용하지만 성인의 범위까지 적용하기에는 많은 무리가 있다(이지연·김태준, 2014).

이러한 문제점을 극복하기 위해 도입된 지능지수가 편차지능지수(deviation IQ)이다. 이 지능지수는 현재 가장 널리 쓰이고 있는 것으로, 검사에서 얻은 점수를 연령이 같은 아동들의 정신연령과 비교하여 상대적 위치로 나타낸 IQ를 의미한다. 편차지능지수는 검사점수가 모집단에 정규분포되어 점수의 분포가 종모양의 곡선을 이룬다는 것을 가정한다. 이때 지능지수의 평균은 100, 표준편차는 15 혹은 16이다. 어떤 학생이 평균보다 1표준편차 위의 점수를 받았다면 그 학생의 지능지수는 115 또는 116점이 된다.

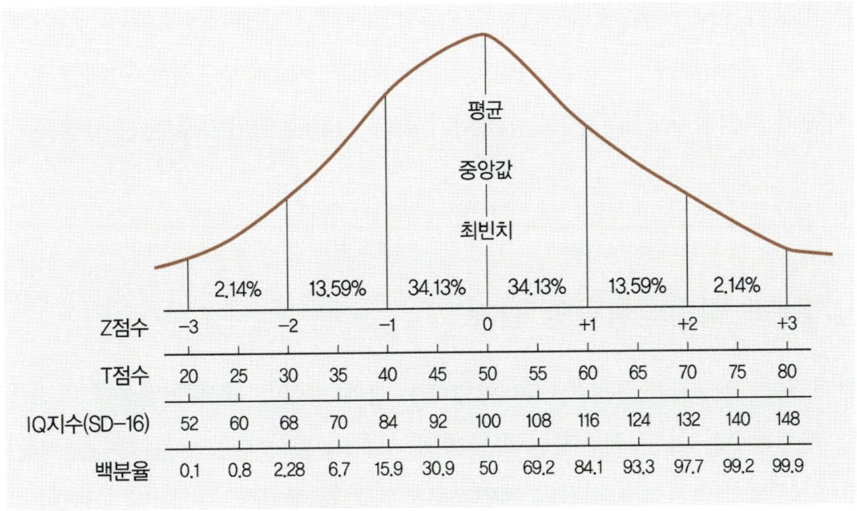

그림 6-3 IQ의 이론적 분포

출처 : 신명희 외(1998).

지능지수는 학생의 현재 학업성취 수준이나 미래의 학업성취 점수와 높은 상관을 가지고 있으므로 지능지수가 매우 유용한 진단도구로 이용될 수 있고, 학생들의 문제 원인을 밝히는 데 도움을 줄 수 있다. 그러나 지능지수가 학생들에 대해 잘못된 선입견을 가지게 해서는 안 되며 집단검사만으로는 학생의 인지능력을 충분히 설명할 수 없다는 점을 교사, 학부모, 학생 자신들은 염두에 둘 필요가 있다. 지능검사의 비판점을 정리하면 다음과 같다(강인숙 외, 2017).

첫째, 현재의 지능검사는 속도검사(speed test)이기 때문에 올바른 지적 능력 측정이 쉽지 않다. 지능측정을 위한 대부분의 검사가 일정한 시간에 답해야 하는 문항으로 되어 있기 때문에 답하는 속도가 빠른 사람들에게 유리하게 작용한다. 이러한 부분은 개인이 가지고 있는 지적인 능력을 올바로 측정하기 어렵다는 문제를 가진다.

둘째, 현재의 지능검사가 한정적이고 포괄적이지 못하다는 지적이 있다. 인간의 지능이란 한 부분으로만 측정되기 어렵기 때문에 포괄적이지 않은 지능검사로는 인간의 일반적이고 평균적인 지능을 대변하기 어렵다.

셋째, 현재의 지능검사는 검사받는 사람의 학력이나 문화적인 영향을 많이 받는다. 사회·경제적으로 지위가 높을수록 지능검사 결과가 높게 나오는 경향이 있고 이것은 지능검사가 모든 사람을 포괄하는 수치가 되기 어려운 이유이다.

넷째, 점수의 산출방식의 문제이다. 질문하는 문항에 따라 득점점수와 난이도의 차이가 많이 나기 때문에 공정한 수치를 산출하기 어렵다는 것이다.

다섯째, 지능검사가 인간을 전인적으로 이해하기보다는 수치로 이해하게 되어 한 사람의 학업성취도를 수치로 이해하거나 그 사람을 평가하게 되는 단점이 존재한다.

4) 지능과 학업성취와의 관계

현대 많은 연구들은 지능지수와 학업성취 간에 밀접한 관계가 있음을 알려준다. 보통 지능지수가 높은 학습자는 표준화된 성취도 검사에서 높은 점수를 얻는다. 이런 의미에서 IQ는 학교성적의 예언자로서는 가장 훌륭한 지수이다. 이러한 주장은 IQ가 학력의 예언자로서 훌륭하다는 뜻일 뿐 IQ에 의해 학교성적이 전적으로 결정된다는 뜻으로 해석해서는 안 될 것이다.

그동안 지능지수와 학업성취도 간의 관계를 밝힌 연구는 대부분 상관연구였다. 상관연구가 인과관계를 밝혀주는 것이 아니기 때문에 우리는 지능지수가 학업성취도에 영향을 미치는 것인지, 학업성취도가 지능지수에 영향을 미치는지 알 수 없지만 이러한 연구결과들을 통해 몇 가지 사실을 알게 된다(김이영 외, 2014). 첫째, 지능과 학업성취도 간에는 상관관계가 높다. 그러나 이들은 서로 관련되어 있을 뿐 같은 것은 분명 아니다. 둘째, 지능지수로 학업성취도를 예언할 수 있지만, 그러한 예언은 학년이 올라갈수록 어려워진다. 셋째, 지능과 학업성취도 간의 관계에 대한 지금까지의 연구에서 나타난 일반적인 경향은 연구에 따라 심한 변동을 보이고 있다는 사실이다. 이와 같은 변동이 의미하는 것은 학업성취에 미치는 지적능력이 환경의 영향을 크게 받고 있다는 것이다.

학교현장에서 종종 지능을 본질적으로 항상성이 있는 변화하지 않는 개념이라고 확신하고 IQ를 선천적인 학습능력, 모든 지적 능력의 지표라고 오해함으로써 IQ를 개인의 학업성취 또는 과제 수행능력, 장래 직업에서의 성패를 예측해 주는 가장 강력한 지표로 활용하는 경향이 있다. 이러한 시각은 개인의 잠재가능성을 계발하고 발휘할 수 있는 기회마저 제한 또는 박탈하고 나아가 장래의 진로 선택의 폭을 제한함으로써 계급의 재생산이라는 악순환을 거듭하게 하는 우를 범할 수 있다. 지능은 유전적 영향도 받지만 환경조건에 따라 어느 정도 변화 가능한 유동적인 것임을 인정하고 교육을 통한 인간능력의 향상을 위해 노력해야 할 것이다(문은식 외, 2015).

즉, 지능검사는 개인의 선천적 잠재능력을 측정하기 위한 것이 아니고 개인의 교육가능성과 훈련가능성을 예측하는 정보로 이용되어야 하며, 학교에서 IQ로 개인을 분류, 서열화하고 배치하는 것은 지양해야 한다. 또한 지능검사의 목적, 지능에 대한 올바른 인식과 더불어 지능검사 결과는 하나의 보조자료로서 다른 관련 자료와 병행하여 개인을 이해하고 교육 가능성의 예측정보로서 개인의 잠재가능성을 최대한 계발하고 발휘할 수 있도록 하는 데 이용되어야 한다(문은식 외, 2015).

5) 지능검사의 교육적 활용방안

지능검사의 교육적 활용방안을 정리하면 다음과 같다(장기덕 외, 2018).

① 개인의 지적인 능력수준을 평가할 수 있다

개인의 지적 능력은 일종의 잠재적 능력으로서 내적동기와 함께 고려될 때 학업이나 직업적 성취를 예견해 줄 수 있다(Matarazzo, 1976). 따라서 개인의 잠재능력에 대한 평가를 통해 지적 적응이나 성취의 정도를 예견하고 이에 따른 결정을 하고자 지능검사를 수행한다.

② 개인의 인지적·지적 기능의 특성을 파악할 수 있다

개인의 인지적 특성은 개인의 적응에 도움을 주는 강점일 수도 있고 적응장애를 가져다주는 인지적 특징일 수도 있다. 그 어느 경우이든지 간에 개인의 지적·인지적 특징을 파악함으로써 개인에게 보다 적절한 지적 활동영역을 탐색하거나 보다 충분한 지적 성취를 계획할 수 있도록 도울 수 있을 것이다.

③ 교육계획에 활용할 수 있다

학교행정의 입장에서 학생들의 능력범위를 파악하는 것은 효율적인 교육계획을 세우는 데 큰 도움이 된다. 예컨대 지적 능력에 따른 동질학급을 구성한다든가 또 각각의 학업특성에 맞는 적절한 교육계획을 세우는 데 좋은 참고자료가 된다.

④ 교육 및 진로지도에 활용할 수 있다

교사는 학생들의 지능 정도에 따라 알맞은 교육내용과 방법 등의 교육계획을 세울 수 있다. 특히, 부진교과의 지도와 각 개개인의 학업성적을 이해함으로써 학생지도에 도움을 준다. 또한 지능지수와 각 요인별 지능의 발달 정도를 참고하여 학생이 장차 선택해야 할 학과 또는 직업을 결정하는데 필요한 정보를 제공할 수 있다. 이를 위해서는 적성검사를 참고할 수 있다.

⑤ 사례연구 및 교육연구에 활용할 수 있다

지능검사 결과를 학업성적과 비교하여 보는 것은 학생들의 학업에 대한 태도를 이해하는 좋은 방법이다. 예를 들어, 학업이 부진한 학생을 진단하는 등의 제반 문제행동의 원인을 찾는 데 많은 도움이 된다.

특히, 검사의 각 하위검사에서 얻은 T점수 간의 차이가 10점 이상의 차이가 있으면 통계적으로 유의미한 차이가 있다고 할 수 있다. 따라서 하위검사 간의 점수의 차이를 비교해 보는 것은 학생의 학업성적이 부진한 원인을 이해하는 데 도움을 줄 수도 있을 것이다.

⑥ 생활지도 및 상담에 활용할 수 있다

특별활동부서의 배치나 학생들의 개성교육 및 상담, 문제행동의 원인탐색 등 생활지도에 광범위하게 활용할 수 있다.

⑦ 지능검사결과를 기초로 하여 임상적 진단을 명료화할 수 있다

지능은 지적 능력뿐만 아니라 개인의 인격적 특성이나 적응적 행동과 깊은 관계가 있으므로(Matarazzo, 1976), 예리한 지능검사결과 분석을 통하여 피검자의 현재 인격적·정서적 특징을 파악할 수 있다. 이를 위해서는 결과에 대한 양적 분석을 넘어선 질적 분석이 있어야 한다.

⑧ 기질적 뇌손상 유무, 뇌손상으로 인한 인지적 손실을 평가한다

치료계획을 세우는 과정에서 지능평가를 통하여 합리적인 치료 목표를 설정할 수 있다. 외상성 기질적 뇌손상에 동반되는 지적 능력의 손상 정도와 특징, 치료에 따른 지적 기능의 회복 여부를 평가할 수 있을 것이다. 또한 노인성 치매, 약물남용으로 인한 기질적 손상, 학습장애에 선행되는 뇌손상 등 명백한 행동변화가 드러나지 않을 경우에도 기질적 장애로 인한 지적 기능 손상에 대한 평가를 할 수 있다.

6) 정서지능

(1) 정서지능의 개념

최근의 지능이론으로 정서지능(Emotional Intelligence : EQ)이라는 새로운 지능이론이 대두되었는데, 이 이론이 주목을 받게 된 계기는 1972년 미국 스탠퍼드대학교 Walter Mischel 교수가 스탠퍼드대학교 부설 유아원의 미취학 아동을 대상으로 마시멜로 테스트를 통한 '만족지연능력 실험(ability to delay gratification)'을 하면서부터이다. 이 실험을 통해서 정서지능이 학교에서 뿐만 아니라 사회에서의 성공을 결정하는 중요한 요인이 될 수 있다는 것을 밝혔으며(Mischel, 1986), 아동기에 나타나는 만족지연 능력과 자제력을 가능케하는 인지 메커니즘에 대한 현대적이고 과학적인 분석의 길을 열었다. 그리고 1990년 정서지능(Emotional Intelligence) 혹은 정서지수(Emotional Quotient)라는 용어가 미국의 Mayer와 Salovey에 의해 처음으로 도입되었다. 그 후 1995년 골맨(Goleman)이 「정서지능」이란 책을 저술하여 정서지능에 대한 개념을 대중화하는 데 많은 기여를 하였다. Mayer와 Salovey는 정서지능 관련연구를 종합하고 Hoeard Gardner의 다중지능이론(multiple intelligence)에서 제시한 여덟 가지 지능의 범주 중에서 여섯 번째와 일곱 번째로 다루고 있는 대인관계지능(interpersonal intelligence)과 개인내적(자성)지능(intrapersonal intelligence)을 묶어서 체계적인 모형을 제시하였다.

마시멜로 실험

- Mischel 박사는 네 살 된 공복 상태의 아이들을 실험실에 모이게 한 다음, 말랑말랑하고 달콤한 마시멜로를 한 봉지씩 나눠 주었다. 그리고 아이들에게 그걸 지금 당장 먹을 수도 있고 30분 후에 먹을 수도 있는데, 만약 30분 동안 참고 기다렸다가 먹으면 상으로 한 봉지씩을 더 준다고 약속하고 실험실을 나가서 밖에서 아이들이 어떤 반응을 하는지 관찰하였다.
- 아이들은 바로 먹어버리는 아이와 먹고 싶은 욕구를 참으며 견디는 아이 두 부류로 나뉘었는데, 30분 후, 참고 기다렸던 아이들은 약속대로 마시멜로 한 봉지씩을 더 받았다.
- 10년 후, Mischel 박사는 그들이 10대가 되었을 때 어떻게 학교생활을 수행하는지를 관찰하였는데, 마시멜로를 먹고 싶은 유혹을 이기지 못한 아이들과 먹고 싶은 유혹을 참으며 만족을 지연시킨 아이들의 모습은 너무나 달랐다. 먹고 싶은 유혹에 굴복당한 아이들은 작은 일에도 쉽게 좌절하고 고집을 잘 부리며, 친구가 없는 외톨이가 되는 경우가 많았다. 그들은 외부로부터 스트레스도 많이 받았으며, 겁도 많았고 새로운 자신의 모습이나 더 나은 삶을 위해 도전하려는 의지도 미약하였다. 반면에, 먹고 싶은 욕구를 이겨낸 아이들은 자신과 세계에 대해 긍정적

인 가치관을 갖고 있었으며, 부모와 친구, 이웃들과도 잘 어울려 지냈다. 그들의 눈과 귀는 늘 열려 있었고, 자신을 향상시킬 수 있는 것들을 잘 분별했으며, 사람들과 조화를 이루며 살 줄도 알았다. 그들에 대한 타인의 평판도 좋은 편이었다. 이 아이들의 고등학교 성적도 비교해 보았는데, 놀랍게도 오래 참았던 아이일수록 학교 성적이 좋고 학교에서 인기가 있었으며, 여러 면에서 학교에서 우등생인 것으로 나타났다.

- 이 두 집단의 결정적인 차이는 이들의 대학수학능력시험(Scholastic Aptitude Test : SAT) 점수로 나타났다. 이 시험을 치른 두 집단 아이들의 시험점수를 비교해 보았더니, 기다리지 못하고 마시멜로를 먹은 아이들과 30분을 참았다가 먹은 아이들의 평균점수가 210점이나 차이가 난 것이었다. 만약 마시멜로를 일찍 먹은 아이들의 점수가 500점대라고 하면, 먹고 싶은 욕구를 늦게까지 견딘 아이들은 700점가량의 점수를 받았다는 것이다.

출처 : 문용린(1997)

정서지능의 개념은 학자에 따라 조금씩 다르게 정의되고 있으나, 이 개념을 처음으로 제시한 Mayer와 Salovey(1997)는 정서지능이란 정서를 정확히 지각하고 평가하며 표현하는 능력, 사고를 촉진할 수 있도록 정서를 생성할 수 있는 능력 그리고 정서적·지적 성장을 촉진시키기 위하여 정서를 적절히 조절할 수 있는 능력이라고 정의하고 있다. 이들은 지능이 장래의 성공에 20%밖에 차지하지 못하며 80%는 다른 요인이 지배한다고 보았다. 이러한 80%의 지배요소 중 상당한 부분이 정서지능 등이 차지하고 있다고 보았다(강인숙 외, 2017).

정서지능을 대중화한 Goleman(1995)은 정서지능이란 자기자신의 감정상태를 정확히 인식할 줄 알고 그 감정을 타인에게도 적절하게 전달할 뿐만 아니라 충동을 자제하고 분노를 삭일 줄 알며, 사물을 가급적 낙관적으로 파악할 줄 아는 능력이라 하였다. 또한 그는 정서지능을 적절히 발휘한다면 원만한 대인관계를 통해 사회에서 성공할 수 있다고 주장하였다.

종전의 지능이론에서는 이런 인간적인 측면을 제외하고 순수하게 언어적·논리적 능력인 지능만을 다루었으나 최근의 지능이론에서는 이와 같이 감정, 입장, 기분, 동기, 가치관, 선호 등을 이해하고 의사소통능력을 강조하고 있다(김이영 외, 2014). 즉 정서지능은 지능의 한계를 극복하고, 새로운 시각에서 인간의 능력을 개념화하려는 시도라고 할 수 있다.

(2) 정서지능의 구성요소

Goleman(1995)은 정서지능을 개인의 정서능력, 대인관계와 같은 사회적 능력으로서 성공적인 삶에 지대한 영향을 미치며, 지능 못지않게 중요하다고 주장하고 정서지능의 구성요인으로 5개의 요인을 제안하였는데, 이를 살펴보면 다음과 같다.

① 자기인식(self-awareness) : 나 자신부터 이해하기

자기 자신, 특히 자신의 정서에 대한 인지로서 자신의 정서상태를 알아차린 후 이를 적절한 상태로 바꿀 수 있는 능력으로 정서지능의 핵심이다. 감정적인 것을 인식하게 되면 그 감정을 객관적으로 다룰 수 있게 거리를 둘 수 있다. 자신의 감정에 빠지지 않고 그 감정을 모니터하는 것은 자기통제(self-control)의 기초가 된다. 이런 능력이 풍부한 사람은 자신의 인생을 보다 적절하게 이끌어가며 개인적 결정의 순간에 어떤 감정을 가져야 하는지에 대한 정확한 감각을 가지고 있다.

② 정서의 조절(emotion control) : 마인드 컨트롤

자신의 기분과 감정을 제대로 파악하고 조절하는 것으로 스트레스에 민감하지 않고 잘 적응하며 부정적 감정상태를 신속하게 치유하는 능력을 말한다. 이런 능력이 풍부한 사람은 자신의 분노, 흥분, 우울, 불안을 쉽게 떨쳐버리고 좌절과 혼돈에서 빨리 벗어날 수 있지만 부족한 사람은 늘 괴로운 느낌에 시달린다.

③ 자기동기화(motivation) : 난관에 부딪혔을 때 자기 극복 노력

부지런하고 끈기 있게 과제에 몰입하고 추진하는 것으로 스스로 자신에게 동기를 부여하는 능력을 말한다. 이러한 능력은 주의집중, 동기부여, 자기정복, 창조에 필수적이다. 이런 능력이 많은 사람은 혼란스러운 상황에서도 보다 생산적이고 효율적으로 일을 한다.

④ 공감(empathy) : 역지사지의 마음

타인의 입장이 되어 그가 느끼는 것을 공감하고 이해하는 능력을 말하며, 상대편의 말과 생각, 자세 그리고 감정 등을 느끼고 파악하려는 노력이 포함된다.

일반적으로 공감능력이 높은 사람들은 정서적으로 잘 적응하고 과제수행이나 다른 사람들과의 관계 형성에 매우 성공적인 반면에, 공감능력이 낮은 사람들은 사회생활에 적응이 어렵고 쉽게 범죄행위를 저지를 수 있는 경향이 있다(이지연·김태준, 2014).

⑤ **대인관계 능력(interrelationship ability) : 타인과의 관계 맺음**

자신의 감정을 인식하고 스스로 조절하거나 타인의 감정을 아는 데만 그치는 것이 아니라, 타인의 감정에 대응하기 위하여 내가 할 일이 무엇인지를 알고 실천하는 능력이다. 이 기술은 우선 타인의 감정을 느끼고, 그에 대한 나의 감정을 인식한 후 내가 어떤 행동을 하는 것이 최선인지를 이해하고 나서, 실제 행동으로 옮기는 과정을 거쳐 이루어진다.

(3) 정서지능의 영향

정서지능이 높은 사람은 다른 사람의 정서적 정보를 잘 파악하고 잘 표현할 뿐만 아니라, 감정이입을 잘하여 의욕을 잃고 의기소침한 사람을 보면 격려해 주는 경우처럼 파악된 정보에 따라 적절하게 행동한다. 또한 즐거울 때는 일을 창조적으로 잘할 수 있고, 침울할 때는 신중해야 하는 과제를 잘할 수 있다는 것을 인식하여 이를 적절히 활용할 뿐만 아니라 정서를 통해 어려운 과제를 지속적으로 수행할 수 있게 된다(정윤진, 2003).

정서지능이 우리생활에 미치는 영향을 알아보면 다음과 같다(강인숙 외, 2017).

- 성공을 결정짓는 데 지대한 영향을 미친다. 스스로를 동기화하고 좌절감을 극복하며, 충동을 조절할 수 있는 능력을 가져야 한다.
- 정서적으로 불안하면 온전히 사고하기가 어렵다. 정서불안은 지적 능력에 손상을 일으키며, 긍정적이지 못하며, 학업성취도가 낮다.
- 우울을 조절하면 좌절을 극복하게 되며 창의력을 발휘할 수 있게 된다.
- 낙관적인 사고를 통하여 긍정적인 마인드는 어떤 일을 성공으로 이끌게 하는 동기 촉진제가 된다.
- 분노조절을 통한 감정 조절은 건설적인 방법으로 사람들과 관계를 형성한다.
- 미래의 지도자가 되기 위해서 감성지능을 높이는 능력을 키워야 한다.

최근 우리나라에서도 정서지능을 측정하는 검사와 정서지능 훈련프로그램이 개발되고 있다. 문용린(1997)은 자녀의 정서지능을 기르기 위한 방법으로 다음과 같은 제안을 하였다.

- 부모가 정서지능적 생활을 시범보여라.
- 아이의 감정을 인정하고 공감해 주라.
- 충동적 욕구를 참아낼 수 있게 해 주라.
- 분노를 조절할 수 있는 능력을 키워주라.
- 성취의 즐거움을 알게 하라.
- 입장 바꾸어 생각해 보는 습관을 갖게 하라.
- 타인의 기분과 감정에 공감할 수 있게 하라.
- 자신의 기분을 솔직히 말하도록 격려하라.

아래의 질문에 자신이 해당하는 것을 고르시오.

	④ 항상 그렇다.	③ 대체로 그렇다.	② 간혹 그렇다.	① 거의 그렇지 않다.	⓪ 전혀 그렇지 않다.	

1. 나는 나의 아주 민감한 감정의 변화까지 파악할 수 있다. ( )
2. 나는 인생의 중대한 결정을 내릴 때 이성(理性)을 이용한다. ( )
3. 나는 나쁜 분위기에 압도당한다. ( )
4. 나는 화가 나면 노발대발하거나 말없이 씩씩거린다. ( )
5. 나는 목표 달성을 위해서는 당장 눈앞의 희열을 추구하지 않고 그 희열을 유보할 수 있다. ( )
6. 나는 시험이나 발표, 공개토론 등을 준비하는 데 어려움을 겪는다. ( )
7. 나는 실망스러운 일과 맞닥뜨려도 포기하지 않고 희망을 버리지 않는다. ( )
8. 나는 상대방이 자기의 감정을 이야기하지 않아도 그 사람의 감정을 잘 감지할 수 있다. ( )
9. 나는 상대방의 감정을 파악하게 되면 그 사람에게 동조하게 된다. ( )
10. 나는 대인관계에서 갈등이 생기면 그것을 처리하는 데 어려움을 느낀다. ( )
11. 나는 조직이나 주위에서 은근히 내세우는 요구사항을 쉽게 느낄 수 있다. ( )
12. 나는 비참한 감정을 느껴도 불필요한 행동(예자기비하, 좌절, 열등감 또는 공격적 행동 등을 억제할 수 있다. ( )

♣ 채점 : 3, 4, 6, 10번은 배점을 거꾸로 하고(4는 0점, 3은 1점, 2는 2점, 1은 3점, 0은 4점으로 환산), 나머지는 그대로 더함

☞ 해석 : 총점이 36점 이상이면 EQ가 매우 높은 편, 25~35점 사이면 양호한 편, 24점 이하이면 EQ의 향상이 요구됨

그림 6-4 Goleman의 인터넷판 간편 EQ 검사

출처 : 문은식 외(2015) 재구성.

2. 창의성

1) 창의성의 개념

창의성 연구가 관심을 받기 시작한 것은 1950년 Guilford가 미국 심리학회 회장 취임연설에서 창의적인 과정, 창의적인 산물, 창의적인 사람의 중요성과 경험적 연구의 필요성에 대해 언급하면서부터라고 할 수 있다.

창의성에 대한 정의는 학자에 따라 다양한데, 뛰어난 인지적 능력 또는 문제해결력으로 보거나 개인의 성향이나 정의적 특성으로 보기도 한다.

창의성에 관한 여러 학자들의 정의를 정리해 보면 다음과 같다.

- 곤란한 문제를 인식하고 그것을 해결하기 위하여 아이디어를 내고 가설을 세우고 검증하며 그 결과를 전달하는 과정(Torrance, 1957)
- 새롭고 신기한 것을 창출해 내는 힘(Guilford, 1959)
- 새로운 아이디어, 방법, 관점 등을 모색하는 사고(De Bono, 1990)
- 새롭고 문제 상황에 적절한 것을 만들어 낼 수 있는 능력(Sternberg, 1994)
- 주어진 문제나 감지된 문제로부터 통찰력을 동원하여 새롭고 신기하고 독창적인 산출물을 내는 능력(Urban, 1995)
- 연관성 있고 효과적인 새로운 사고나 산출물을 생산하는 능력(Cropley, 1999)
- 어떤 주어진 체제(system) 내에서 독창적으로 가치가 있으며 실천할 수 있는 사고 또는 산물(Csikszentmihalyi & Wolfe, 2000)

여러 학자의 의견을 종합해 보면, 넓은 의미에서 창의성은 새로운 어떤 것을 생산하는 행동 또는 정신과정으로 볼 수 있다. 여기서 새롭다는 의미는 일상적인 것이 아니라 기발하고 신기하며 독창적이기 때문에 쉽게 일반인이 수용하기 어려운 것일 수 있다(신명희 외, 2010). 그리고 좁은 의미의 창의성은 새로운 관계를 지각하고 기발한 아이디어를 생성하며 새로운 관점에서 사고하는 능력이라고 할 수 있다(임정훈 외, 2014).

2) 창의성의 구성요인

창의적 행동이나 산출물을 위해 필수적인 창의적 사고는 그와 관련된 인지적 요인과 성향적 요인으로 구분된다. 창의성 연구의 초기에는 구성요소를 인지적 요인에 초점을 두었으나 최근에는 창의적 동기나 태도, 성향도 중요하다고 보고 있다. 학자들에 따라 조금씩 다르게 제안하고 있지만 창의성의 인지적 구성요인과 성향적 구성요인을 구분하여 정리하면 다음과 같다(이경화 외, 2004).

(1) 인지적 구성요인

창의적 사고과정에서 요구되는 '~을 할 수 있는 힘'으로 개인에게 요구되는 인지적 능력이다.

① 유창성

유창성(fluency)은 특정한 문제상황에서 가능한 한 많은 아이디어나 반응을 산출하는 능력이다. 창의적 사고의 궁극적인 목적이 보다 독창적이며 훌륭한 아이디어를 산출하는 데 있으므로 유창성이 높아서 아이디어를 많이 내면 낼수록 독창적인 아이디어나 만족할만한 해결책을 찾아낼 가능성이 높아진다. 따라서 유창성은 창의적 사고의 과정에서 비교적 초기 단계에 많이 요구되는 기능이다.

② 융통성

융통성(flexibility)은 고정적인 사고에서 벗어나 여러 각도에서 다양한 해결책을 찾아내는 능력이다. 즉, 사고의 틀을 바꾸는 능력이다. 융통성 있는 사고의 목적은 일반 정상적인 사고의 패턴으로부터 동떨어진 사고를 일반화하고 가치를 더 높이는 데 있다.

③ 독창성

독창성(originality)은 기존의 것과는 다르게 새롭고 독특한 아이디어를 산출하는 능력이다. 창의적 사고의 이상적인 목표는 사고의 독창성을 추구하는 데 있다. 이러한 사고는 평소에 가능한 한 특이하고 새로운 방식으로 문제를 해결하려는 태도를 가질 때 가능하다. 일반적으로 독창성은 의외의 가능성을 창출해 낼 수 있는 밑바탕이 된다.

④ 정교성

정교성(elaboration)은 기존의 아이디어에 흥미롭고 유용한 세부사항을 추가하여 보다 가치로운 것으로 발전시키는 능력이다. 은연중에 떠오른 여러 가지 아이디어를 정교하게 다듬어서 훌륭하게 발전시키는 작업이 창의적 사고의 마지막 단계에서 필요하다.

(2) 성향적 구성요인

창의적 사고기능이 최종으로 인간의 성취를 위해 작용하는 과정에서 개인에게 요구되는 정의적 또는 태도적 특성이다.

① 민감성

민감성(sensitivity)은 주변의 환경에 대해 예민한 관심을 보이고 이를 통해 새로운 탐색영역을 넓히려는 성향이나 태도이다. 평소 사물이나 상황을 호기심을 갖고, 의문점은 끊임없이 질문하는 태도에서 민감성은 길러지며 이러한 민감성은 새로운 발견의 기초가 된다.

② 개방성

개방성(openness)은 자신의 경험에 제한 받지 않고 모든 가능성을 수용하려는 성향이나 태도이다. 항상 열린 마음으로 새롭고 다양한 경험을 할 때 고정관념에 빠지지 않고 사물을 다양하게 보는 능력이 생긴다. 따라서 개방적인 성향일수록 융통성이 높아 창의적 사고가 가능해진다.

③ 인내심

인내심(patience)은 불확실함을 견디며 끝까지 포기하지 않는 성향이나 태도이다. 애매모호한 상황을 잘 참으면 무엇인가를 찾으려는 태도에서 창의적 사고가 가능해진다. 어려운 상황이나 문제를 피하지 않고 과제가 해결될 때까지 끝까지 물고 늘어지는 집착력이나 인내심은 새로운 발견을 경험할 수 있는 훌륭한 태도이다.

④ 모험심

모험심(adventure)은 위험을 감수하며 장애를 극복하려는 성향이나 태도이다. 새로운 상황에 대해 피하기보다는 도전의식을 갖고 두려움 없이 부딪히는 성품이 다양한 경험을 할 수 있게 한다. 따라서 모험심은 창의적 사고의 기회를 높여준다.

3) 창의성 개발 기법

최근 창의성 증진을 위한 다양한 교수기법과 프로그램들이 개발되고 있는데 학교에서 쉽게 활용할 수 있는 기법들을 제시하면 다음과 같다.

(1) 브레인스토밍(Brain storming)

광고회사의 부사장인 Osborn(1963)이 개발하였으며, 창의적인 사고를 증진시키기 위한 대표적인 기법이다. 집단원들의 자유로운 토의를 통해 가능한 한 다양한 아이디어를 많이 산출하는 것이 목적이다. 효과적인 브레인스토밍을 위한 네 가지의 원칙을 제시하면 다음과 같다. 첫째, 비판금지의 원칙으로 타인의 아이디어를 비판하거나 평가해서는 안 된다. 둘째, 다다익선의 원칙으로 아이디어는 많으면 많을수록 좋다. 셋째, 결합과 수정·개선의 법칙으로 아이디어와 다른 아이디어를 결합하거나 수정·개선할 수 있다. 넷째, 자유로운 환경의 원칙으로 자유로운 분위기에서 두뇌활동이 이루어져야 한다(전경원 외, 2012).

(2) 육색 사고모자(six thinking hats)

영국 심리학자 De Bono(1985)가 창의성을 개발하기 위한 프로그램으로 인간의 사고 유형을 여섯 가지 모자로 비유하였다. De Bono에 따르면, 사고를 하는 데 어려움을 겪는 주된 이유는 감정, 정보, 논리, 희망, 창의적 사고 등 한 번에 여러 가지를 동시에 고려하기 때문이라는 것이다. 따라서 이 기법은 여섯 가지 색깔의 모자가 각각 나타내는 유형의 사고만 하도록 함으로써 다양한 유형의 사고를 촉진하려는 방법이다.

- 백색모 : 중립적이고 객관적인 사실이나 자료 및 정보
- 적색모 : 직관에 의한 감정이나 느낌
- 흑색모 : 부정적인 견해나 의견
- 황색모 : 긍정적인 시각, 가능한 이유나 방법제시
- 녹색모 : 창의적이고 다각적인 아이디어
- 청색모 : 요약, 결론, 개관

(3) PMI

PMI 기법은 De Bono(1985)가 개발한 CoRT(cognitive research trust) 프로그램 속의 사고기법으로, 제안된 해결방안 중에서 어느 것이 최선책인지를 결정할 수 있도록 돕는 것이다. 우리는 한 가지 사물이나 사상에 대해 좋은 점만을 생각하거나 혹은 나쁜 점만을 보는 습성이 있는데 PMI기법을 적용하면 좋은 점, 나쁜 점, 흥미로운 점을 동시에 생각할 수 있다.

- P(Plus) : 긍정적, 좋은 점
- M(Minus) : 부정적, 나쁜 점
- I(Interesting) : 좋지도 나쁘지도 않지만 주목할 만한 가치가 있다고 생각되는 점

(4) 강제결합(Forced Relationship)

Whiting이 창안한 강제결합기법은 전혀 관련 없는 두 개를 결합하여 새롭고 유용한 산출물을 만드는 것으로 창의성의 구성요소 중 융통성을 신장시키는 방법이다. 흔히 결합하기 힘든 대상을 결합함으로써 색다르게 사고하도록 돕는 연합사고 활동이다.

강제결합의 예시
- 선풍기-지갑을 강제로 결합하여 이야기를 만들어 보자.
- 신발-피아노를 강제로 결합하여 이야기를 만들어 보자.
- 결합하기 힘든 두 대상물을 결합하여 실제로 산출물을 만들어 보자.

(5) SCAMPER

SCAMPER 기법은 Eberle(1971)가 고안한 것으로 일곱 가지 서로 다른 방식으로 사물이나 사상을 대체하거나, 변형, 수정 및 보완하는 창의적 사고기법이다. SCAMPER는 먼저 주어진 문제나 주제를 확인하고 문제를 SCAMPER 목록에 맞추어 어떤 아이디어가 나올 수 있는지 살펴본다. 마지막으로 가능한 모든 아이디

어를 떠올려 창의적인 생각을 표현하는 순서로 진행되는데, 실생활에 많은 도움을 주기 때문에 창의성 함양에 널리 사용되어 왔으며, 특히 많은 양의 아이디어를 단시간에 얻을 수 있는 장점이 있다.

표 6-2 SCAMPER 기법 적용 예시

	기존의 물건	새로운 아이디어
• 대체(substitute) : 재료, 인물, 성분, 과정, 에너지의 대체	스테인리스 칼	세라믹 칼
• 결합(combine) : 기능 또는 단위의 결합	전화, 사진기	사진기 기능을 갖춘 휴대전화
• 적용(adapt) : 번안, 각색 또는 아이디어를 발전시킴	야생풀	벨크로
• 확대 및 축소(magnify/minify) : 크기나 빈도, 밀도의 변화, 간소화, 생략	대형 컴퓨터 30% 카카오 초콜릿	개인용 컴퓨터 99% 카카오 초콜릿
• 다른 용도로 사용(put to other use)	자꾸 떨어지는 접착력이 약한 풀	포스트잇 풀에 활용
• 제거(eliminate) : 없애거나 부품 수를 줄임	안경	콘택트렌즈
• 역방향/재배열(reverse/rearrange) : 역할과 위치, 원인과 결과를 바꿈	교수중심의 수업	학습자중심의 수업

창의성 개발 프로그램은 교사가 적극적으로 현장교육에서의 창의성 신장에 관한 필요성을 절실히 느껴야 가능하다. 창의성교육을 위한 교사의 역할을 설명하면 다음과 같다(Georginna & Jaccqeline, 1991).

첫째, 창의적인 교사는 학생이 자료를 충분히 이용하고 아이디어를 자유롭게 표현하도록 학생의 활동에 직접적으로 개입하지 않고 학생이 스스로 학습을 하도록 한다.

둘째, 교사는 학생의 질문과 문제해결 방법을 존중, 수용하며, 특이한 방법으로 해결하려는 시도를 격려해 준다. 또한 학생이 다양한 방법으로 문제를 해결할 수 있도록 자신감을 심어준다.

셋째, 창의적 활동 과정 중에 학생 간의 상호작용이 원활히 이루어지도록 격려해 준다. 창의성은 고차적 사고능력에 해당되므로 타인들과 상호작용하면서 더 나은 아이디어나 산출률이 발현될 수 있기 때문이다.

넷째, 창의적 사고는 분석적 사고와 추론적 사고를 바탕으로 이루어진다. 그러므로 학생의 활동을 잘 관찰하여 적절한 시기에 학생의 사고를 자극하고 격려하는 질문을 함으로써 학생의 사고를 확장할 수 있도록 도와준다.

다섯째, 학생의 창의적인 결과물에 대하여 개인적인 평가보다는 개별적인 반응을 해준다. 예를 들어, 결과물에 대하여 비판하기보다는 흥미로운 점을 찾아 반응한다.

21세기 정보화사회에서는 다양한 정보로부터 새로운 지식을 창출해 내는 창의적 문제해결력이 필수적으로 요구된다. 따라서 일선 학교에서는 창의성교육의 완성을 위해 학교교육에서 방향과 흐름을 정규교육과정과 병행하여 진행하고 그것이 일상생활에서도 창의적 사고로 문제에 대한 해결 방법을 접근하게 함으로써 생활화가 되도록 유도해야 한다(박형근 외, 2016).

Chapter

07

동기

학교에서 실패하는 것은 동기의 부족 때문일까? 아니면 동기화는 되어 있으나 단지 교사들이 원하는 것을 학생들이 하지 않는 것일까? 그에 대한 대답이 무엇이든 간에 대부분의 교육자들은 적당한 목표를 향해 학생들을 동기화시키는 것은 학생을 가르치는 가장 중요한 과제 중의 하나라는 데에 동의한다. 이 장에서는 동기란 무엇인가?라는 질문으로부터 시작해서 그에 대한 이론적 근거로서 내적 동기와 외적 동기, 인본주의 동기이론, 성취동기, 학습된 무력감에 대한 논의들을 살펴보고자 한다.

1. 동기의 개념

동기(motive)는 다양한 이름으로 불리는데, 학자나 학문적 특성에 따라 욕구(need), 요구(demand), 소망(want), 추동(drive), 동기화 또는 동기유발(motivation) 등 다양한 이름을 가지고 있다. 욕구나 추동은 주로 생물학적 측면을 포함하고 있음을 시사하고, 동기는 주로 인지적 측면을 포함하고 있음을 시사한다(김아영 외, 2013). 동기란 인간의 행동을 일으키게 하는 근원적인 힘으로 행동을 목표로 이끌어가는 에너지이다. 즉, 개인의 행동방향을 결정하는 경향이나 태세를 말한다. 동기는 행동을 조직하고 활기 있게 하는 힘이며, 사람을 움직이게 한다. 특히 인간은 생리적 욕구뿐만 아니라 안정의 욕구, 소속과 인정의 욕구, 자존감의 욕구, 더 나아가 심미적 욕구와 자아실현의 욕구와 같은 고상한 욕구도 가지고 있다(Maslow, 1954). 즉, 다양한 형태의 욕구는 그 자체가 동기이자 학습동기와 같은 이차적 동기를 유발하는 원천이기도 하다.

동기의 개념은 학자들에 따라 약간의 차이를 보이고 있다. Atkinson(1957)은 '행위의 방향과 강도 및 지속에 대한 직접적인 영향'이라 하였고, Young(1961)은 '인간과 동물의 행위를 결정짓는 요인'이라고 하였으며, 임규혁(2001)은 '인간행동 과정에서 행동의 활발성을 증감시키고 행동의 방향을 정해 주는 심리적 요인으로서 개체의 행동을 특정한 목표로 이끄는 내적 충동상태'라고 하였다.

요약하면 동기란 인간행동의 에너지이고 행동의 활성을 증감시키며 행동의 방향을 결정해 주는 심리적 요인으로서 자동차의 엔진과 핸들의 기능에 해당된다고 할 수 있다. 즉 동기개념의 핵심적 요소는 에너지와 방향이다.

동기의 역할은 어떤 활동을 할 것인지 선택하고, 일으키고, 유지시키는 세 가지로 나뉘는데, 이를 좀 더 구체적으로 살펴보면 다음과 같다.

첫째, 동기는 사람이 어떤 행동을 할 것인지 선택하도록 돕는 역할을 한다. 말을 물가에 끌고 갈 수는 있어도 억지로 먹게 할 수는 없다는 격언이 있다. 물을 마실 것인가 아닌가 하는 것은 사람이 할 수 있는 것이 아니라, 말이 선택하고 결정할 일이라는 것으로 동기의 중요성을 보여주는 격언이다. 예컨대 동기는 배드민턴이나 테니스 중 어느 것을 배울 것인지 선택하도록 돕는 역할을 한다. 학교 현장에서 많은 학생들이 수업시간에 잠을 자는 것이 교실 붕괴의 가장 대표적인 현상 중 하나인데, 이것은 학교가 학생을 등교하게 만들었어도 학습하도록 만들지는 못하고 있음을 나타내는 것이다.

둘째, 동기는 선택한 행동이 실제로 일어나게 만드는 역할을 한다. 말이 스스로 물을 마시듯이 사람이 스스로 무언가를 학습하도록 만드는 것이 동기이다. 새로 들어오는 정보에 주의를 집중하고 자발적으로 그 정보를 처리하며 피드백을 받을 때 학습이 일어난다. 어떤 학생이 배드민턴을 선택하였더라도 배드민턴을 배우기 위해 실제로 연습장에 가는 데는 상당한 시간이 걸린다. 배드민턴을 배우고 싶은 동기가 어느 정도 높은 사람만이 연습장에 등록하고 꾸준히 연습하게 된다. 배드민턴이나 테니스를 배우기로 선택하였음에도 불구하고 몇 년 동안 연습장에 가지 않거나 배드민턴을 치지 않는 사람의 경우가 바로 동기가 있고 없음에 기인하는 것이다.

셋째, 동기는 선택하고 시작한 행동을 계속 유지시키는 역할을 한다. 배드민턴이나 테니스를 배울 때 한 번 또는 두어 번 연습했다고 그것을 잘하는 사람은 거의 없다. 어느 정도 그 스포츠를 즐기려면 상당한 시간을 투자하여 연습하고 실제로 경기를 해 보아야 한다. 다른 사람이 아무리 잘 가르쳐 주어도 계속해서 연습하지 않는다면 충분한 학습이 일어나지 않게 된다. 배드민턴이나 테니스 중 어느 것을 배울 것인지 선택하게 하고 실제로 연습장을 찾아 등록하여 기본기를 배운다 하더라도 지속적으로 연습하고 훈련하지 않는다면, 제대로 성취할 수 없게 되는데, 이 또한 동기가 있는가, 없는가로 기인된다는 것이다.

동기의 역할은 학생들의 학습에도 그대로 적용될 수 있다. 학습동기가 높은 학생들의 경우 학교에서의 성취도가 더 뛰어난 경향이 있기 때문이다(Sternberg & Williams, 2010). 동기가 높은 학생이 학업성적에서도 높고 학교생활을 잘 하는 이유는 동기가 없는 학생에 비해 더 긴 시간동안 학습하고, 과제를 수행할 때도 더 적극적으로 참여하며, 실패하였을 때에도 더 노력을 많이 하여 다음 기회에는 성공하려고 노력하기 때문이다.

2. 동기이론

사람의 동기를 유발하게 하거나 혹은 사라지게 만드는 데에는 여러 가지 이유가 있다. 따라서 교사는 학습자의 동기를 이끌어 내기 위해 학생 개개인의 동기유발 요인을 파악하는 것이 중요하다. 교사가 학생의 학습을 도와 줄 때 필요한 동기에 관한 다양한 이론 중 이 장에서는 내적동기와 외적동기, 인본주의 동기이론, 성취 동기, 학습된 무기력에 관하여 살펴보고자 한다.

1) 내적 동기와 외적 동기

학생이 배우고 싶은 동기를 느낄 때 그 동기가 어디에서 시작되었는가에 따라 내적 동기와 외적 동기로 나뉜다.

(1) 내적 동기

내재적 동기(intrinsic motivation)라고도 불리는 내적 동기는 흥미, 욕구, 호기심 등의 내적이고 개인적 요인에 의존하여 유발되는 동기로서 이것은 개인적 흥미를 추구하고 능력을 발휘하며 그 과정에서 도전할 만한 것을 찾고 그것을 정복하는 자연스러운 경향성을 말한다(Deci & Ryan, 1985). 학습자가 내적으로 동기화되었을 때는 활동 그 자체가 보상으로 작용하기 때문에 그 활동을 하도록 하기 위해 어떤 유인물도 처벌도 필요로 하지 않는다. 내적으로 동기화된 학습자는 과제 자체나 그것이 가져다주는 성취감을 즐긴다.

따라서 내적 동기에서는 학습자의 활동 그 자체가 보상으로 작용하기 때문에 자발적으로 학습활동에 몰입하고 학습과제 자체나 그것이 가져다주는 성취감을 즐기므로 교사의 동기유발이나 흥미를 제고하기 위한 노력을 거의 필요로 하지 않는다. 만약 지금 교육심리라는 과목을 선택하고 이 책을 읽는 것이 교육심리가 '재미있어서', '배우고 싶어서', '좋아해서' 라는 이유라면 내재적 동기에 의해 이 책을 읽고 있는 것이라 할 수 있다.

(2) 외적 동기

외재적 동기(extrinsic motivation)라고도 불리는 외적 동기는 외적이고 환경적 요인에 의존하여 설명하는 이론이다. 외적으로 동기화된 학습자는 활동 그 자체에 대해서는 흥미가 없고 주로 보상을 받기 위해서, 교사의 관심을 사기 위해서, 그리고 책망이나 벌을 피해서 활동하는 것으로 과제 자체에 관심이 있기보다는 활동한 결과로서 얻을 수 있는 것에 더 많은 관심이 있다고 할 수 있다.

다시 말하면 자기 자신이 목적을 향해 움직이는 것은 바로 성적이나 처벌, 보상, 사회적 압력 등이라는 것이다. 만약에 지금 교육심리 과목을 선택하고 이 책을 읽는 것이 '교직 이수를 위해', '임용시험에 대비하기 위해', '학점을 잘 준다고 해서' 등과 같은 이유 때문이라면 외적 동기에 의해 이 책을 읽고 있는 것이다.

(3) 내적 동기와 외적 동기의 관계

항상성 유지는 그 자체가 내적 동기를 유발하지만, 때로는 보상과 연합되어 외적 동기를 유발하기도 한다. 배고픔은 먹고 싶은 내적 동기를 유발하는데, 배고픔을 달래어 주는 음식은 보상물이 되어 학습을 촉발하는 외적 요인이 되는 것이다.

흥미나 호기심은 주로 내적 동기를 일으킨다. 자기가 좋아하고 흥미가 있기 때문에 그 자체가 동기를 일으킨다. 따라서 흥미 있고 호기심이 많은 것을 학습할 때 학생들은 내적 동기가 유발된다. 대부분의 학생은 수학을 싫어하고 포기하지만, 수학적 기호와 풀이과정에 호기심을 가진 학생은 다른 과목에 비해 '답이 딱 떨어진다'는 이유로 수학을 배우는 것이 즐겁다는 것이다.

각성 수준이 너무 낮을 때에는 무관심해지기 때문에 동기가 유발되지 않고, 지나치게 높을 때는 내적 동기가 줄어들 수 있다. 예컨대 시험을 앞두고 각성 수준이 지나치게 높으면 시험불안이 생기고 결국에는 공부하고 싶은 동기가 줄어드는 반면, 각성 수준이 낮으면 학생은 시험 자체를 잊어버리고 시험 준비를 거의 하지 않는다는 것이다.

보상이나 사회적 변화 및 동조는 내적 동기보다 외적 동기를 유발하는 요인이다. 행동주의자들이 강화물이라고 부르는 보상은 어떤 행동을 하면 그 대가로 받는 것이기 때문에 행동을 하도록 동기를 유발하는 힘을 가진다. 그런데 그 행동을 하고 싶은 마음이 흥미나 호기심에서 나오는 것이 아니라 보상을 받기 위한 것이기 때문에 외적 동기이다.

지나치게 과한 보상은 각성을 높여서 불안을 초래하고 마침내는 내적 동기를 약화시킬 수 있다. 예컨대 어떤 학생이 시험을 앞두고 부모님께 공부를 열심히 하겠다고 하자, 그 부모님은 만약 학급에서 3등 이내에 들어가게 되면 그 학생이 원하는 최신 게임기를 선물로 주겠다고 약속했다. 이전 시험에서 9등이었던 이 학생은 그런 약속을 받은 뒤로 한동안 열심히 공부하였다. 그러나 점점 학생이 집중이 되지 않는다고 하소연하고 마침내는 부모님께 왜 그런 약속을 했냐고 불평과 불만을 드러내었다. 이번 시험에서 3등 이내에 들지 않으면 갖고 싶은 최신 게임기가 사라진다고 생각하니 걱정이 앞서고 공부에 집중을 할 수 없었던 것이다. 따라서 보상을 자주 주거나 지나치게 큰 보상을 주는 것은 내적 동기를 꺾을 수 있다. 칭찬도 일종의 보상이기 때문에 교사는 칭찬이 잦으면 내적 동기를 꺾을 수 있음을 감안해야 만 한다.

그러나 내적 동기와 외적 동기가 서로 배타적으로 작용하는 것이 아니라 따로 작용할 수도 있고 동시에 작용할 수도 있다. 외적 동기가 높으면 항상 내적 동기가 낮은 것이 아니라, 동일한 대상에 대해서도 외적 동기와 내적 동기가 동시에 작동할 수 있다는 것이다. 예컨대 교사로부터 칭찬받고 싶어 하면서 동시에 스스로 공부하려는 욕구도 강한 학생이 있다. 이런 학생은 내적 동기와 외적 동기가 모두 높다고 봐야 한다. 어떤 학생은 내적 동기와 외적 동기가 모두 낮아서 학습에 대한 의욕이 없는 경우도 있다.

그러므로 학습상황에서 내적 동기가 외적 동기보다 더 효과적이지만, 교사는 그때그때의 상황이나 과제의 성격 그리고 학습자의 특성에 따라서 그에 적합한 동기

유발을 시켜야 한다. 내적 동기를 향상시키기 위한 방법에서 가장 중요한 것은 학습자에게 '자기결정권'을 부여하는 것이다. 학생이 자율권을 많이 누리면 누릴수록 내적 동기가 높아진다. 학생들 스스로가 과제를 선택할 수 있게 해주고, 토론할 주제를 학생들 스스로가 정하도록 기회를 제공하게 되면, 학습내용에 대한 학생들의 내적 동기는 높아지게 된다. 그러나 내적 동기가 약한 학습자를 위해서는 여러 가지 보상을 활용한 외적 동기를 통해 학습이 일어나게 한 후, 적절한 수준에 이르렀다고 판단되면, 다시금 내적 동기를 격려하고 촉진하는 것이 바람직하다고 본다. 즉, 외적 동기가 내적 동기에 선행하여 촉진역할을 하게 하는 것이 필요하다.

2) 인본주의 동기이론

인본주의 동기이론에서 인본주의자들은 개인의 내면적 욕구와 자아성취하려는 경향성이 동기를 일으키는 데 있어서 중요한 역할을 한다고 본다. 사람들이 다양한 행동을 하는 동기의 내재적 근원을 자아실현이나 자아충만성으로 가정하며, 자신의 잠재력을 실현하기 위한 생득적인 욕구에 의해 사람들은 지속적으로 동기화된다는 것이다. 그러므로 교사는 학습자들이 지니고 있는 내재적 자아실현과 자아충만성의 욕구를 찾아내어 그것이 발휘될 수 있도록 촉진시켜 주는 역할을 해야 한다는 것이다.

인본주의 이론을 대표하는 학자에는 Rogers와 Maslow가 있는데, Rogers에 의하면 인간은 긍정적으로 존중받고 싶은 욕구를 가지고 있으며, 이런 욕구를 충족시키기 위해 필요한 학습을 좋아한다고 하였고(Rogers & Freiberg, 1994), Maslow (1970)는 동기의 인본주의적 관점을 더욱 발전시켜서 욕구의 위계를 제시하였다. 인간의 욕구는 생리적 욕구, 안전과 보호 욕구, 소속과 사랑의 욕구, 자존 욕구인 결핍욕구와 지적 욕구, 심미적 욕구, 자아실현의 욕구인 성장욕구가 위계를 이루고 있어서 각 욕구는 하위 단계의 욕구들이 어느 정도 충족되었을 때에야 비로소 지배적인 욕구로 등장하게 된다는 것이다. 즉, 인간은 결핍욕구에 해당하는 낮은 수준의 욕구를 충족했을 때만 성장욕구에 해당하는 높은 수준의 욕구를 충족시키려 노력하기 때문에 교사는 학생의 결핍욕구를 무시해서는 안 된다는 것이다.

학생이 Maslow의 욕구위계 중 현재 어느 수준에 위치하고 있는지 알 수 있다면, 그 학생의 동기를 효과적으로 유발시키고 유지시키는 방법을 찾을 수 있다. 이를 위해 Maslow의 결핍욕구와 성장욕구에 속해 있는 욕구에 대해 좀 더 자세히 살펴보고자 한다(허승희 외, 2015).

그림 7-1 Maslow의 욕구 위계

(1) 결핍욕구

결핍욕구(deficiency needs)는 부족하면 충족하고 싶고, 충분히 충족되면 약해지거나 사라지는 특징을 갖고 있다.

① 생리적 욕구

이 욕구는 의식주와 같이 생존에 필요한 물리적 필요에 대한 욕구이다. 예컨대, 음식섭취, 수면, 갈증 등과 같은 생리적 욕구가 여기에 해당된다. 만약 생리적 욕구가 충족되지 않으면 학습을 하고 싶은 욕구도 생기지 않기 때문에 교사는 충분한 음식이나 수면 등과 같은 기본적인 욕구 사항이 학생들에게 주어지는지 관심을 가져야 한다.

② 안전과 보호 욕구

이 욕구는 편안한 삶과 정서적 안정을 느끼고 싶다는 욕구이다. 이것이 담보되지 않으면 학습에 대한 욕구는 거의 나타나지 않기에, 교사는 학교가 학생을 안전하게 보호해 주는 공간으로 나아가 학교가 폭력으로부터 자유로워질 수 있도록 각별하게 신경을 써야만 한다.

③ 소속과 사랑 욕구

이 욕구는 다른 사람들과 친밀하게 지내면서 같은 집단에 속한 구성원이라는 느낌을 받고 싶고 그 사람들과 사랑을 나누고 싶은 욕구이다. 학생이 또래나 교사로부터 따돌림을 당하거나 인정을 받지 못하면 학습에 대한 욕구가 일어나지 않기에, 교사는 학생들이 학교와 학급에서 소외되지 않고 적절한 인정과 사랑을 받을 수 있도록 안내하고 지도하는 것이 필요하다.

④ 자존 욕구

이 욕구는 자기 자신을 가치 있는 존재로 느끼고 싶어 하는 욕구다. 학생들이 또래와 교사로부터 가치 있는 대우를 받지 않으면 학습에 대한 몰두가 힘들기 때문에 학생들을 존중하는 태도와 언사를 통해 자존감을 가질 수 있도록 세심하게 지도해야 한다.

(2) 성장욕구

성장욕구(growth needs)는 결핍욕구가 충족되어야 발생할 수 있기에 고차적 욕구라고도 한다. 성장욕구는 자신을 실현하고 더 발전시키는 데 필요한 어떤 것을 더 채우고 싶다는 것으로 표현되기에 충분히 충족되는 경우는 거의 없다.

① 지적 욕구

이 욕구는 세상에 대해 알고 이해하고 싶은 욕구이다. 결핍욕구가 충족될 때 사람들은 세상과 자기 자신에 대해 더 많이 알고 이해하고 싶은 욕구를 지니고 있기에, 교사는 학생들의 지적 욕구를 성취하고 충족시키기 위해 특별히 노력해야 한다.

② 심미적 욕구

이 욕구는 아름다움을 추구하는 욕구이다. 결핍욕구가 충족되고 나면 신체적·지적·정서적 아름다움과 균형을 찾아 유지하고 싶은 욕구를 가지기에, 교사는 학생들이 아름다움을 추구하고 승화시켜 나가도록 도와주어야 한다.

③ 자아실현의 욕구

이 욕구는 자신의 잠재력을 충분히 발달시켜서 세상과 함께 잘 어울리고 싶은 욕구로 충분히 누리는 사람은 없다고 한다. 그러므로 교사는 학생이 잠재력을 찾아 지속적으로 자신의 능력을 계발해 나갈 수 있도록 객관적인 자기 이해의 기회와 학생에 대한 세심한 관찰이 필요하다.

3) 성취동기

인간의 여러 가지 동기 중에서 학교교육과 가장 밀접한 관계가 있는 동기가 성취동기이다. 성취동기(achievement motivation)란 도전적이고 어려운 과제를 훌륭히 성취하길 기대하고, 성취결과보다는 성취 과정에 만족을 얻으려는 내적 욕구이다.

성취동기의 근원에 대해 2가지의 설명이 있다. 하나는 성취동기를 안정되고 무의식적인 특성, 즉 한 개인이 다소간에 갖고 있는 어떤 것으로서 만약 동기와 주도성, 경쟁력 등이 가족 내에서 격려되고 강화되며 부모가 자식들의 서투름에 개의치 않고 스스로 문제를 풀도록 해 준다면 그 가정의 어린이들은 성취에 대한 높은 욕구를 발달시키게 된다(McClelland, 1961). 또 하나의 설명은 성취동기를 최근의 성공이나 실패 경험과 과제의 난이도 등과 같은 당면한 상황과 관련된 요인들에 의해 주로 형성되는 일련의 의식적 신념과 가치로서, 현재 잘 하고 있고 그 과제에 가치를 두기 때문에 특정 수업에 대한 높은 성취동기를 갖고 있을 수 있다는 것이다. 달리 말하면 과거에 그 과목을 잘해내지 못했거나 과제가 필요 이상으로 길고 어려워 보이는 필수과목에 대해서는 낮은 성취동기를 갖고 있을 수 있다는 것이다.

성취동기라는 개념은 원래 Murray가 개인의 성격을 판단하기 위한 방안으로 사회적 욕구를 연구하면서 성취욕구라는 개념을 제시한 것에서 시작되었다(Murray, 1938). Murray의 욕구이론에 따르면 과시나 우월, 획득, 지배 욕구가 강한 사람이 대체적으로 성취동기가 높으며, 상대적으로 친애나 양육, 놀이, 유지, 실패 회피, 비난, 보존, 복종 욕구가 높은 사람의 경우 성취동기 수준이 낮다고 한다.

Atkinson(1964)은 모든 사람들이 성취에 대한 동기뿐만 아니라, 실패를 회피하려는 동기를 갖고 있음에 주목하여 성취동기에 대한 이론에서 새로이 고려해야 할 점을 제시하였다. 만약, 어떤 상황에서 우리의 성취동기가 실패회피 동기보다 클 때, 전반적 경향성은 위험부담을 안고서도 성취를 위해 노력하는 방향이 될 것인 반면에, 실패회피 동기가 더 클 때, 위험부담은 도전할 만한 것이라기보다는 위협적인 것이 될 것이고, 전반적인 경향성은 그 상황을 회피하는 것이 될 것이다.

성취동기 이론에 따르면 동기는 성공 가능성인 기대와 밀접한 관계가 있다. 구체적으로 동기는 성공 가능성이 50%일 때 가장 높으며, 성공 가능성이 그보다 높거나 낮으면 낮아진다. 과제가 너무 어려우면 실패의 두려움이 크고 성공 확률이 낮아지므로 동기가 낮아진다. 또 과제가 너무 쉬우면 성공 유인가가 낮아지므로 동기를 유발하지 못한다. 성취동기를 높이려면 어렵고 쉬운 정도를 나타내는 난이도가 중간 정도인 과제를 제시해야 한다.

성취동기가 높은 학습자일수록 난이도가 중간 정도의 과제를 선호하며, 너무 쉬운 과제나 어려운 과제는 선호하지 않는다. 즉 성공과 자부심에 초점을 두고 성취목표를 수행해 낼 수 있다는 자신감이 있으며 독립적이고 지구력이 있다. 또한 경쟁이나 내기를 즐기며 열성적이고 격정적이기도 하다. 반면에 성취동기가 낮은 학습자의 경우는 실패했을 때의 비난이나 부끄러움에 초점을 둔다. 쉽거나 이와는 반대로 아주 어려운 과제를 선호하며 불안이 높은 편이다. 쉬운 과제는 노력을 하지 않아도 성공할 수 있고, 어려운 과제는 실패했을 때 변명할 수 있기 때문이다. 교사의 피드백에 의존적이며 실패를 능력의 부족 탓으로 돌린다. 가능한 한 경쟁 상황에서 피하는 것을 선호하며 차분하고 냉정하다. 또한 뚜렷한 성취목표가 불분명하며 모호하다(권대훈, 2010).

교사는 성취동기 이론에 근거하여 학습자에게 내주는 과제를 너무 쉽지도 너무 어렵지도 않게 출제해야 한다. 성공에 대한 경험을 모든 학습자가 쉽게 이룰 수는 없지만 성공할 수 있는 범위 내에 있어야 한다는 점이다. 즉, 다양한 난이도의 여러 과제와 다양한 학습 장면을 설정해 모든 학습자에게 성공을 경험할 수 있는 기회를 주도록 노력해야 한다. 그리고 그 무엇보다도 성공이나 실패 그 자체보다 노력하는 과정이 더 중요하다는 것을 학습자에게 깨닫도록 가르칠 수 있어야 한다(문은식 외, 2011).

4) 학습된 무기력

학습된 무기력(learned helplessness)은 조작적 조건화 과정에서 벌을 줄 때 도피나 회피를 할 수 없도록 만들어 놓은 환경에서 발생하는 현상이다. 미국의 심리학자 Seligman은 1967년 펜실베이니아 대학교에서 우울증에 대한 관심을 넓혀 학습된 무기력에 대한 연구를 시작하였고, 나중에 Seligman과 그 밖의 사람들에 의해 여러 실험 등을 통해 확장해나갔다. 실험실에서 개를 상자 속에 가두어 놓고 먼저 고통스러운 전기충격을 주면, 개는 도망치려고 하다가 점프하여 건너가면 전기충격이 사라지는데, 이를 도피 조건화라 한다. 이렇게 되면, 개는 전기충격이 오는 즉시 점프하여 도망치게 된다. 만약 전기충격이 오기 전에 빨간 불이 켜진다면, 개는 이제 빨간 불이 켜지는 즉시 점프하여 전기충격을 미연에 방지하게 되는데 이것을 회피 조건화라 부른다(Seligman, 1975).

학습된 무기력은 도피나 회피를 할 수 없다는 것을 알게 될 때 나타난다. 즉, 개가 아무리 노력하여도 전기충격이 있는 상자에서 밖으로 나갈 수 없다면, 이제는 체념하고 전기충격을 무방비 상태로 당한다. 즉, 전기충격에서 벗어날 수 있는 방법이 없기 때문에 그냥 당하는 것이 더 낫다고 믿는 것이다. 그렇게 된 이후에는 점프를 하여 전기충격에서 벗어날 수 있게 상황이 바뀌어도 개는 더 이상 노력하지 않고 그냥 전기충격을 당하고 있는데, 이것을 '학습된 무기력'이라 한다.

학습된 무기력은 사람에게서도 나타난다. Hiroto(1974)는 버튼을 누르면 소음이 사라지는 실험에서 대학생을 3개의 집단으로 나누었다. 첫째 집단은 통제 불가능 집단으로 참여 대학생이 아무리 버튼을 눌러도 소음이 사라지지 않는 조건에 있다. 둘째 집단은 버튼을 누르면 소음이 멈추는 조건 속에 있다. 마지막 통제집단은 소음이 없는 상황에 있다. 이런 경우 첫째 집단은 학습된 무기력에 빠지게 된다. 자신의 노력으로 소음을 없앨 수 없다고 믿기 때문에 나중에 조건이 바뀌어도 아무런 노력을 하지 않게 되는 것이다. 즉, 사람들은 자기가 통제할 수 없다고 여길 때 '무기력'에 빠지게 된다.

최근에 뉴스에 보도된 학교폭력 희생자의 경우도 가해 학생들의 끊임없는 폭력에서 빠져나올 수 없다는 생각이 깊어지게 되어 극단적인 선택을 한 사례로 여기에 해당된다 하겠다.

학습된 무기력의 과정과 유형을 표로 제시하면 다음과 같다(허승희 외, 2015).

표 7-1 학습된 무기력의 과정

구분	내용
실패인정	자신이 실패하였음을 스스로 인식한다.
능력귀인	자신의 노력은 아무 소용없기 때문에 능력이 없다고 귀인한다.
시도포기	새로운 시도는 실패만 낳기 때문에 더 이상 시도하지 않으려 한다.
해결포기	새로운 해결방법을 찾으려 하지 않고 문제해결을 포기한다.
상황인식불능	이제 상황이 바뀌어서 조금만 노력하여도 성공할 수 있음에도 불구하고, 학생은 상황이 바뀐 것을 눈치 채지 못하고 시도하지 않는다.

표 7-2 학습된 무기력의 유형

구분	내용
보편적 학습된 무기력	자신은 무능하기 때문에 무엇을 하든 실패할 것이라 강하게 믿는 경향을 의미한다. 이런 무기력을 학습한 사람은 어떠한 것을 해도 실패 할 것이라 믿기 때문에 아무런 시도를 하지 않고 은둔하려고 한다.
특수적 학습된 무기력	자신은 특수한 영역에서 잘 못한다고 믿는 경향을 의미한다. 예) 국어는 잘 할 수 있는데, 수학은 정말 못한다고 믿음.

초·중·고등학교 학생들도 학습된 무기력에 빠지기도 한다. 따라서 교사들은 학습된 무기력의 증상에 대해 알고 있어야 할 뿐만 아니라, 무기력에 빠진 학생을 도울 수 있는 방법도 알고 있어야 할 것이다. 이전의 경험에 의해 아무리 노력해도 자기 학급에서 최하위 권에 머물 수밖에 없다고 믿는 학생들은 중간고사나 기말고사 혹은 월말고사 등 어떤 시험이 닥쳐와도 시험에 대비하여 공부를 하지 않게 되는데, 이것이 바로 학습된 무기력의 증상이다. 만약 여러분들이 이러한 형편에 처해 있다면, 학교와 교사가 어떻게 도움을 주면 될 것인지 또는 내가 교사라면 그러한 학생을 위해서 어떤 도움을 줄 수 있는지 친구들과 토의를 해 보자.

Chapter

08

행동주의 학습이론

행동주의 이론(behavioral theory)에서는 인간행동의 대부분은 학습에 의해 형성되거나 학습에 의해 수정될 수 있다는 전제를 두고 있기 때문에 학습이론으로도 불린다(learning theory). 이러한 행동주의에서는 인지, 감각, 의지, 본능과 같은 개념은 내성적이며 관념적인 것들로 과학적 연구의 대상이 될 수 없기 때문에 자극과 반응에 의해 학습 또는 수정되는 직접 관찰이 가능한 인간행동이 연구의 초점이 되어야 한다고 주장한다(Watson, 1919).

행동주의 이론에서는 학습을 자극(stimulus)에 대한 반응(response)의 관계로 보고 있다. 다시 말해 인간의 특정한 행동은 선행하는 사건, 즉 선행요인과 뒤이어 일어나는 사건, 즉 결과에 의해 일어난다고 가정한다. 이 장에서는 행동주의 학습이론을 고전적 조건형성, 시행착오학습, 조작적 조건형성, 사회학습이론 등으로 구분하여 고찰하고자 한다.

1. 학습의 개념

인간이 가진 고도로 발달된 학습능력은 동물과 구분되는 커다란 특징 중의 하나이다. 인간은 본능에 의하여 통제받는 것은 거의 없으며 스스로 주체가 되어 무엇을 배웠느냐가 중요하다. 학습의 정의에 대하여 구체적인 측면에서는 다소간의 의견 차이를 보이지만, 대부분의 심리학자들은 학습이란 경험이나 연습에 의한 행동의 비교적 영속적인 변화라고 정의하고 있다. 학습의 개념을 좀 더 자세히 살펴보면 다음과 같다(김운삼·성낙돈, 2014).

첫째, 학습은 행동의 변화를 초래하는 과정이다. 학습이란 좋은 방향이든 나쁜 방향이든 행동의 변화이다. 일반적으로 학습심리학과 같은 순수심리학적 입장에서는 흔히 가치적 측면을 배제하기 때문에 진보적이든 퇴보적이든 일체의 모든 행동의 변화는 학습으로 간주한다. 다만 교육이나 학교학습에서는 항상 가치개념을 전제하므로 원칙적으로 긍정적이고 진보적인 행동의 변화만을 학습으로 인정하는 경우가 있다는 것도 이해할 필요가 있다.

둘째, 행동의 변화는 성장이나 성숙 또는 신체적 상해에 의해서도 일어나기 때문에 이러한 요소들에 의한 행동의 변화는 학습으로 보지 않는다. 신생아는 출생 직후 누워만 있으나, 점차 자라면서 엎치고, 기고, 앉고, 서고, 걷고, 뛰는 행동을 할 수 있게 된다. 다시 말하면 학습이란 경험 또는 연습의 결과로 인한 행동의 변화를 말한다.

셋째, 행동의 변화는 비교적 영속적이어야 한다. 비록 경험과 연습에 의한 행동의 변화라고 할지라도 그 변화된 행동이 비교적 영속적이어야 학습이라고 말할 수 있다. 변화 중에서 피로, 약물이나 알코올, 질병 등의 결과로 나타나는 일시적인 변화는 학습이 아니다. 피로가 심하면 잘 할 수 있었던 일도 잘 하지 못하든가 전혀 할 수 없게 된다. 또한 술에 취하면 정상시와는 다르게 행동한다. 그러나 피로와 약물 등의 영향으로 일어나는 변화들은 일시적인 것으로 시간이 지나면 사라지기 때문에 학습에서 제외된다.

표 8-1 학습에 의한 행동 변화

학습(L) = A−(B+C+D)
• A : 개인에게 일어나는 모든 변화 • B : 자율적 반응 경향에 의한 변화 • C : 성숙에 의한 변화 • D : 일시적 변화

2. Pavlov의 고전적 조건형성

1) 고전적 조건형성의 과정

고전적 조건형성(classical conditioning)은 러시아의 생리학자인 Pavlov에 의해 발전된 이론이다. 그는 개를 대상으로 동물의 소화액에 대해 실험하던 중 예기치 않은 발견을 하였다.

실험이 반복적으로 진행되면서 개가 입속에 먹이가 있을 때뿐만 아니라 음식을 먹어보기도 전에 음식만 쳐다보아도 타액을 분비하고, 먹이를 주곤 하던 실험자의

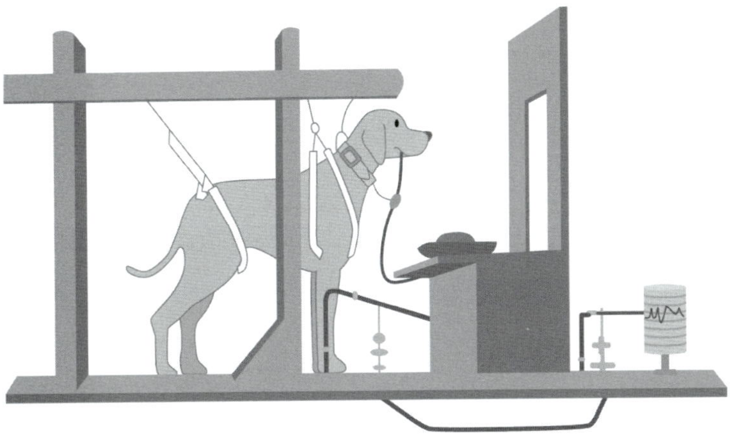

그림 8-1 Pavlov의 고전적 조건형성의 실험

발자국 소리만 들어도 침을 흘리기 시작하는 이상한 현상이 나타났다. 음식을 보면 침을 흘리는 행동은 반사행동이지만 타액과 전혀 관계없는 발자국 소리에 개가 침을 흘리는 것은 학습된 행동이다.

원래 개는 먹이를 먹으면 자연적으로 타액을 분비한다. 이와 같이 무조건자극(UCS)으로 인해 나타나는 자연적·자동적 반응을 무조건반응(UCR)이라 한다. 조건형성과정에서 처음에 종소리는 타액과 같은 의도한 반응을 일으키지 못하는 중성자극(NS)이었다. 그러나 종소리와 먹이가 연합되면서 종소리에 타액이 분비되었는데, 이때의 종소리는 조건자극(CS)이 되고, 먹이를 먹지 않고도 종소리에 타액을 분비하는 반응을 조건반응(CR)이라고 한다. 먹이를 먹지 않으면서도 종소리를 듣고 타액이 분비되게 되는 상태를 조건화(conditioning)되었다고 말한다. 그러나 무조건 자극이 제시되지 않고 계속해서 조건 자극만 제시된다면 조건화된 반응의 빈도가 점차 감소하거나 사라지게 된다.

- 무조건자극(unconditioned stimulus : UCS) : 유기체로 하여금 학습 없이도 반응을 유발하는 자극
- 무조건반응(unconditioned response : UCR) : 무조건 자극이 일어날 때 언제나 유기체에서 일어나는 반응
- 중성자극(neutral stimulus : NS) : 의도한 반응을 일으키지 못하는 자극
- 조건자극(conditioned stimulus : CS) : 무조건 자극과 중립자극의 결합으로

조건형성이 된 이후 정서적·생리적 반응을 일으키는 자극

- 조건반응(conditioned response : CR) : 조건 자극에 의해 유도되는 학습된 반응

표 8-2 Pavlov의 고전적 조건형성과정

조건형성 전	조건형성과정	조건형성 후
음식 (UCS) → 침 분비 (UCR)		
	종소리 + 음식 → 침 분비	종소리 (CS) → 침 분비 (CR)
종소리 (NS) → 무반응		

2) 고전적 조건형성의 주요 개념

(1) 소거

소거(extinction)는 무조건 자극을 주지 않고 조건자극만 반복해서 제시할 때 조건 반응이 점차 감소하는 현상을 가리킨다. 즉, 종소리(CS)와 음식(UCS)을 더 이상 짝지어 제시하지 않으면 개는 타액분비(CR) 반응을 억제하여 더 이상 종소리에 대해 어떤 반응도 하지 않게 되는 것을 말한다.

(2) 자발적 회복

일단 소거가 된 후 시간이 지나서 조건자극(CS)을 제시하면 처음에는 약하지만 조건반응이 나타나게 되는데, 이 과정을 자발적 회복(spontaneous recovery)이라고 한다. 다시 말해 자발적 회복이란 일단 학습하였다가 소거된 반응이 재훈련 없이 다시 나타나는 것을 의미한다.

(3) 자극 일반화

특정한 조건자극(CS)에 대하여 조건형성(CR)이 된 후 원래의 조건자극(CS)과 유사한 자극에 대해서도 조건반응(CR)을 일으키는데, 이것을 자극 일반화(stimulus generalization)라고 한다. '자라 보고 놀란 가슴 솥뚜껑 보고 놀란다'라는 우리 속담이 가지는 의미와 같다. 500dB(데시벨)의 소리로 학습시킨 다음, 450dB 혹은 550dB의 소리에도 타액을 분비하는 것을 말하며, 소리의 강도가 점점 낮아지거나 높아지게 되면 자극 일반화의 강도는 체계적으로 감소하게 된다.

(4) 변별

변별(discrimination)은 자극들 간의 차이를 구분하는 것으로 일반화된 최초의 조건자극과 유사한 자극을 구분하여 반응하는 것을 의미한다. 전형적인 변별학습에 대한 실험 절차를 살펴보면, 1,000dB의 소리에는 음식을 주고 900dB의 소리에는 음식을 제공하지 않는다. 실험 초기에는 1,000dB과 900dB에 반응을 보이다가(이 현상을 일반화라고 함) 점차 1,000dB에는 조건반응을 보이고 900dB에는 반응을 보이지 않게 된다. 이 실험에서 개는 변별학습 과정을 통해 유사한 두 자극에 다르게 반응하는 것을 학습하게 된 것이다.

(5) 고차적 조건형성

종소리에 조건형성 된 개에게 종소리를 들려주기 전에 빛을 먼저 비춰주고 종소리를 들려주면 나중에는 빛을 비추기만 해도 침을 흘리게 된다. 즉 학습된 조건자극이 다시 무조건 자극으로 작용하여 또 한 번의 조건형성이 되는 것으로 이를 고차적 조건형성(higher-order conditioning)이라 한다.

3) 고전적 조건형성의 기본적 학습원리

인간의 많은 정서적 반응들이 고전적 조건형성의 결과로 학습된다는 것을 알 수 있다. 앞에서 살펴본 실험은 비록 그것이 동물에 관한 생리실험이라고 하더라도 결과적으로 행동의 변화를 가져온다는 점에서 하나의 훌륭한 학습실험의 의의를 가졌다고 볼 수 있으며, 인간의 일상생활에 있어서도 이와 같은 과정을 거쳐 행동의 변화를 가져오는 사례는 흔히 볼 수 있다. 고전적 조건형성의 학습원리를 제시하면 다음과 같다.

(1) 시간의 원리

조건자극과 무조건자극 사이의 시간적 관계가 중요하다. 이 양자를 일정한 양식으로 여러 번 반복해 줌으로써 자극, 반응, 강화의 세 요소가 결합되어 조건형성이 일어난다. 조건자극은 무조건 자극과 동시에 제시될 수 있고(동시조건형성), 무조건자극보다 먼저 제공될 수도 있다. 하지만 조건자극이 무조건자극보다 먼저 제시되었을 때 조건반응이 쉽게 형성된다.

(2) 강도의 원리

무조건자극은 조건자극보다 같거나 조금 강해야 한다. 이것은 자극의 강도가 일정하거나 또는 먼저 제시한 자극보다 더 강한 것일수록 효과가 크다는 의미이다.

(3) 일관성의 원리

조건자극은 조건화가 성립되기 위해서는 일관되게 주어져야 한다. Pavlov의 실험에서 조건자극을 가할 때, 오직 벨소리만을 사용했기 때문에 효과를 거둘 수 있었다. 자극의 형태가 자주 바뀔 경우, 혼돈만 발생하고 조건반응이 이루어지지 않아 바라던 효과를 거둘 수 없게 된다.

(4) 계속성의 원리

자극과 반응의 결합관계가 반복되는 횟수가 많을수록 조건화가 잘 된다. 반복연습이 필요하다는 뜻으로 시행착오 학습이론에서 연습의 법칙이나 빈도의 법칙과 같은 것이다. Pavlov의 실험에서도 약 50회의 벨소리를 개에게 들려준 후 효과를 거두었던 것이다.

4) 고전적 조건형성의 교육적 시사점

우리는 일상생활에서 불안, 행복, 기쁨, 슬픔, 분노와 같은 정서를 느끼는데, 이런 정서들은 모두 경험에 의해 학습된 것이다. 그래서 고전적 조건형성을 정서적 조건화(emotional conditioning)라고 한다(Carver & Scheier, 1988 : 375). 고전적 조건형성은 사람들에게 처음에 중립자극(NS)이었지만, 나중에는 불쾌감이나 공포, 기쁨과 같은 반응을 야기하는 조건자극(CS)이 되는 과정을 설명하고 있다.

학기 초에는 교사의 행동과 학습활동이 중성자극으로 작용하지만, 시간이 지나면서 교사의 교수방법은 조건자극이 될 수 있으며, 그러한 자극은 다양한 반응들과 연합될 수 있다. 예를 들면, 수업과정이 흥미진진하고 가치 있다고 느낄 때 학생들은 긍정적인 태도를 보일 가능성이 높아진다. 이와는 반대로 특정 교사가 싫기 때문에 그 교사의 과목까지도 싫어하는 현상도 흔히 있는 일이다. 학생 자신도 의식하지 못하는 사이에 교사가 학생들에게 어떻게 받아들여지는가 하는 것이 무조건자극의 역할을 하여 그의 과목을 싫어하게 되거나 싫어하게 되도록 때로는 조건화되는 것이다. 따라서 교사는 항상 고전적 조건형성이론을 인식하고, 수업활동과 학습 사이에 긍극적인 연관성을 발전시키는 일에 노력해야 할 것이다.

이처럼 고전적 조건형성이론은 교사가 학생의 행동을 이해하고 해결하는 데 중요한 단서를 제공할 수 있다. 교사가 무심히 지나쳐버리거나 학생의 개인차에 원인을 돌려버리는 수많은 문제들은 조금만 관심을 기울이면 해결의 실마리를 발견할 수 있는 것이 많다. 과거에 실패를 겪었거나 두려움을 경험한 학생들은 그와 유사한 상황을 회피하려는 경향을 보인다. 이러한 아동에게는 그 상황에서 두렵고 회피하고자 하는 감정이 어떻게 형성될 수 있는지에 대해 설명해 주고, 이러한 감정을 발생하게 하는 상황에 직면하도록 체계적으로 접근시키는 것이 중요하다. 이처럼 부정적 정서를 가지게 하는 원인을 찾아 위계적으로 나누어 가장 낮은 단계부터 직면하여 극복할 수 있도록 도와주는 방법을 체계적 둔감법이라고 한다. 따라서 다른 사람 앞에서 발표하는 것에 두려움을 느끼는 학생은 쉬운 주제에 대하여 발표하게 하거나 소집단에서 발표할 기회를 주어 점차적으로 그 상황에 적응해 나가도록 지도할 필요가 있다.

3. Thorndike의 시행착오학습

1) 시행착오학습의 과정

초기 행동주의자인 Thorndike는 환경적 조작의 영향을 보여주기 위해 Pavlov의 연구를 확장하여 도구적 조건형성(instrumental conditioning)으로 불리는 학습이론을 제창하였다. '도구적'이라는 명칭은 문제상자에서 학습된 '고리를 당기는 행위'가 상자 밖으로 나오거나 먹이를 취하기 위한 '도구(수단)'가 된다는 의미에서 붙여진 말이다. '문제상자(problem box)'를 이용한 Thorndike의 실험은 다음과 같다.

먼저 고양이를 문제상자 안에 넣고 고양이가 볼 수는 있지만 발이 닿지 않는 곳에 먹이를 두었다. 문제상자의 문을 여는 방법은 발판을 누르거나 고리를 당기면 된다. 처음 배가 고픈 상태에서 문제상자에 들어간 고양이는 틈새를 비집고 나가려고 하거나 틈으로 발을 내밀거나 상자를 발톱으로 긁거나 물어뜯었다. 그러던 중 우연히 고리를 당기거나 혹은 발판을 눌러서 탈출하게 되면, 그 고양이는 약간의 먹이를 보상받고 다시 상자 안에 갇히게 된다. 또 다시 문이 열리는 것과는 무관한 행동을 하게 되지만 이런 시행이 반복됨에 따라 무관한 동작은 줄어들게 되고 마침내 문제상자에 넣자마자 고양이는 곧바로 발판을 누르거나 고리를 당겨서 밖으로 나오게 된다. 처음에는 우연히 탈출하던 것이 시행이 반복됨에 따라 탈출 소요시간이 점점 단축되어, 상자에 넣자마자 탈출하는 것을 학습하게 된다.

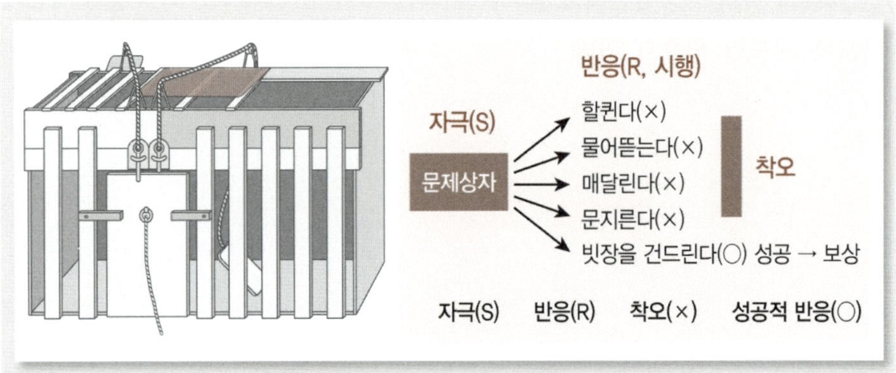

그림 8-2 Thorndike의 문제상자

출처 : 오윤선(2017).

Thorndike는 시행횟수가 증가됨에 따라 탈출시간이 짧아졌기 때문에 이러한 과정을 시행착오(trial and error)에 의한 학습이라고 하였다.

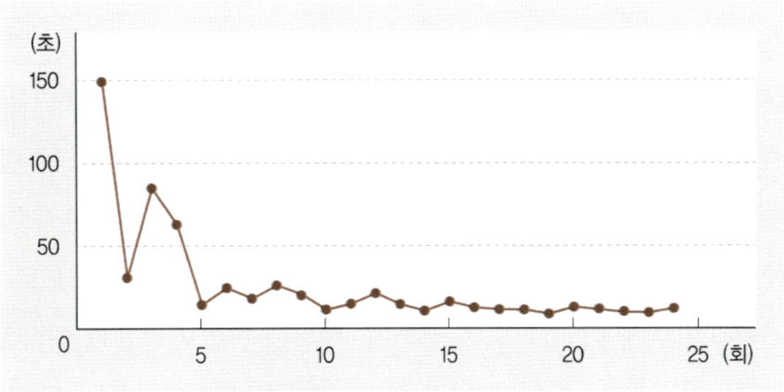

그림 8-3 고양이의 학습곡선

출처 : 김제한(1999).

2) 시행착오학습의 원리

Thorndike는 이와 같은 실험을 통하여 몇 가지의 학습 법칙을 도출하였다. 그러나 그의 초기의 저서(The Original Nature of Man, 1913)에 발표된 이 법칙들은 적지 않은 비판을 받았고, 자신도 추가적인 실험을 통하여 어느 정도의 오류가 있는 것을 알게 되어 1930년 이후에 그 법칙들을 부분적으로 수정하였다.

(1) 연습의 법칙

연습의 법칙(law of exercise)은 빈도의 법칙 또는 사용의 법칙으로도 불린다. 연습이나 시행이 거듭될수록 정확한 반응은 많아지고 부정확한 반응은 적어진다. 즉, 문제해결을 위한 반응을 빈번히 사용하기 때문에 자극과 반응 간의 결합이 강화된다는 것이다. 그러므로 학습이 잘 되게 하기 위해서는 반복연습이 필요한 것이다. 군대의 훈련이 바로 이러한 반복연습을 통한 강화를 유발시키고 효과를 보려는 단순한 패턴을 취하고 있다. 그러나 Thorndike는 1930년 New Haven에서 개최된 세계 심리학회에서 연습의 법칙을 수정하였다. 즉, 단순한 반복학습이 연습을 증대시키는 것이 아니라 보상과 같은 효과요인이 제공되면 연습횟수가 줄어들더라도 학습은 훨씬 증대될 수 있다고 보았다.

(2) 효과의 법칙

효과의 법칙(law of effect)은 어떤 반응의 강도가 과거에 그 행동이 초래했던 결과(효과)에 따라 좌우된다는 것이다. 즉, 행위가 만족할 만한 환경변화로 이어지면 그 행위가 비슷한 상황에서 반복될 가능성이 증가하지만, 불만족스러운 환경의 변화가 뒤따르면 행동이 반복될 가능성이 줄어든다. 즉, 어떠한 반응이든지 하나의 결과를 수반하기 마련이지만 그것이 얼마나 만족스러운 것이냐 또는 불만족스러운 것이냐에 따라 학습이 결정된다. 따라서 만족스러운 상태나 불만족스러운 상태가 크면 클수록 그 결합은 강화되는 방향으로 혹은 약화되는 방향으로 증대한다. 그러나 1930년 이후에 이 법칙도 수정하여, 인간행동이 만족감과 쾌락에 의해 학습되는 것만은 아니며, 처벌이나 비판 등의 불만족 요인에 의해서도 간접적으로 학습이 강화된다고 하였다.

(3) 준비성의 법칙

준비성의 법칙은 학습자가 학습할 준비, 목표지향적인 행동을 할 준비가 되어 있을 때 학습이 만족스럽게 이루어질 수 있다고 보는 것이다. 학습자가 학습할 준비가 되어 있을 때 학습한다면 효과를 얻을 수 있고, 반대로 학습할 준비가 되어 있지 않을 때 학습한다면 학습의 효과를 얻을 수 없다는 것이다. 만약에 고양이가 피곤해서 움직이기 싫어한다면 페달을 밟는 행동이 나타나지 않았을지도 모른다. 이러한 준비성의 법칙은 오늘날 성숙의 개념과 함께, 특히 조기교육에 많은 시사를 주고 있다.

3) 시행착오학습의 교육적 시사점

Thorndike의 시행착오학습의 교육적 시사점은 다음과 같다. 정확한 반응을 할 때 보상을 주면 학습이 촉진되므로, 학교에서 교사는 학생들에게 다양한 반응을 할 기회를 준 다음 정확한 반응을 하면 보상을 주라는 것을 시사한다. 상이나 벌의 종류와 강도에 따라 효과가 다르지만 많은 연구의 결과 벌보다는 상이 효과적이라는 사실을 인식할 필요가 있다.

또한 새로운 장면에서 반응을 하는 데는 자세 혹은 태도가 영향을 미친다. 이것은 교사가 학습에 대한 학생들의 자세나 태도를 확인하는 것이 중요함을 시사한다(권태훈, 2006).

4. Skinner의 조작적 조건형성

Thorndike에 의해 시작된 도구적 조건형성이론은 Skinner에 의해서 더욱 발전되었다. 스키너는 인간의 행동은 고전적 조건형성에서 설명하고 있듯이 수동적이고 기계적인 반응행동만 있는 것이 아니라, 유기체 스스로 행동을 일으키고 환경을 통제하며 그것에 의해 통제받는 의지적이고 자발적인 조작행동이 더 많다고 보았다. 즉, 조작적 조건형성(operant conditioning)은 조작반응을 조건형성시키기 위한 절차를 의미하는데, 여기서 조작(operant)이란 환경에 영향을 미치기 위해 스스로 방출한 반응을 말한다.

1) Skinner의 실험

조작적 조건형성은 그림 8-4와 같이 Skinner가 조건화 연구를 위해 고안한 창의적인 장치인 'Skinner 상자'를 통해 실험되고 증명되었다.

Skinner 상자 속에는 위에 작은 전구가 달려 있고 지렛대와 먹이통이 있다. 지렛대를 누르면 먹이접시에 먹이가 떨어지도록 고안되어 있는 이 상자 안에 Skinner는 쥐를 넣어 두었다. 처음에 쥐는 이리저리 돌아다니며 왼쪽으로 돌다가 오른쪽으로 돌기도 하고 벽에 부딪히는 등의 스스로 선택한 조작적 행동을 보인다. 그러다 쥐가 우연히 지렛대를 누르게 되고 먹이가 접시에 떨어지는 것을 보게 된다. 쥐는 지렛대를 누르는 것과 먹이가 떨어지는 것 사이의 연관성을 학습하게 되어 반복적으로 지렛대를 누르게 되고 조작적 조건화가 형성이 된다.

Skinner는 동물의 이런 반응들은 그것이 환경에 어떤 조작을 가하는 것이라는 의미에서 조작행동(operant behavior)이라고 불렀다. 이렇게 유기체가 환경을 조작함으로써 학습이 일어나는 것이기 때문에 조작적 조건형성이라고 한다.

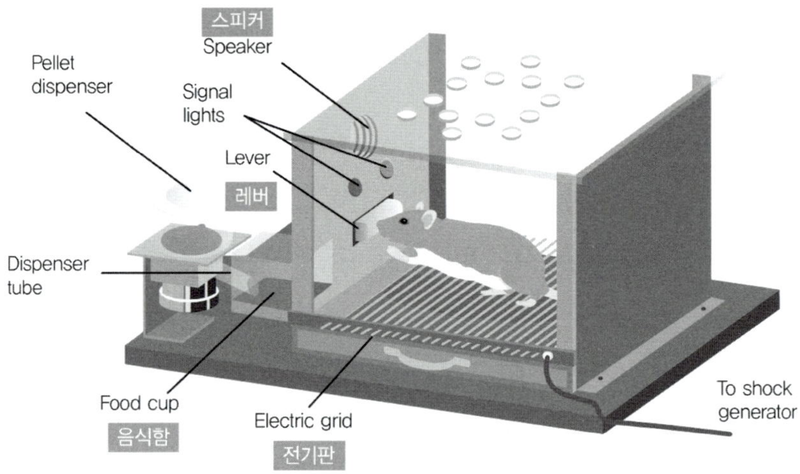

그림 8-4 Skinner 상자

반응		자극
쥐가 지렛대를 누른다(R)	➡	음식물(S)
학생이 열심히 공부를 한다(R)	➡	장학금(S)

그림 8-5 조작적 조건형성의 원리

Skinner는 Pavlov의 고전적 조건형성을 S형 조건화라고 하고, 자신의 조작적 조건화를 R형 조건화라고 하였다. 여기서 S형 조건화라고 하는 것은 조건자극과 무조건자극이 근접되어 있어서 직접자극의 결합이 이루어지기 때문이며, R형 조건화는 강화(reinforcement)의 원리가 지배적이기 때문이다. 고전적 조건형성과 조작적 조건형성의 구체적인 차이점은 다음과 같다.

표 8-3 고전적 조건형성과 조작적 조건형성의 비교

	고전적 조건형성	조작적 조건형성
자극-반응	• S-R : 자극이 반응 앞에 온다.	• R-S : 반응이 보상 앞에 온다.
학습자의 행동	• 비자발적(수동적)-반응적 행동	• 자발적(능동적)-작동적 행동
교실 적용 사례	• 교사가 입에 손을 갖다 대면→학생들이 조용해진다.	• 학생들이 조용히 했을 때→교사가 칭찬한다.→학생들은 다음에 조용히 할 가능성이 증가한다.
공통점	• 보상, 자발적 회복, 일반화, 변별의 현상을 공통적으로 갖는다.	

2) 조작적 조건형성의 주요 개념

Skinner는 언어, 쓰기, 읽기, 친구 사귀기 등과 같은 복잡한 행동이나 습관 등은 조작적 조건형성에 의해 학습된다고 주장하며 자극보다는 행동으로 인한 결과, 즉 어떤 행동을 보인 이후에 나타나는 산물에 관심을 둔다. 예를 들면, 수업시간에 집중하지 못하고 산만하던 학생이 어느 날 수업에 열심히 집중하게 될 때 교사가 칭찬(정적 강화)을 하게 되면 영향을 받는다. 그러므로 조작적 조건형성의 기본원리는 행동과 강화 간의 연합이다(문은식 외, 2015).

(1) 강화

강화(reinforcement)란 어떤 반응이 일어나는 것을 조건부로 하여 강화자극을 제공함으로써 그 반응이 다시 나타날 가능성을 높이는 조작을 말하며, 자극제공과 제거에 따라서 정적강화(positive reinforcement)와 부적강화(negative reinforcement)로 구분된다.

① 정적강화

쾌자극의 제공으로 유기체를 강화시키는 것을 말한다. 즉, 어떤 자극이 가해져서 이 조작의 결과로 반응의 빈도가 증가한다면 이를 '정적 강화'라고 말할 수 있다. 교사가 학생들의 발표를 유도하기 위해 발표를 할 때마다 칭찬을 하거나 사탕을 하나씩 주는 것은 정적강화의 예가 된다.

② **부적강화**

혐오자극의 제거로 유기체를 강화시키는 것을 말한다. 즉, 어떤 반응이 조건부로 제거되었을 때 반응을 강화하는 모든 자극을 일컫는다. 예를 들어, 수업시간에 집중을 잘하는 학생들에게 화장실 청소당번을 면제해 주는 것이다. 화장실 청소라는 혐오자극을 제거함으로써 수업에 열심히 참여하는 행동을 증가시키게 된다.

한편, 부적강화는 특정한 행동을 약화시키거나 감소시키기 위해 처벌인(punisher)을 사용하는 과정인 처벌(punishment)과는 구별된다. 처벌의 유형은 정적처벌과 부적처벌로 구분된다. 정적처벌은 행동 후 혐오자극을 제시하여 행동을 감소시키는 방법이다. 지각하는 학생에게 꾸중하거나 체벌하는 것이 여기에 속한다. 부적처벌은 바람직하지 않은 행동을 할 때 좋아하는 것을 제거하거나 특권을 박탈하는 방법이다. 예를 들면, 숙제를 하지 않은 아이에게 좋아하는 게임기를 뺏는 것이다. 처벌의 목적은 바람직하지 않은 행동을 못하도록 유도하는 데 있다. 하지만 무기력한 불안, 행동의 제한, 반사회적 행동은 처벌이 갖는 부정적 산물의 일면이다. 불유쾌한 통제로 생기는 위협은 그들이 처음에 처벌받은 행동보다 더 심한 부정적 행동의 발달을 조장할지도 모른다. 즉, 긍정적인 기대와는 달리 처벌이 바람직한 행동을 유도하는 데 분명히 한계가 있음을 주지할 필요가 있다.

		강화(reinforcement)	처벌(punishment)
	결과 / 과정	반응 혹은 행동의 증가	반응 혹은 행동의 감소
정적 (positive)	제공	**정적 강화물:** 음식, 고깃덩어리, 칭찬, 상, 안아주기 등	**정적 처벌물:** 전기쇼크, 신체적 고통, 야단치기 등
부적 (negative)	제거	**부적 강화물:** 고통스러운 결과를 줄 수 있는 것을 없애 줌	**부적 처벌물:** 기쁨이나 만족을 주는 것을 제거시킴

그림 8-6 강화와 처벌의 차이

출처 : 노안영·강영신(2002).

(2) 강화물

강화물(reinforce)은 조작적 행동의 발생가능성을 증가시키는 자극을 의미하며 강화인(强化因)이라고 부르기도 한다. 강화물은 일차적 강화물과 이차적 강화물로 분류될 수 있다. 일차적 강화물(primary reinforce)은 음식, 물, 산소, 포옹 등 그 자체로서 생리적 욕구를 만족시켜주는 것을 의미한다. 이차적 강화물(secondary reinforce)은 그 자체로 강화능력을 갖고 있지 않는 중립자극이 일차적 강화물과 결합하여 강화속성을 갖게 되는 것을 의미한다.

교사가 자주 사용하는 이차적 강화물에는 학생들의 행동을 수정하거나 학습효과를 향상시키기 위해 사용하는 토큰강화가 있다. 토큰은 그 자체로는 의미가 없지만 가치 있는 다른 것들과 교환할 수 있다. 스탬프, 별표, 스티커, 동네 슈퍼마켓에서 일정금액 매상마다 주는 쿠폰 등이 해당된다. 이 방법은 전형적인 계약의 형태를 띠는데, 학생들은 바람직한 행동 수행에 대한 보상으로 토큰을 받고 일정 수만큼 토큰을 모은 후에 자신들이 원하는 물건으로 교환하거나 살 수 있다. 이차적 강화물로서 가장 대표적인 것이 돈이다. 돈은 여러 종류의 일차적 강화물과 교환할 수 있기 때문에 일반화된 강화물이라고 부르기도 한다.

(3) 강화계획

강화계획(reinforce schedule)이란 바람직한 행동을 보였을 때 주어지는 강화물의 적절한 시기와 방법에 대한 일종의 원칙을 의미한다. 행동에 영향을 미치는 강화효과는 다양한 요인들에 달려 있지만 가장 중요한 것 중의 하나가 강화계획이라 할 수 있으며, 어떻게 강화를 주는가에 따라서 행동이 학습되는 속도와 패턴 그리고 지속성이 달라질 수 있다. 강화계획의 종류는 크게 연속적 강화계획과 간헐적 강화계획으로 분류된다.

연속적 강화계획(continuous reinforce schedule)은 반응이 일어날 때마다 그 반응이 강화되는 상황을 의미한다. 어떤 반응을 학습시키는데 가장 빠른 방법이기는 하지만, 실제로 일상생활에서의 완전한 연속적 강화는 거의 어렵다. 간헐적 강화계획(partial reinforce schedule)은 행동이 일단 학습되면 불규칙적이거나 간헐적으로 긍정적 강화를 사용하면서 행동을 유지시키는 것을 의미한다. 간헐적 강화계획은 경과한 시간의 양(간격계획 : interval schedule)이나 반응이 출현한 횟수(비율

계획 : ratio schedule)에 따라 다음의 네 가지 유형으로 구분된다.

첫째, 고정간격계획(fixed interval schedule : FI)은 일정한 시간 간격 후의 반응을 강화하는 것을 의미한다. Skinner상자에 있는 쥐에게 10분마다 보상이 주어지면 다음 보상의 시간을 예측하게 되어 강화가 주어진 바로 직후에는 반응을 하지 않고 기다리는 모습을 보이게 된다. 학교현장에서의 예를 들면 중간고사, 기말고사가 고정간격 계획에 해당된다.

둘째, 변동간격계획(variable interval schedule : VI)은 강화가 주어지는 시간간격의 평균은 일정하나, 강화가 주어지는 시간간격이 매번 다른 것을 의미한다. 예를 들면, 수업시간에 예고 없이 쪽지시험을 보는 것이 해당된다. 한 학기에 평균 1개월에 1회의 쪽지시험을 본다고 했을 때, 4개월인 경우 4회의 쪽지시험을 보면 되는데, 언제 볼지는 모르기 때문에 꾸준히 공부를 하게 되는 효과가 있다.

셋째, 고정비율계획(fixed ratio schedule : FR)은 일정한 수의 반응을 한 뒤 강화를 주는 것을 의미한다. 예로 강화계획을 5로 잡았다면 올바른 행동을 5번 시행하고 나면 강화를 주는 것이다. 보다 많은 강화를 받기 위해서는 짧은 시간에 많은 반응을 하는 것이 유리하기 때문에 이 강화계획에서는 높은 반응률이 나타난다. 예를 들어, 교사가 “앞으로 30분 동안, 수학문제 30문제를 풀면, 15분의 휴식시간을 주겠다(간격 강화계획)”라고 말하는 대신, “수학문제 10문제를 풀면, 15분의 휴식시간을 주겠다(비율강화계획)”라고 말할 때, 학생들은 더 높은 수준의 수행을 보일 것이다.

넷째, 변동비율계획(variable ratio schedule : VR)은 일정한 수의 반응을 한 뒤에 강화가 주어지는 것은 확실하지만 강화를 받기 위한 행동의 기준횟수가 일정하지 않은 것을 말한다. 따라서 언제 강화를 받을지 모르기 때문에 반응을 많이 해야 하고, 꾸준히 해야 한다. 이 강화계획의 대표적인 예가 슬롯머신, 도박 등이며, 가장 높고 꾸준한 반응률을 보이며 쉽게 소거되지 않는다. 초등교실에 적용해 보면, 40명의 학생 중에 30명의 학생이 교사의 질문에 답하기 위해 열심히 손을 든다고 가정했을 때, 평균적으로 한 명의 아이가 지명될 확률은 1/30이지만, 그 확률은 매 질문마다 아주 다양해진다. 이렇게 변동비율에 의해 강화받기 때문에 자발적으로 대답하고 싶은 학생은 더 열심히 계속 손을 들게 된다.

표 8-4 강화계획

<table>
<tr><td rowspan="5">강화계획</td><td colspan="4">연속적 강화 : 모든 행동에 대해 강화를 받는 계획</td></tr>
<tr><td rowspan="4">간헐적 강화 : 행동의 일부분에 대해 강화를 받는 계획</td><td rowspan="2">간격계획 : 시간에 따라</td><td>고정간격 계획</td><td>• 일정한 시간간격 후 강화
예) 수학문제를 풀 때, 5분에 한 번씩 고정적으로 강화를 준다.</td></tr>
<tr><td>변동간격 계획</td><td>• 변동된 시간간격 후 강화
예) 수학문제를 풀 때, 5분 안에 아무 때나 한 번의 강화를 준다.</td></tr>
<tr><td rowspan="2">비율계획 : 반응횟수에 따라</td><td>고정비율 계획</td><td>• 일정한 반응횟수 후 강화
예) 학생이 10문제를 풀 때마다, 한 번의 강화를 준다.</td></tr>
<tr><td>변동비율 계획</td><td>• 변동된 반응횟수 후 강화
예) 학생이 2문제를 풀면 한 번, 3문제를 풀면 또 한 번, 이런 식으로 강화를 준다.</td></tr>
</table>

(4) Premack 원리

Premack 원리는 학습자에게 다양한 활동을 할 기회를 주고 관찰하여 각 행동의 발생빈도를 파악해서 낮은 빈도의 행동(선호하지 않는 행동)을 높은 빈도의 행동(선호하는 행동)에 연결시켜 낮은 빈도의 행동을 하도록 만드는 것이다(Premack, 1965). Premack이 만든 원리로서 '할머니의 법칙'이라고도 불린다. 서양에서 야채를 싫어하고, 소시지 반찬만을 좋아하는 손자에게 할머니가 야채를 먼저 먹은 후에 소시지를 먹을 수 있다고 식탁에서 한 훈육에서 비롯되었다(서미옥, 2015).

이와 같은 Premack 원리가 효과적이기 위해서는 낮은 빈도의 행동이 먼저 일어나야 하는데, 즉 교사가 학생들이 좋아하지 않는 활동을 성공적으로 끝내면, 좋아하는 활동들을 하도록 하는 것이다. 예를 들면, 컴퓨터게임을 좋아하는 아이에게 일정한 양의 수학문제를 풀게 한 뒤에 컴퓨터게임을 하도록 허락하는 것이다. 이 경우에 컴퓨터게임을 하는 것은 숙제를 모두 끝내는 행동을 강화하기 위한 강화물로 작용할 수 있다. 그러나 컴퓨터게임을 먼저 한 뒤 수학문제를 풀게 하면 효과가 없다. Premack 원리의 강화물은 어떤 긍정적 행동을 한 뒤에 제공해야 효과를 얻을 수 있다.

3) 조작적 조건형성의 교육적 시사점

조작적 조건형성의 원리는 다음과 같은 바람직한 행동을 조성하는 데 사용될 수 있다.

첫째, Skinner는 조작적 조건형성의 원리를 교육적으로 응용할 수 있는 방법으로 교사의 도움을 적게 받으면서 학생 스스로 학습할 수 있다는 측면에서 프로그램 수업을 개발하고 교수기계의 사용을 주장하였다. 수업이 프로그램화되면 내용은 논리적 계열에 따라 소단위로 나누어져 제시되고, 각 부분마다 항상 학습자의 반응이 이루어지고 그 반응에 즉각적인 피드백이 주어진다. 이와 같은 프로그램 수업은 학습자가 자신의 능력과 속도에 맞추어 학습을 통제해 나갈 수 있기 때문에 학습의 개별화를 가능하게 하며, 학생의 능동적인 참여를 요구한다는 장점이 있다. 그러나 프로그램 자료를 개발하는 데는 상당한 시간과 노력이 교사에게 요구되며 학습자가 적극적으로 참여한다고 해도 주어진 프로그램 안에서만 진행되기 때문에 창의력을 증진시키기 어렵고 자기표현의 기회를 제한하게 되는 단점이 있다(신명희 외, 1999).

둘째, 조작적 조건형성의 원리는 적응적인 행동은 강화하고 부적응적인 행동은 소거시키면서 행동장애를 치료하는 행동수정에 활용될 수 있다. 그리고 자기통제적인 방향에서 행동을 변화시키는 데에도 유용한데, 즉 잘 적응된 사람들의 행동을 변화시키는 데에도 활용될 수 있다. 예를 들어, 흡연이나 과식과 같은 나쁜 습관을 제거하는 데 조건형성의 기법을 활용하는 것처럼 사람들이 자기가 설정한 목표에 도달하는 것을 도울 수도 있다.

5. Bandura의 사회학습이론

사회학습이론의 대표적인 이론가인 Bandura의 이론은 행동주의적 관점과 인지론적 관점이 가미된 복합적인 의미를 지니고 있다. 학습은 직접 경험을 통해 이루어지기도 하지만 거의 모든 학습현상은 타인의 행동과 그 결과를 관찰함으로써 대리적으로 일어날 수 있다고 보았기 때문에 그의 학습이론을 모방 혹은 모델학습, 사회학습이론, 관찰학습으로 칭한다.

관찰학습은 다른 사람의 행동을 관찰하고서 따라할 것인가 말 것인가를 스스로 판단하는 과정이 포함되는데, 이 판단의 요소가 관찰학습이 갖는 인지적 요소이다. 즉, 조작적 조건형성의 원리를 이용해서 모방(modeling)을 통한 인간의 사회학습을 설명하면서도 상징화나 기대와 같은 인지과정의 중요성을 인정하고 있다는 점에서 행동주의에서 인지주의로 넘어가는 과도기적 이론으로 평가받고 있다.

Bandura는 'Bobo 인형의 공격성 비디오'를 통한 연구로 학습과 실행 간의 구분을 잘 밝혀냈다. 이 실험에서 그는 4세 아동에게 커다란 보보인형을 때리고 차는 모델이 등장하는 비디오를 보게 하게 하였다. 첫 번째 집단은 공격성에 강화를 받은 모델을 보았고, 두 번째 집단은 공격적 행동을 처벌받는 모델을 보았다. 세 번째 집단은 공격성 때문에 처벌이나 강화를 받지 않는 중립적인 모델을 보았다. 비디오를 본 후, 세 집단의 아동 전원에게 인형을 주고, 공격성을 측정하였다. 그 결과, 공격성을 강화 받은 모델의 비디오를 본 아동이 가장 공격적이었으며, 공격적 행동을 처벌받는 모델의 영화를 본 아동의 공격성이 가장 덜 하였고, 중립적 모델에 노출된 아동의 공격성은 중간 정도였다. Bandura는 이 실험을 통해서 인간의 학습과정은 직접적인 강화에 의한 경험을 통하여 학습되는 행동도 있지만, 타인의 행동을 관찰하고, 이것을 모방함으로써 새로운 행동이 학습된다고 하였다. 또한 자신의 행동에 대해서 직접적인 강화를 받지 않더라도, 다른 아동이 보상이나 벌을 받는 것을 관찰함으로써 간접적으로 강화받기 때문에 학습이 이루어지는 것이라 설명한다. 그래서 관찰학습을 대리학습(vicarious learning)이라고도 한다.

그림 8-7 모방학습 실험

출처 : Bandura & Walters(1963).

1) 관찰학습의 과정

Bandura(1977)의 관찰학습은 다음과 같이 주의집중단계, 파지단계, 재생단계, 동기화단계로 이루어진다.

(1) 주의집중(attention)단계

관찰학습이 일어나려면 우선 모델의 행동에 주의를 기울여야 한다. 관찰의 기회도 있어야 하지만, 모델의 특성도 중요하다. 우리는 무수한 사람들과 마주치지만 그 중 소수에게만 그리고 그들의 일부 행동에만 주목한다. 성별과 나이가 비슷한 사람, 좋아하는 사람, 사회적 지위가 높거나 인기 있는 사람이 더 많은 주의를 끈다. 이 때문에 많은 학생들이 유명 연예인의 옷, 머리 모양, 액세서리 등에 관심을 갖고 선호하며 쉽게 따라 하는 것이다.

(2) 파지(retention)단계

관찰한 것은 기억되어야 한다. 이를 위해 우리는 심상(image)을 형성하거나 말로 저장한다(상징화). 친구가 교수나 친구 앞에서 당당하게 자기 의견을 말하는 모습을 녹화한 것처럼 심상으로 간직할 수 있고, 언어화해서 기억할 수도 있다.

(3) 재생(production)단계

재생단계는 기억한 것을 행동으로 옮기는 단계이다. 심상이나 언어적 상징화가 아무리 생생하고 정확해도 그 행동이 복잡하고 고도의 기술이 필요하면 재생에 많은 시간과 노력이 들어간다. 관찰된 행동의 재생은 연습과 절차, 맞는 행동과 틀린 행동에 대한 피드백을 받을 기회를 학습자에게 제공하면 피드백이 없을 때보다 훨씬 도움이 된다.

(4) 동기화(motivation)단계

모델의 행동을 습득하고, 기억하고, 능숙하게 수행할 수 있는 능력을 가지고 있어도 그 행동이 바람직하게 받아들여지지 않는다면 그것은 행동으로 수행되지 않는다. 따라서 동기화란 연습한 행동을 표출하도록 동기를 형성하는 단계이다. 관찰자가 실제 행동으로 실현하고 싶은 동기는 모델행동의 결과가 어떤 것이었느냐에 따라 달라진다.

대부분의 관찰학습은 모델이 하는 것을 모방하면 강화 받을 수 있다는 기대에 의해 동기화되지만, 다른 사람들이 어떤 행동을 한 것에 대해 강화를 받는지 혹은 벌을 받는지를 봄으로써 학습한다는 것에 유의하는 것도 중요하다. Bandura는 이와 같은 강화를 직접강화, 대리강화, 그리고 자기강화로 구분하였다(문은식 외, 2007).

- 직접강화(direct reinforcement) : 학습자가 모델의 행동을 모방하고 이에 직접적으로 강화를 받는 것이다.
- 대리강화(vicarious reinforcement) : 모델이 행동을 하고 강화 받는 것을 관찰하고 그 행동을 하는 것이다. 즉, 타인이 강화 받는 것을 관찰함으로써 자신의 행동도 강화된다는 것이다. 예컨대, 같은 학급 친구가 숙제를 완벽하게 해 와서 선생님께 칭찬 받는 것을 본 학생은 이후 열심히 하여 다음 시간 선생님의 칭찬을 받기 위해 노력한다.
- 자기강화(self-reinforcement) : 스스로 자기행동을 강화하는 것으로, 다른 사람의 보상에 의존하지 않고 자신의 목표수준에 도달하고자 노력하는 것이다. 예컨대, 고등학생이 워드프로세서를 잘하는 같은 반 친구처럼 뛰어난 워드 프로세서 실력을 보여주고자 하는 내적인 욕구 때문에 열심히 노력하는 것이다.

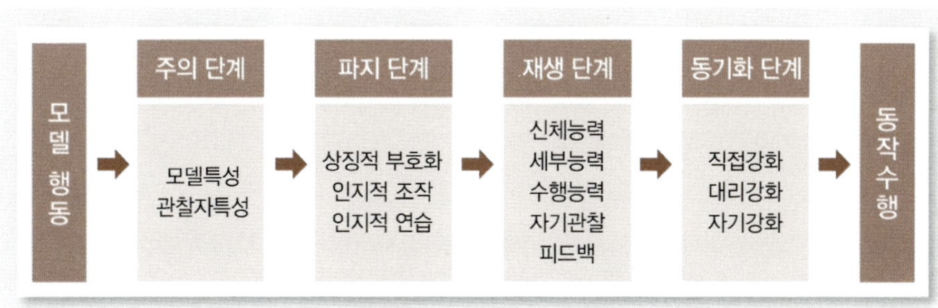

그림 8-8 관찰학습의 과정

출처 : 권대훈(2016).

2) 사회학습이론의 교육적 시사점

사회학습이론은 인지과정의 강조, 심리치료 및 교육실제의 적용을 통해 학습이론에 대한 새로운 접근을 시도하고 있다. 사회학습이론의 관점에서 볼 때 학습은 직접적인 경험뿐만 아니라 관찰을 통해서 이루어질 수 있다고 보기 때문에 학습에 있어서 모델의 역할은 그 어느 요인보다도 중요한 의미로 간주된다. 따라서 실제 교육장면에서 교사는 중요한 모델변인으로 작용할 수 있으므로 모범적인 모델이 되어 학생이 그것을 내면화함으로써 자기 평가기준으로 이용하게 해 주어야 한다. 그리고 학생들이 적정수준의 목표를 스스로 설정할 수 있도록 도와주는 것이 필요하다(송인섭 외, 2006).

관찰학습의 기본적인 네 가지 과정인 주의집중, 파지, 재생 그리고 동기화를 이용한다면 학생들의 바람직한 행동을 신장시킬 수 있다. 만약 교사가 어떤 학습능력과 학습과정을 수행하기 위한 정확한 방법을 설명할 경우, 수업에서 먼저 학생들의 주의를 집중시켜야 한다. 이때 교사가 어떤 내용을 수업할 것인지에 대해 설명한 후에 파지를 조성하기 위한 새로운 능력을 교실의 모든 학생들이 충분히 기르도록 해야 한다. 예를 들어, 복잡한 능력의 경우에는 자신의 방식대로 활동하기 전에 단계에 따라 이루어지도록 해야만 한다. 그리고 모든 학생들이 피드백을 받고, 교사의 행동을 흉내 낸 후에 즉시 강화가 주어지고 만족감을 느끼도록 계획을 세워야 한다.

Chapter

09

인지주의 학습이론

인지주의 학습이론은 인간을 외부에서 주어지는 정보를 선택·저장·처리하며, 계획을 세우며 의사를 결정할 수 있는 존재라고 보며, 이러한 인간의 정보처리과정을 설명하려는 이론이다. 인지심리학자들은 행동주의자들과는 달리 학습을 외적 행동의 변화가 아닌 내적인 정신현상으로 보며, 이들이 관심을 가지는 것은 사람들이 어떻게 사고하고, 경험을 해석하고, 경험들로부터 무엇을 배우는가에 있다.

학습에 대한 인지적 접근은 사고의 변화에 초점을 둔 이론으로 학습하는 동안 정보를 처리하고 표상하는 것의 기저가 되는 정신세계를 강조한다(오윤선, 2017). 따라서 인지학습의 주요원리는 첫째, 학습자는 능동적인 존재라는 것이다. 행동주의 관점에서 학습자는 환경에 반응하는 수동적인 존재이지만 인지주의 관점에서 학습자는 새로운 정보를 적극적으로 받아들이며 능동적으로 지식을 구성하는 존재로 본다. 둘째, 학습자는 자신의 다양한 경험을 토대로 다양한 학습성과를 나타낸다. 행동주의자들은 백지설의 인간관을 가지고 있었기 때문에 인지과정을 중요시하지 않지만 인지주의 관점에서 학습자는 자신의 다양한 경험을 토대로 다양한 학습성과를 나타낸다고 하였다. 셋째, 학습은 행동 잠재력을 포함한다. 행동주의는 학습을 직접경험에 근거한 행동의 변화로 정의하였다면 인지주의에서 학습은 직접 경험을 뛰어넘는 행동 변화 그리고 잠재력의 변화로 정의하였다. 즉 변화의 과정이 내면적으로 이루어진다는 것이다. Tolman의 잠재적 학습이론은 이 같은 인지적 관점에 많은 사람들이 관심을 갖도록 하는데 영향을 주었다.

1. Tolman의 잠재적 학습이론

Tolman은 Watson의 행동주의에 실망을 느껴 행동주의 이론에 인지적인 아이디어를 통합하는 입장을 취하게 되었다. 그가 주장하는 목적적 행동주의는 객관적인 행동을 연구대상으로 한다는 점에서는 행동주의적 측면을 지니고 있으나, 행동의 목적지향성을 강조한다는 측면에서는 인지이론적 측면을 지니고 있다.

Tolman의 아이디어는 Honzik(1930)와 함께 수행한 잠재적 학습(latent learning)에 관한 실험을 통해 잘 이해할 수 있다. 잠재적 학습이란 학습은 되었으나 수행으로 전환되지 않은 학습이라고 할 수 있다. Tolman과 Honzik(1930)은 미로를 만들어 쥐들로 하여금 출구를 찾아 가도록 하는 실험을 통해 잠재학습 현상을 발견하였다. 그들은 세 집단의 쥐들을 미로에 넣고 출발점에서 시작하여 목표상자에 이르는 길을 찾아가도록 하였다. 그 중 첫 번째 집단의 쥐들은 정확하게 달려 목표상자에 도달해도 보상을 제공하지 않았다. 두 번째 집단의 쥐들에게는 목표상자에 도달할 때마다 항상 먹이를 보상으로 제공하였으며, 세 번째 집단의 쥐들에게는 실험 시작 후 11일째 되는 날부터 목표상자에 도달했을 때 보상을 제공해 주었다. Tolman이 가장 관심을 가졌던 것은 세 번째 집단이다. Tolman의 잠재적 학습이론에 의하면, 세 번째 집단은 지금까지 정규적으로 보상을 받고 있던 집단만큼 미로를 잘 학습하고 있었을 것이며, 그렇기 때문에 11일째 되는 날 보상이 주어졌을 때는 계속 보상을 받아 왔던 두 번째 집단 수준만큼 수행을 잘할 것이라고 예측하였던 것이다. 이 실험의 결과는 그림 9-1과 같다.

그림 9-1의 잠재적 학습에 관한 실험결과를 토대로 하여 세 가지 사실을 시사받을 수 있다. 첫째, 결코 보상을 받지 않았던 집단에서도 연습이 진행됨에 따라 수행상에 약간의 향상이 있다. 둘째, 17일 간의 실험기간 동안 계속 보상을 받은 집단은 꾸준한 향상을 보였다. 셋째, 처음에 보상을 받지 않던 집단에게 11일째부

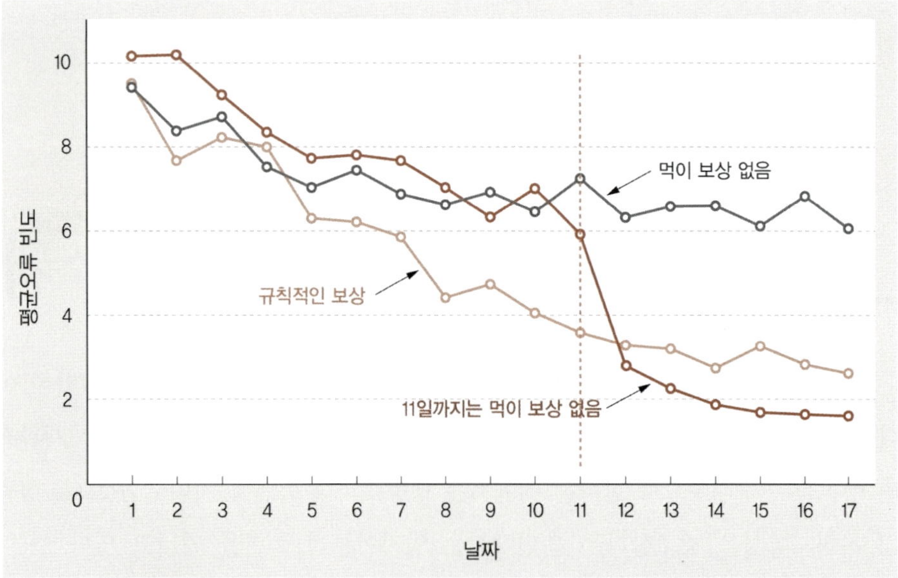

그림 9-1 Tolman과 Honzik의 잠재적 학습에 관한 실험결과

출처 : Tolman(1948).

터 보상을 주었을 때 이 집단의 수행이 크게 향상되었다. 이는 강화를 받지 않은 행동이라도 잠재학습의 형태로 남아 있어 다음 학습에 영향을 미친다는 것이다. Tolman은 이 결과가 보상이란 수행에 영향을 주는 변인이지 학습에 영향을 주는 변인은 아니라는 자신의 주장을 지지해 주는 것으로 간주하였다(김영채, 1992). 세 번째 집단 쥐들의 머릿속에 미로의 어떤 지점을 통과하면 어떤 장소에 도달하고 그 이후에 강화가 주어지는지 그렇지 않은지에 관한 지도가 그려지는데, Tolman은 이를 인지도(cognitive map)라고 하였다.

Tolman(1948)에 따르면, 유기체는 자신이 환경에 대한 인지도를 구성함으로써 학습한다. 학습할 때 유기체는 가설을 설정하고, 상관관계를 보고 난 뒤에 인지도를 구성하고, 그에 따라 적절히 반응한다는 것이다. 학습에서의 인지도에 대한 아이디어는 행동주의에서 주장하는 자극과 반응 간의 결합으로는 설명하기 어려운 개념이라 할 수 있으며, 이 같은 유기체의 유목적적 행동, 전체적인 형태의 지각을 통한 학습, 환경에 대한 인지도의 구성과 같은 요소들은 본격적인 인지주의적 이론가들이 등장하는 데 많은 공헌을 하였다(임정훈 외, 2016).

2. 형태주의 심리학

1900년대 초에 독일에서 등장한 형태주의 심리학(gestalt psychology)은 지각에 미치는 인간의 의식작용에 관심을 가졌다. 이들은 인간의 지각을 원자론적 요소들의 연합이 아니라 지각하게 되는 모든 것들의 관계 속에서 전체적이고 상대적인 것으로 보았다(정명화 · 이로미, 2015).

독일어의 '게스탈트(Gestalt)'는 '형태'를 의미하는데, 여기서의 형태는 통일되어 있는 전체이며 부분으로 나눌 수 없는 어떤 형태를 의미한다. 부분 부분으로 나누어진 즉시적인 경험보다 하나의 전체로서의 의식적이고 주관적인 경험인 지각된 사고들에 더 큰 비중을 두기 때문에 형태주의 심리학자들은 자극의 능동적 처리자로서의 정신 과정이나 구조를 인정하였다.

그림 9-2 루빈의 화병(Rubin's Vase)

그림 9–2처럼 전체라는 상황 또는 맥락에 의해서 그림에 대한 해석이 개인마다 달라진다. 이처럼 전체는 부분의 합 이상이라고 주장하는 형태주의 심리학에서는 인간의 지각에 관한 연구에 많은 관심을 두었다. 즉, 인간의 지각과정과 이 과정이 학습에 미치는 영향에 관심을 갖고 최초로 연구하였다. 형태주의 심리학에서 강조하는 지각의 원리들을 살펴보면 다음과 같다.

- 근접의 법칙(principle of proximity) : 어떤 사물을 지각할 때 멀리 떨어져 있는 것보다는 가까이에 있는 것들을 묶어 의미 있게 지각하려는 경향이 있다. 즉, 공간적으로 서로 가깝게 근접한 것들을 집단화하는 경향을 말한다.
- 유사성의 법칙(principle of similarity) : 형태, 규모, 색, 질감 등에 있어서 유사한 시각적 요소들이 집합적으로 지각되어 보여지는 현상이다. 즉, 유사한 요소들은 상이한 요소들과 등거리에 있을 때, 유사한 것끼리 뭉쳐져서 지각되는 경향이 있다.
- 계속성의 법칙(principle of continuity) : 유사한 배열이 하나의 묶음으로 시각적 이미지의 연속 장면처럼 보이는 현상이다. 이 원리는 연속의 법칙 또는 공통 방향성의 법칙이라고 불리는데, 즉 이미 진행되어 온 것과 같이 처음 시작한 것에 따라서 동일한 형태로 계속해서 연결해 가는 경향을 말한다.
- 폐쇄성의 법칙(principle of closure) : 독립된 부분 부분들이 서로 연결되어 있지 않아도 완전하게 연결되어 있는 형태로 지각하는 경향성을 말한다. 즉, 불완전하게 구성되어 있는 형태라 할지라도 지각할 때는 하나의 완전한 형태로 구성하여 지각하려는 경향을 뜻한다.
- 전경과 배경(figure-ground)의 법칙 : 어떤 장면을 볼 때 사람들은 보다 기

본적인 것으로 생각되는 곳에 주의를 집중하고 그것을 자세히 관찰하게 되며, 나머지 부분은 별로 중요하게 여기지 않게 된다. 즉, 지각하는 상이 나에게 익숙하고 명확한 경우 이를 전경(figure)으로 지각하고, 그 밖의 부분은 배경(ground)으로 지각하는 경향이 있다.

이와 같은 형태주의 심리학은 지각, 학습 및 기억 등의 인지적 활동은 고립된 부분들의 기계적 연합이 아니라, 부분들을 일정한 관계에 의하여 전체로 조직하는 과정을 통하여 이루어진다고 본다. 따라서 학습도 행동의 변화가 아니라 인지구조의 변화라고 정의한다(이성진 외, 2007). 형태주의의 대표적인 이론으로 Köhler의 통찰학습이론과 Lewin의 장이론을 들 수 있다(임정훈 외, 2016).

1) 통찰학습이론

통찰학습이론은 독일의 형태심리학자인 쾰러(W. Kőhler)가 형태심리학에 근거하여 주장한 학습이론이다. 그는 학습이란 맹목적인 시행착오의 결과이거나 자극과 반응의 연합이 아니라 환경의 자극 요소들을 유의미한 전체로 관련짓고 의미있는 인지구조를 형성하는 통찰에 의한 인지적 현상이라 주장하였으며, 자신의 주장을 입증하기 위해 침팬지를 대상으로 여러 가지 실험을 하였다.

쾰러는 술탄이라는 침팬지가 들어 있는 우리의 천장에 바나나를 높이 매달아 놓고, 나무막대와 상자들을 놓아두었다. 침팬지가 바나나를 따기 위해 아무리 손을 뻗어도 딸 수가 없게 되자, 침팬지는 잠시 멈추고 방 안을 살핀 후 상자를 쌓고 올라가서 바나나를 따거나, 짧은 막대기로 따다가 닿지 않는 것을 확인하고 긴 막대기를 이용해 바나나를 따는 데 성공하였다. Köhler에 의하면 침팬지는 어느 순간에 문제해결의 통찰(insight)을 얻어 주변상황의 관계성을 파악하게 되었다는 것이다. 다시 말해서 처음에 침팬지에게는 상자, 막대기, 바나나는 서로 관계가 없는 요소들이었으나 어느 순간 이들의 관계성을 파악하고 재구성함으로써 인지구조가 변하게 되었다.

한참동안 아무런 진전이 없다가 갑자기 문제가 해결되는 통찰학습에 대한 실험 결과를 통해 쾰러는 다음과 같은 결론을 내렸다. 첫째, 학습은 우연히 이루어지는 시행착오에 의해 일어나는 것이 다르다. 둘째, 학습이란 새로운 통찰이 발달하고 수정되어 가는 과정이다. 셋째, 통찰이란 목적을 추구해 가는 도중 유기체가 환경의 요소들을 이용하는 새로운 방식을 발견할 때 일어난다. 넷째, 학습이란 기존의 경험을 바탕으로 하여 새로운 통찰을 개발하거나 이해를 변화시켜가는 인지구조의 변환과정이다. 학습에 대한 이러한 관점은 행동주의에서 바라보는 관점과는 상이한 것이며, 문제를 하나의 전체로서 지각하는 의식현상을 중요시하는 형태주의 심리학적 입장을 나타내 주었다.

그림 9-3 Köhler의 통찰학습 실험

출처 : 홍대식 역(1984).

2) Lewin의 장이론(field theory)

Lewin(1942)은 인간의 행동을 개인과 환경의 함수관계로 설명한다. 그는 행동이란 개인이 경험하는 심리적 사실에 영향을 받으며, 심리적 사실은 개인의 전체적 상황으로서의 생활공간을 이룬다고 보았다. 이러한 생활공간은 개인의 심리적 사실이 변화하면 전체적으로 재배치되는 특성을 갖는다. 또한 행동의 원인은 계속하여 역동적으로 변화하는데, 이러한 현상을 Lewin은 심리적 장(psychological field)의 변화라는 개념으로 설명하였다. 즉, 인간 개개인에게는 물리적 공간의 개념과 대비되는 개인을 심리적으로 둘러싸고 있는 심리적 공간, 즉 장(場)이 존재하는데, 이 장은 개인이 외부 환경과 상호작용하면서 끊임없이 변화·발전해 나가게 되며, 인간 개개인에 따라 심리적 장은 다양한 양상을 띠게 된다. Lewin의 관점에 따르면 이같이 개인이 자신의 심리적 장을 지속적으로 수정·보완해가는 과정이 바로 학습이라는 것이다.

Lewin은 이러한 현상을 B = f(P • E)라는 공식으로 설명한다. B는 행동(behavior), f = 함수(function), P는 개인(person), E는 환경(enviorment)을 뜻하는데, 즉 행동이란 개인과 환경과의 상호작용의 함수라는 것이다. 여기서 말하는 행동이란 결국 인간의 학습 혹은 학습결과물을 지칭하는 것이고, 개인이란 학습자, 그리고 환경이란 외부에서 제공되는 혹은 학습자가 겪게 되는 학습조건이나 학습환경을 의미한다. 따라서 학습이란 학습자가 외부의 환경과 끊임없이 상호작용 활동을 수행하는 과정에서 발생하는 심리적 장의 변화과정이라는 것이다.

Lewin의 장이론은 다음과 같이 요약할 수 있다. 첫째, 학습이란 인간 개개인의 장이 재체제화되어가는 과정이다. 둘째, 학습이란 사고와 통찰에 의한 목적성 있는 지적 행동이다. 셋째, 학습이란 개인이 지각하는 외부의 환경과 개인의 내적·개인적·심리적 장의 관계에서 이루어지는 인지구조의 성립 혹은 변화과정이다(임정훈 외, 2016).

3. 정보처리이론

정보처리이론(information processing theory)은 정보와 관련된 인간의 내적처리과정을 컴퓨터의 정보처리과정에 비유하여, 인간이 어떻게 새로운 정보를 투입, 저장, 인출하는가를 설명하는 이론이다.

정보처리이론이 주로 관심을 갖는 영역이 학습과 기억인데, 학습과 기억에 관한 차이가 없어 학습에 관한 연구가 곧 기억에 관한 연구라고 할 수 있다. 이 이론이 인간의 정보와 관련하여 관심을 갖는 부분은 기억 속에 정보가 저장될 때 무슨 일이 일어나는가를 설명하는 것이다(김이영 외, 2014).

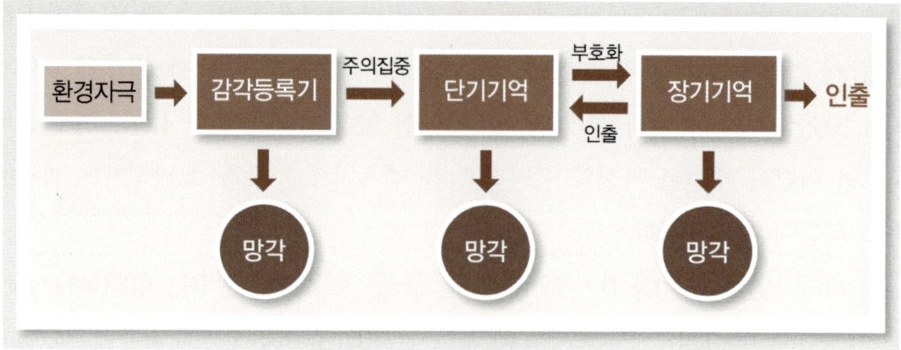

그림 9-4 정보처리과정 모형

출처 : 강유정 외(2018).

1) 정보저장소

정보저장소는 투입된 정보가 머무르는 장소를 의미하며, 정보의 저장에 이용되는 서류철이나 주소록 등으로 비유할 수 있다. 여기에는 감각등록기, 단기기억, 장기기억이 있다.

(1) 감각등록기

학습자가 환경으로부터 오감을 통해 정보를 최초로 저장하는 곳이다. 감각기관으로부터 들어온 정보는 감각적 유입과정을 거쳐 감각 수용기에 극히 짧은 시간동안 저장하는 기억을 감각기억(sensory memory)이라고 한다. 시각의 경우 정보가 감각기억에 유지되는 시간은 약 1/4(250msec) 정도이고, 청각인 경우 약 4초 정도 정보를 저장한다고 알려져 있다.

감각기억은 정보를 저장할 수 있는 양에는 제한이 없지만 입력된 정보가 즉시 처리되지 않을 경우에는 즉각적으로 소멸되는 특징이 있다. 그 이유는 감각기억에 보관된 정보는 전혀 조직화되지 않은 것으로 사물이나 사건의 복사본에 불과하기 때문이다. 그리고 감각기관을 통해 들어온 정보 가운데 주의집중을 받아 선택된 자극과 정보는 다음의 기억저장소인 단기기억으로 전이된다.

(2) 단기기억

어떤 자극이 감각등록기에 일단 들어와서 이미지나 소리 등 여러 감각부호의 형태로 전환되면, 그 정보는 단기기억(short-term memory : STM)으로 옮겨진다. 우리가 어떤 자극에 주의를 집중했을 때 그 자극의 내용이 잠깐 동안 우리의 의식 속에 머물러 있는데, 이것을 단기기억에 있는 정보라고 한다. 단기기억은 인간의 정보처리체계에서 일종의 작업대(workbench)라고 할 수 있다.

단기기억의 가장 큰 특징은 정보의 양과 지속시간에 제한이 있다는 점이다. 성인의 경우 보통 7±2개(5~9개)의 정보를 약 12초 동안 저장할 수 있다는 것으로 알려져 있다. Miller(1956)는 7이라는 숫자가 단기기억 용량의 한계를 나타낸다고 보고 마법의 수(magic number)라고 불렀다.

따라서 단기기억에 있어 청킹(chunking, 군집화)의 역할은 매우 중요한 의미를 갖는다. 청킹이란 정보의 개별적 단위를 보다 크고 유의미한 단위로 묶는 과정이다. 예를 들어, u, r, n이라는 세 글자는 단기기억 속에서 세 개의 단위로 자리하지만, 이들이 'run'이라는 단어로 조합되면 한 개의 단위로 자리하게 된다. 이러한 의미덩이 짓기(chunking)를 통해 제한된 단기기억의 수용량을 증가시킬 수 있게 된다.

(3) 장기기억

단기기억에 머무르던 정보가 시연이나 부호화(encoding) 과정을 거쳐 무제한의 정보가 영구적으로 저장되는 곳이다. 이론적으로 장기기억 내의 정보는 평생 동안 지속되며, 우리가 기억해내지 못하는 것은 장기기억에서 그 정보가 사라진 것이 아니라 인출에 필요한 단서가 부적절하여 기억해 내지 못하기 때문이다.

정보처리이론가들은 장기기억을 일화기억(episodic memory), 의미기억(semantic), 절차기억(precedural)으로 분류한다(강갑원 외, 2004).

일화기억이란 개인의 경험에 관한 기억으로서 우리가 보고 들은 것에 대한 마음속의 영화(mental movie)라 할 수 있다. 이 기억은 기억되는 경험이 매우 의미있는 경우가 아닐 때에는 종종 인출에 실패하는 경향이 있는데, 왜냐하면 보다 최근에 발생한 정보로 인해 인출이 방해를 받기 때문이다. 일화기록의 예로는 친구와 같이 시험공부를 하다가 어떤 개념을 서로 다르게 이해하고 있어서 논쟁을 하다 교사에게 질문하여 확인하였던 경험이 있었다면 그 개념과 관련된 내용은 오랫동안 기억에 남게 될 것이다.

의미기억이란 우리가 알고 있는 사실과 개념, 원리, 규칙, 그리고 그것들을 어떻게 사용하는가에 관한 일반적인 정보들을 포함하고 있다. 개인이 학교 교실 수업에서 배운 대부분의 내용은 의미기억 속에 저장된다. 책을 읽고 그 내용을 이해하는 것, 중요한 용어의 개념을 정의하는 것, 여러 가지 개념 간의 관계를 규명하고 유사한 점과 다른 점 등을 파악하는 것, 새로운 정보와 익숙한 정보를 연결시키는 것, 학습내용과 관련된 시각적 자료를 제시하는 것, 복잡한 추론과정을 그림으로 설명하는 것 등 대부분의 수업내용은 의미기억으로 저장된다. 의미기억에 저장되는 정보들은 서로 관련을 맺으면서 체계적인 네트워크를 구성하게 되며, 이 같은 네트워크는 정보를 이해하고 능동적으로 재조직하는 데 중요한 역할을 수행하게 된다. 이는 학습자가 단순히 설명된 아이디어들을 수동적으로 받아들여서 저장하는 게 아니라, 그들을 의미 있는 구조로 만들어 간다는 것을 나타낸다.

절차기억이란 무엇에 대해 아는 것이 아니라, '어떻게 하는가에 대해 아는 것'을 의미한다. 예컨대 운전, 타이핑, 자전거 타는 기술, 심폐소생술을 하는 방법 등은 절차기억 속에 저장되어 있는 기술이라 할 수 있다. 절차를 학습하는 것은 어떤 조건일 경우 어떻게 반응하는가를 학습하게 되는 것이며, 이러한 절차를 연습하고 숙달됨으로써 자극과 반응의 자동화 단계에 이르게 된다. 예를 들어, 내리막길에서 자전거가 너무 빨리 갈 경우 브레이크를 잡아야 하며, 분수의 덧셈에서 가장 먼저 분모가 같은지를 살펴보고 같지 않을 경우에는 분모를 같게 만들어야 한다는 것을 자동적으로 기억하는 것이다.

이러한 기억들은 서로 다른 방법으로 정보를 저장하고 조직하는데, 일화기억의 정보는 언제, 어디서 사건이 발생했는가에 근거해 조직된 심상(image)의 형태로 저장되며, 의미기억 속의 정보는 아이디어나 개념들의 네트워크, 즉 연결망 형태로 저장된다. 그리고 절차기억 속의 정보는 자극-반응 쌍의 연쇄나 복합체 형태로 저장되게 된다.

2) 인지과정

인지과정(cognitive processes)은 정보가 각각의 정보저장소로부터 다른 저장소로 이동하는 내적이고 지적인 활동이다. 인지과정은 인지전략(cognitive strategies)이라고도 부르는데, 인지전략은 정보를 부호화, 저장, 인출하기 위해 사용하는 정신활동을 의미한다. 인지과정에는 주의, 지각, 시연, 부호화, 인출과 망각 등의 처리과정이 있다.

(1) 주의

주의(attention)는 감각기관을 통해 들어오는 수많은 자극과 정보 가운데 특정한 정보만을 선택하는 인지과정을 말한다. 즉, 자극에 의식적으로 집중하는 과정이다. 감각등록기에 들어와 있는 정보에 얼마나 주의를 기울이느냐에 따라 그 정보가 단기기억으로 넘어갈 가능성이 달라질 수도 있다. 따라서 학습은 주의집중에서부터 시작되는 것이다. 학생들 주위에 많은 자극들이 존재하고 감각기억의 용량도 무한하다고 알려져 있긴 하지만, 관심을 기울이지 않으면 학습이 결코 일어나지 않는다는 것을 알 수 있다.

(2) 지각

지각(perception)이란 자극에 의미와 해석을 부여하는 과정으로, 감각기관을 통해 들어온 자극에 일단 주의집중을 하게 되면 그러한 자극에 대해 지각을 하게 된다. 자극에 대한 지각은 직선적이지 않고 우리 자신의 과거경험, 지식, 동기, 기대, 그밖의 다양한 요인들에 의해 영향을 받게 된다.

(3) 시연

시연(rehearsal)은 정보의 형태를 바꾸지 않고 소리 내어 혹은 마음속으로 계속해서 반복하는 과정이다. 그래서 이를 암송(暗誦)이라고 부르기도 한다. 시연은 정보를 반복하고 있는 동안 단기기억에 그 정보를 계속 보유할 수 있게 한다. 단기기억에서 활성화된 정보를 20초 이상 보유하거나 다음 단계인 장기기억으로 정보를 이동하기 위해서는 그 정보를 계속 정신적으로 시연해야 한다. 단기기억은 일시적으로 한정된 수의 정보밖에 처리할 수 없기 때문에 유입된 정보를 시연하지 않는다면 그 정보가 장기기억으로 넘어가지 못하고 단기기억에서 망각된다.

시연을 통한 파지는 전화를 걸 때를 연상하면 쉽게 이해할 수 있다. 전화를 거는 경우, 전화번호를 반복함으로써 머리에 담아두고 있지만, 일단 전화번호 버튼을 누르고 나면 더 이상 번호를 기억하는 데 관심이 없어지며, 그 이후에 전화번호는

머릿속에서 지워지게 된다. 우리는 단기기억 안에서 의도한 목적을 달성할 때까지만 시연을 하는 것이다. 시연을 통한 장기기억으로의 정보의 이동은 내용을 충분히 반영하여 시연할 경우에만 발생하게 된다.

(4) 부호화

우리는 정보를 저장할 때, 단기기억에 들어온 정보를 그대로 저장하는 것이 아니라, 시각적 또는 언어적인 상징의 형태로 저장하는 부호화(encoding) 과정을 거친다. 우리가 기억하기 쉽도록 변형시켜서 저장하므로 약호화 혹은 암호화라고도 하며, 가장 중요한 인지처리과정으로서 부호화 과정을 거치지 않은 정보는 대부분 소멸된다. 새로운 정보가 장기기억 속으로 부호화되는 데 있어서 가장 중요한 것은 '유의미한 부호화'가 이루어져야 한다는 것이다. 유의미한 부호화란 기계적인 암기와는 다르게 장기기억 속에 있는 하나의 생각과 다른 생각들이 연결되어 새로운 체제로 재구성되는 것을 의미한다. 정보가 유의미하지 않게 단순암기 상태로 부호화되는 경우에는 새로운 정보가 기존의 정보와 연결되지 못하고 장기기억 속에 각각 떨어져 있게 된다. 이럴 경우 새로운 정보는 장기기억에서 쉽게 사라질 가능성이 매우 높아진다. 그렇지만 새로운 정보와 기존의 정보가 연결된다면, 그 정보는 더욱 유의미해지고 장기기억 속에 오래 남을 수 있게 된다.

(5) 인출

인출(retrieval)이란 장기기억에 저장된 정보를 찾아내어 사용하는 절차를 의미하며, 부호화와 밀접한 관계를 가지고 있다. 왜냐하면 부호화되지 않으면 효과적인 인출이 이루어질 수 없기 때문이다. 누구와 대화를 나누다 어떤 명칭이 생각날 듯 말 듯 입에서 맴돌기만 하고 결국 기억에 실패하는 경우가 있다. 이를 설단현상(tip-top-the-tongue)이라고 부르는데, 이러한 현상은 장기기억에 존재하는 특정정보에 정확하게 접근할 수 없을 때 일어난다. 따라서 인출의 성공과 실패는 그 정보를 필요할 때 바로 사용할 수 있는가의 이용 가능성과 얼마나 쉽게 접근할 수 있는가의 접근성에 달려 있다. 실제 학교현장에서 이러한 현상이 자주 발생하는데, 이는 정확한 인출을 위해서는 정교한 부호화가 필요하다는 것을 시사한다고 볼 수 있다.

(6) 망각

우리는 비록 정보들을 장기기억에 저장했지만, 시간이 흐르거나 잘 사용하지 않는 정보들을 망각하게 된다. 이처럼 망각(forgetting)은 이전에 경험하였거나 학습한 정보가 시간의 경과, 사용하지 않음 등으로 인해 약화되고 소멸되어 다시 재생되지 않는 현상을 말한다. 감각기억에서의 망각은 감각등록기를 통해 투입되는 정보가 주의나 지각 등의 과정을 통해 즉시 처리되지 않을 경우 감각기억에 저장된 정보가 쇠퇴하기 때문에 일어난다. 단기기억에서의 망각은 시간과 용량의 제한 때문에 시연과 부호화 등의 의식적 처리가 이루어지지 않으면 다음의 기억저장고인 장기기억으로 넘어가지 못하고 쇠퇴하기 때문에 일어난다(조규판 외, 2016).

3) 메타인지

인지심리학자들의 가장 큰 관심을 끄는 의문은 왜 어떤 사람은 다른 사람들보다 더 많은 것을 학습하고 기억하느냐 하는 것이다. 정보처리 관점을 취하는 학자들은 그 해답을 메타인지기술에서 찾는다.

메타인지(초인지 또는 상위인지, meta-cognitive)는 정보처리에 기초를 두고 있는 인지발달분야의 심리학적 구성개념으로 사고과정에 대한 지식을 의미하며 사고에 관한 사고(thinking about thinking), 혹은 인지에 관한 인지(cognition about cognitive)라고도 한다(Flavell, 1976). 또한 메타인지는 기억체계의 과정 전체를 지각하고 통제한다. 어떤 정보에 주의를 기울여야 하는지, 시연을 사용할 것인지 아니면 부호화 전략을 사용할 것인지, 어떠한 부호화 전략을 잘 활용하는지, 학습하는 데 얼마나 많은 시간이 필요한지 그리고 새로운 학습이 장기기억에 잘 저장되었는지를 확인하는 것 등이 모두 메타인지적 활동이다.

구체적으로 메타인지를 학습활동에 실천하는 예를 들면, 수업시간에 집중하기 위해 앞자리에 앉는 것, 공부에 방해되는 일체의 행동을 삼가는 것, 잘 이해되지 않는 단원이나 내용은 몇 번씩이라도 읽어보는 것, 공부할 때 의식적으로 주제 및 내용 간에 연관성을 지어 저장하는 것, 자신의 학습을 스스로 계획하고 점검 및 평가하는 것 등이 있다. 메타인지는 결국 자신의 사고, 인지, 학습과정을 학습하고 있는 현재의 '나'보나 뛰어난 학습기술과 능력으로 '나'를 통제하고 감시하는 또 다른 '나'를 말한다.

이렇듯 메타인지란 인지과정 그 자체를 인지하는 높은 수준의 인지활동으로 정보를 지각하고 있는 자기 자신을 통제(direction)하는 능력이다. 메타인지 능력이 뛰어날수록 타인의 조력 여부에 상관없이 학습자 스스로 자신의 학습상태를 파악하여 학습목표를 설정하며, 학습에 필요한 인적·물적 자원을 확보하여 적절한 학습전략을 선택하여 문제를 해결한다. 또한 자신의 학습속도에 맞추어 학습을 조절하고 학습이 진행되는 동안 끊임없이 자신의 학습상황을 평가하고 점검하는 데 스스로 주도권을 갖는다. 그리고 메타인지 능력은 학습하는 과정에서 스스로 초인지적·동기적·행동적으로 학습에 참여하도록 유도하며, 능동적이고 자발적으로 학습활동을 계획·조직·조절·통제하면서 학습과정에 적극적으로 참여토록 한다. 이런 의미에서 메타인지의 개념 속에는 지식 습득과 문제해결의 탁월한 능력이라 할 수 있는 자기주도적 학습의 개념이 포함되어 있다(박형근 외, 2016).

4. 인지주의 학습이론의 교육적 시사점

인간의 학습행동이 인간의 능동적인 인지과정에 의해서 지배되고 있다는 사실을 파악한 인지적 관점은 교육, 특히 학교교육이 전통적으로 생각하고 실천해 온 방향과 내용 그리고 방법을 크게 바꾸게 했다. 이러한 인지주의 학습이론의 교육적 시사점은 다음과 같다(이지연·김태준, 2014; 김이영 외, 2016).

첫째, 교사는 학습자의 선행지식을 활성화시켜 주어야 한다. 학습자는 눈에 보이지 않는 수많은 내용을 잠재적으로 학습한 상태이며, 자신의 선행지식을 토대로 새로운 정보를 부호화한다. 교사는 학생의 선행지식 정도를 파악하고 새로운 학습을 그들의 기존 지식과 연결시켜 주는 장치를 만들어야 한다.

둘째, 학습자의 주의집중을 유지하고 흥미를 유발하는 수업을 계획해야 한다. 정보처리이론에서 주의는 기억과정의 시작으로 제시되고 있다. 만약 생물교사가 양서류를 설명하기 위해 살아있는 개구리를 교탁 위에 놓는다면 졸던 아이들도 깨어나 호기심 어린 눈으로 쳐다볼 것이며, 주의를 받은 새로운 정보는 작업기억을 거쳐 장기기억에 저장될 기회를 갖게 된다. 학습자의 주의를 유도하는 전략으로는 유머 사용하기, 학습자의 수업 참여 기회 높이기, 학생의 이름 부르기, 음악 사용하기, 그림 또는 도표 제시하기 등이 있다.

셋째, 학생들은 개인적으로 의미 있고 관심 있는 문제에 대해서는 훨씬 적극적으로 해결책을 찾으려는 경향이 있다는 점을 학습에 활용해야 한다. 일반적으로 학교교육이 비판받는 중요한 측면의 하나는 교육내용이나 교육방법이 개인적인 의미를 지니지 못하고 획일적으로 통제되고 있다는 점이다. 이러한 점을 개선하기 위해서 교사는 자주 여러 가지 주제에 관해 학생들 스스로 토론하게 하고 선택하게 할 필요가 있다. 그들 스스로 선택한 문제는 그만큼 그들에게 가치 있고 의미 있는 것이기 때문에 학습동기가 유발되어 학습이 보다 잘될 것이기 때문이다.

넷째, 구조에 대한 이해가 학습에 크게 도움이 된다는 점을 잊어서는 안 된다. 특히 초등학교 고학년에서는 한 주제와 다른 주제와의 관계, 한 주제 내에서의 지식들의 관계를 이해시켜 주는 것은 대단히 중요하다. 아동의 학습에 있어서도 구조의 중요성이 무시되어서는 안 된다. 그들이 조금이라도 이해할 수만 있다면 전체적 맥락, 구조, 관계에 대한 설명을 게을리 할 필요가 없다. 오히려 아동들이 일반화를 쉽게 시키고, 보다 쉽게 관련시키는 면도 있음을 상기할 필요가 있다.

다섯째, 단기기억에 과부하가 걸리지 않도록 수업을 해야 한다. 우리의 단기기억은 기능적 한계가 있다. 많은 교사가 정해진 수업시간 안에 최대한 많은 지식을 학생에게 전달해 주려고 애쓴다. 하지만 이는 교사의 헛된 바람일 뿐이며, 비현실적인 욕심이라는 사실을 깨우쳐야 한다. 수업목표의 정보량이 학생의 용량을 넘지 않을 때, 학생은 자신이 학습한 것을 더 많이 기억하게 된다.

여섯째, 교사들이 수업 상황에서 학습자들의 학습과정을 일련의 정보처리과정으로 이해함으로써 정보처리적 관점을 학습과정에 활용해야 한다. 우리는 정보를 장기기억으로 넘기기 위해서 시연을 해야 하는데, 시연은 연습과 밀접하기 때문에 다양한 연습방법을 활용할 수 있도록 학습지도를 해야 한다. 공부의 왕들은 다양한 연습전략을 활용하여 시연함으로써 우수한 학습결과를 보인다.

일곱째, 교사는 학습자들이 학습을 효과적으로 하기 위해서 인지전략 및 메타인지를 꾸준히 개발·활용하도록 지도해야 한다. 특히 메타인지를 활용하는 것은 학습을 효과적으로 하는 데 유익하다.

Chapter

10

수업이론

1. 수업의 정의

1) 수업의 개념

학교교육의 가장 핵심적인 활동은 교실에서 이루어지는 수업이다. 수업이라는 개념과 관련하여 몇 가지 용어들이 서로 혼용되어 사용되고 있지만, 보편적으로 사용되는 용어는 수업(授業)이다. 교수-학습 또는 교수(敎授)라는 용어도 많이 사용되고 있는데, 이들 용어 모두 본질적으로 가르치고 배우는 사상(events)을 다루고 있다는 점에서 차이가 없다. 영어로는 가르친다는 말에 해당하는 단어로 teaching과 instruction이 있다. 이 두 단어의 의미에는 약간의 차이가 있는데, 여기서는 teaching을 교수로, instruction을 수업으로 번역하여 사용하고자 한다. 교수와 수업의 개념을 구분하면 다음과 같다(이성진 외, 1990).

첫째, 교수는 학습자에게 전달하려는 내용의 성질이나 자극하려는 학습자 특성의 종류면에서 포괄적인 내용의 전달을 의미한다.

둘째, 교수는 학습자가 보인 변화 중에서 의도적인 것과 비의도적인 것을 모두 포함한다는 점에서 수업보다 포괄적이다. 즉, 수업은 보다 의도적인 목표 달성을 계획한다는 뜻이다.

셋째, 교수는 교사와 학생 간의 인격적 상호작용을 전제하고 있는 데 비하여, 수업은 반드시 인격적 상호작용을 전제로 하지 않는다. 이러한 점에서 교수는 수업보다 덜 포괄적이다.

교수는 교사의 자격으로서 교사가 행하는 모든 것이라고 할 수 있으며 학습지도, 생활지도, 학급경영 등 모든 활동이 포함되므로 단일하게 통일된 현상이 아닌 매우 포괄적인 개념이다. 한편 수업은 교수처럼 반드시 교사를 전제로 하지 않는다. 교사가 수업을 할 수도 있으나 프로그램 자료나 시청각매체 등도 학습자의 학습목표를 달성할 수 있도록 수업할 수 있다. 따라서 수업은 생활지도나 학급경영과 같은 내용이 포함될 수 없으며, 수업의 목표도 교수보다 한정되며, 수업의 설계는 보다 의도적이고 계획적인 성격을 띠게 된다고 말할 수 있다.

수업을 좀 더 구체적으로 개념화하기 위해 몇몇 학자들의 정의를 검토해 보면 다음과 같다. Corey(1967)에 의하면 수업이란 개인으로 하여금 특정한 조건하에서 또는 특정한 상황에 대한 반응으로서 특정한 행동을 나타내도록 학습하게 하거나 또는 그 특정 행동에 참여할 수 있도록, 개인을 둘러싼 환경을 계획적으로 조작하는 과정이다. 이 정의가 내포하고 있는 중요한 개념은 첫째, 특정한 조건하에서 특정한 행동을 학습한다는 것이다. 즉, 수업이란 처음부터 어떤 행동의 변화를 일으키고자 하는 명확한 목표를 전제하고 있다는 뜻이며, 그러한 목표를 달성하기 위해서는 일어날 학습자의 행동을 명세화하고, 그 명세화된 행동을 일어나게 하는 조건 역시 명세화하여야 한다는 의미를 내포한다. 둘째, 계획적으로 환경을 조작한다는 것이다. 이것은 수업이 언제나 계획된 활동임을 의미한다. 따라서, 의도된 수업목표를 달성시키기 위해서는 학습자의 환경을 매우 구체적인 계획하에 통제해야 한다는 것이다.

Gagné(1967)는 수업이란 학습이 일어날 수 있도록 학습자의 내적 및 외적 조건을 체계적으로 조정하는 것이라고 정의하였다. 즉, 수업은 학습의 내적 과정이 촉진될 수 있도록 교사가 수업목표에 대하여 주의를 집중시키고, 학습과제를 의미 있게 부호화하여 학습자의 기존 인지구조와 잘 관련 지워 저장하도록 도와주고, 필요할 때 인출하여 효과적으로 수행하도록 함으로써 긍정적 효과를 갖도록 도와주는 활동이다.

이상의 개념들을 기초로 수업을 정의하면 수업이란 수업목표를 설정한 행동변화(학습)가 일어나도록 학습자의 내적 상황에 맞게 그의 외적 상황과 조건을 설계하고 개발하고 관리하는 과정이라고 할 수 있다.

다음으로 수업과 학습의 차이점에 대해 살펴보면 다음과 같다(변영계, 2005).

첫째, 수업에는 일정한 목표가 있어야 하지만 학습에는 목표가 있을 수도 있고 없을 수도 있다. 이는 수업은 의도적이고 계획적인 것이지만 학습은 의도나 계획이 없는 경우에도 가능하다는 의미이다. 따라서 학습은 넓고 포괄적인 개념이다.

둘째, 수업은 독립변인이고 학습은 종속변인이다. 독립변인이란 '작용하는 변인' 또는 '처치하는 변인'이라는 뜻이며, 종속변인이란 '작용이나 처치에 의해 나타나난 결과'라는 뜻이다. 즉, 수업은 능동적이고 적극적인 작용이며 학습은 그 결과로 나타나는 일련의 종속적인 변화라는 것이다.

셋째, 수업에 대한 연구는 실제 교육이 이루어지는 교실의 현상에 관심이 있으나, 학습에 대한 연구는 기본적으로 연구실이나 실험실의 실험 상황에 더 관심이 있다. 교실에서 가장 중요한 일은 학습자들을 일정한 목표에 도달하게 하는 것이지만, 실험실에서 중요한 일은 어떤 과정을 통해서 학습이 이루어지는지를 알아내는 것이다.

넷째, 수업은 처방적(prescriptive)이지만 학습은 기술적(descriptive)이다. 처방은 의사가 환자의 아픈 원인을 찾아서 그에 맞는 치료를 하는 것과 마찬가지로 어떤 목적을 달성하기 위하여 어떻게 해야 하는지를 제시하는 것을 의미한다. 반면에 기술은 어떤 현상이 일어나는 과정과 결과를 있는 그대로 기술하는 것이라 할 수 있다.

2) 수업의 과정

수업이란 하나의 과정, 즉 연속적 활동이다. 수업의 실제에서 가정 우선적으로 생각해야 할 일은 수업의 설계이다. 수업설계에 있어서는 수업의 과정을 기초로 해야 한다. 수업설계는 수업과정에 대한 설계라고도 할 수 있다. 수업의 설계가 끝나면 실제의 수업이 이루어지고, 실제 수업이 이루어지면 이 수업이 과연 의도된 설계대로 성취되었는지를 분석하고 평가하는 일이 이어진다.

수업의 과정을 구성하고 있는 요소들은 대체로 수업목표, 학습자, 수업절차 그리고 평가의 4가지이다. 여기에서는 수업과정의 일반모형 중에서 가장 많이 인용되고 있는 Glaser의 수업모형을 중심으로 살펴보고자 한다. 이 모형은 가장 기본적이고 일반적이며, 복잡한 수업현상을 간단명료하게 설명하고 있다. Glaser의 수업과정모형은 다음의 그림 10-1과 같다.

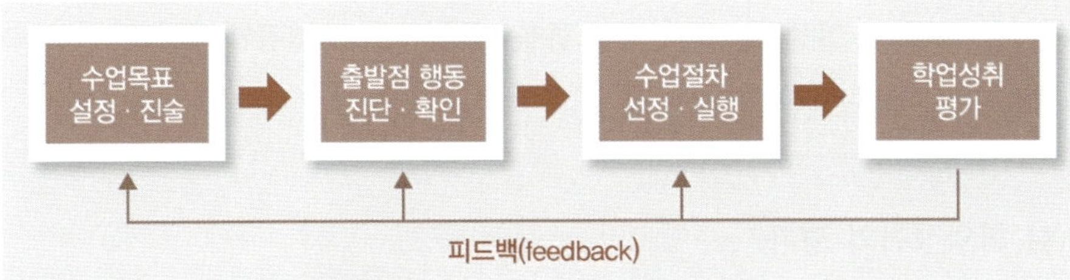

그림 10-1 Glaser의 수업과정 모형

이 모형은 교사와 학생 그리고 수업에 관련되는 사람들은 모두 수업목표(학습자는 학습목표)를 성취하는 과정에서 각자가 어느 지점에 위치하고 있는가를 명확하게 제시해 준다는 특징이 있다. 또한 이 모형에서는 수업목표, 출발점 행동, 수업절차, 평가의 4단계 이외에 제 5의 단계인 피드백이 있다. 이 피드백은 4단계들 사이를 유기적으로 관련 맺게 함으로써 상호보완적 관계를 형성하게 한다. 각 단계를 구체적으로 설명하면 다음과 같다(이성진 외, 1990).

(1) 수업목표의 설정과 진술

수업목표는 한 단위의 수업과정이 끝날 때 수업의 결과로 예상되는 학생행동의 변화를 명시하는 것이다. 따라서 수업목표는 세분화된 행동적인 용어로 진술되어야 하며, 뒤따르는 평가의 기준이 되도록 해야 한다.

(2) 출발점 행동의 진단과 확인

출발점 행동은 수업목표 도달에 필요한 선수학습의 정도를 평가하는 것이다. 출발점 행동과 기능 또는 선수학습의 수준을 진단하고 확인하는 행동은, 효과적인 수업과 수업자료를 개발하여 수업과정에서 학습자와 수업 프로그램 간의 유대를 튼튼하게 하려고 노력이다. 진단결과가 만족스럽지 못한 개인에게는 보충과정을 제공하여 수업목표 달성에 필요한 선수학습을 습득하도록 한다.

(3) 수업절차의 선정과 실행

수업절차는 가르치고 배우는 활동이 본격적으로 펼쳐지는 단계이다. 따라서 학습과제와 목표, 학습자의 특성, 수업 장면 등에 가장 알맞은 수업형태, 집단조직, 매체이용, 교사 및 학생활동, 시간계획 등을 결정하고, 이 결정된 계획에 따라 실제로 수업이 전개되는 단계이다.

(4) 학업성취의 평가

평가는 수업과정모형의 마지막 단계로서 학업성취도를 목표기준에 비추어 평가하는 준거평가, 즉 절대기준평가를 채택한다. 평가는 형성평가와 총괄평가로 나누어진다. 평가에서는 동원되는 검사나 평가도구가 가능한 신뢰롭고 타당하며 객관적인 결과를 보여주도록 양호도가 높은 것이어야 한다.

2. 수업이론

수업이론의 성격을 어떻게 규정하느냐는 독자적인 수업이론의 필요성을 부정하는 행동주의자들에서부터 다양하게 필요성을 주장하는 사람들에 이르기까지 여러 견해가 있다. 여기서는 Gage(1963, 1964), Bruner(1966)등 여러 전문가들의 견해를 종합하여 수업이론의 성격을 정리해 보고자 한다(변영계, 2003).

먼저, Gage(1964)는 "학습이론은 수업이론으로 변환될 때 교육에 주는 유용성이 더욱 커질 것이다."라는 명제를 제기하면서 수업이론의 필요성을 주장했다. 또한 Gage(1963)는 수업이론은 모든 교사, 모든 학생, 모든 학습과제, 그리고 수업이 이루어지는 모든 장면에 적용될 수 있는 일반적인 성격을 가져야 한다고 했다.

수업이론의 본질을 간결하고 명료하면서도 설득력 있게 다룬 사람은 Bruner (1966)이다. 그에 의하면 수업이론은 단순히 학습과정을 기술한 것이 아니라 학습과제를 어떻게 하면 학습자가 가장 잘 배울 수 있을 것인가에 관심을 갖는 것이라고 한다. 이런 의미에서 수업이론은 처방적인 성격을 가진다. 처방적이란 말은 의사가 환자의 질병 원인을 찾아서 그에 맞는 치료를 하는 것과 마찬가지로 어떤 목적을 달성하기 위하여 어떻게 해야 하는지를 제시하는 것을 의미한다. Bruner는 수업이론의 두 번째 성격으로 규범성(normative)을 설명했다. 수업이론은 학습자가 어느 정도까지 학습해야 하며(학습의 준거), 어떤 조건에서 학습해야 하는지(학습의 조건)를 제시해야 한다는 점에서 규범적이라고 본 것이다.

다음으로, 수업이론은 학습환경을 조작하는 방법에 관한 것이다. 수업활동이란 학습자가 학습목표를 달성할 수 있도록 학습자의 내적외적환경을 의도적이고 체계적으로 조작해 가는 과정이라고 한다(Corey, 1971; Gagné, 1970). 그러므로 수업이론은 조작의 대상이 되는 내적·외적 환경이 무엇이며 어떻게 그것들을 조작할 수 있을 것인지 구체적인 방법과 전략을 제시해 주는 것이어야 한다.

이상으로 수업이론의 성격으로 처방적·일반적·규범적·방법적이라는 것을 설명하였는데, 이러한 성격을 구체화한 대표적인 수업이론으로 Bruner, Ausubel, Gagné, Reigeluth의 수업이론에 대하여 알아보고자 한다.

1) Bruner의 발견식 수업이론

Bruner(1966)는 수업이론의 본질적 속성은 처방적이고 규범적인 것이라고 규정하고, 본래 '기술적'인 학습이론 외에 수업이론의 필요를 강조하여 인지적 접근방법에 기초를 둔 수업이론을 발전시켰다.

(1) 기본 개념

Bruner에 의하면 수업이론은 최소한 학습 경향성, 지식의 구조, 학습의 계열성, 강화라는 4가지 측면을 포함한다.

① 학습 경향성(predisposition toward learning)

수업이론은 학습에 대한 경향성을 가장 효과적으로 심어주는 경험이 어떤 것들인지를 명백하게 드러내야 한다, 학습 경향성은 학습준비도, 출발점 행동과 유사한 개념으로 학습의욕이나 학습동기와 같은 것이다. Bruner는 학습의욕을 고취시키기 위한 하위 요소로 학습자에게 탐구심과 호기심을 자극하는 수업방법, 학습자의 학습방법과 학습자료와의 관계, 그리고 교사와 학습자 간의 대인관계를 강조하였다.

② 지식의 구조(structure of knowledge)

수업이론은 한 분야(영역)의 지식이 학습자 개개인에게 가장 잘 파악될 수 있도록 구조화하여 제시하는 방법을 드러내야 한다. 지식의 구조는 특정한 교과나 학문의 기저를 이루는 기본개념들의 상호 관련된 체계를 말한다. 다시 말하면 지식의 구조란 어떤 학문 분야에 포함되어 있는 기본적 사실, 개념, 명제, 원리, 법칙을 통합적으로 체계화한 것이라고 할 수 있다. Bruner는 지식의 구조적 이점으로서 학습 상황과 유사한 사태에 적용하기 쉽고, 일반적 원리의 파악을 통하여 지적 희열을 가져다주며, 지식이 쉽게 잊혀지는 것을 방지할 수 있다는 점을 제시하고 있다.

지식의 구조의 표현방식은 학습자의 발달단계나 능력수준에 따라 동작적 표현, 영상적 표현, 상징적 표현 세 가지가 있다. 동작적 표현은 학습자의 발달수준이 낮을 때 유용한 방법으로서, 어떤 결과에 도달하는 데 거쳐야 할 일련의 동작을 실제로 표현하는 것이다. 영상적 표현은 개념을 완벽하게 정의하는 것이 아니라 영상이나 그림으로 나타내는 것을 말한다. 상징적 표현은 상징적·언어적 명제나 논리적 규칙에 따라 표현하는 것으로 학습자의 발달수준이 높을 때 유용하다. Bruner는 어떤 지식도 이러한 세 가지 양식으로 표현할 수 있다고 보았다. 따라서 어떤 교과내용이든지 그 내용의 지적 성격에 충실한 형태로 표현한다면, 어떤 발달단계에 있는 아동에게도 가르칠 수 있는다는 가설을 제시하였다.

③ 계열(sequence)

계열이란 학습자들이 학습내용을 이해, 변형, 전이하는데 도움이 될 수 있도록 학습과제를 순서대로 조직하고 제시하는 원칙을 말한다. 학습내용을 어떻게 조직하느냐에 따라 학습의 효과가 좌우된다. 계열에 따른 학습과제를 조직할 때에는 선행학습, 발달단계, 학습과제의 성격, 개인차 등을 고려해야 한다.

④ 강화

수업과정에서 상벌은 학습활동의 결과와 방향을 알려주며, 상벌의 교정적인 정보 활용은 학습자 스스로 자기 학습의 결과를 확인하고 이에 따르는 만족과 불만족을 느끼는 내적 보상이 이루어진다. 강화가 내재적 보상과 관련하여 학습결과가 교정적인 정보로 사용되었을 때 효과적이다. 교수-학습 과정에서 적용될 상벌의 성격과 적용방법을 명시해야 하고, 내적 보상과 외적 보상이 균형을 이루어야 한다. 학습이 진행됨에 따라 교사의 상찬(賞讚)과 같은 외적인 보상으로부터 복잡한 문제의 해결 그 자체에 고유한 내적인 보상으로의 전환이 더 바람직하여 가치로운 것이다.

(2) 수업원리: 발견학습

Bruner의 발견식 수업이론은 기본적으로 발견학습의 원리에 바탕으로 두고 있다. 그는 발견학습을 "학습자에게 교과를 최종적인 완성 형태로 제공하는 것이 아니라 그 최종 형태를 학습자 스스로 조직하도록 요구되는 상황에서 일어나는 학습"이라고 정의하였다. 이것은 학습자가 자기에게 제공된 여러 가지의 정보를 이용하여 그들간의 관계를 발견하는 것이 학습이라는 의미이다. 여기서 발견이란 유목의 형성이요, 분류체계의 형성이다. 유목이나 분류체계는 대상간, 사태간에 존재하는 유사점과 차이점을 찾아서 관련짓는 것을 말한다.

Bruner는 발견학습의 조건으로 학습태세, 요구상태, 관련 정보의 학습을 제시하고 있다.

① 학습태세(learning poetry)

학습태세란 학습자가 학습 상황에서 보이는 내적 경향성을 말한다. 발견지향적인 사람은 일상적으로 그가 가지고 있는 정보간의 관계를 찾으려고 노력한다. 학습자의 학습태세는 수업방법에 따라서도 수정될 수 있으므로 발견학습을 촉진하기 위하여 발견하도록 하는 지시를 자주 하며, 학생 스스로 발견할 기회를 충분히 제공하는 것이 중요한다. 학습태세는 학습의욕과 밀접한 관계가 있다. 학습의욕은 학습이 이루어지게 하는 동인이다. 학습자가 학습 그 자체에서 만족을 느낄 때 학습은 잘 이루어진다. 또한 학습자가 능동적으로 여러 가지 가능성을 탐색하는데서 학습이 잘 이루어진다. 이러한 가능성의 탐색행동을 강하게 하려면 가능성의 탐색을 자극하고, 유지시키고, 바르게 방향지우는 것이 중요하다.

② 요구상태(need state)

요구상태는 학습자의 학습동기 수준을 가리킨다. 이것은 너무 높거나 너무 낮은 동기수준보다는 보통의 동기수준이 분류체계의 발견에 도움을 준다.

③ 관련 정보의 학습(mastery of specifics)

관련 정보의 학습은 학습자가 관련된 구체적 정보를 알고 있는 정도를 말한다. Bruner에 의하면 개인이 구체적으로 정보를 많이 가지고 있을 때 발견이 잘 일어난다고 한다. 즉, 개인이 소유한 정보가 광범위할수록 정보간의 관계를 쉽게 발견할 수 있다. 따라서 많은 개념, 법칙, 원리의 학습은 발견능력을 촉진시켜 준다.

2) Ausubel의 설명식 수업이론

Ausubel은 미국의 교육심리학자로서, 그의 이론은 유의미 언어학습에 관한 이론, 또는 설명학습의 이론으로 알려져 있다. 그에 의하면 학습은 거의 대부분 기억작용에 의하여 이루어진다고 보고, 학습과정을 설명하기 위하여 포섭이론(subsumption)을 제시하였다. 여기서 포섭이라는 것은 유의미학습의 잠재성이 있는 학습자료를 기존의 인지구조에 동화 내지 흡수시킨다는 것을 의미한다. 결국 포섭한다는 것은 학습한다는 것과 같은 뜻으로 보고 있다. Ausubel의 수업이론을 이해하기 위해서 기본 개념과 주요 수업원리를 중심으로 알아보고자 한다(이성진 외, 1990).

(1) 기본 개념

Ausubel의 수업이론의 기본 개념인 유의미학습과제, 인지구조와 인지과정, 명제의 재생·파지·적용에 대한 설명은 다음과 같다.

① 유의미학습과제

Ausubel의 수업이론에서 독립변인의 역할을 하는 것은 유의미하게 조직된 아이디어이다. 유의미한 아이디어란 논리적으로 의미성(meaningfulness)이 있는 학습과제를 의미한다. 이러한 학습과제란 실사성(substantiveness)과 구속성(nonarbitariness)이 있는 과제이다. 실사성이란 명제를 어떻게 표현하더라도 그 명제의 의미가 변하지 않는 경우를 말한다. 예를 들면, “세 내각의 합이 180도인 것은 삼각형이다”라는 명제를 “삼각형의 세 내각의 합은 180도이다”라고 표현해도 삼각형을 표현하는데 있어서 그 의미가 변하지 않는 것과 같은 경우이다. 구속성이란 일단 임의적으로 먼저 맺어진 관계가 시간이 경과함에 따라 하나의 관습으로 굳어지면서 먼저 맺어진 관계를 임의적으로 변경할 수 없게 되는 성질을 말한다. 강아지라는 낱말을 처음 듣는 아이는 강아지라는 동물과 강아지라는 언어적 부호가 서로 의미있게 연결되지 않고 전혀 별개의 것으로 지각될 것이지만, 일단 강아지의 개념을 실물과 연결하여 파악된 후에는 임의적으로 바꾸기 어려운 구속성을 갖게 된다. 이와 같이 어떠한 학습과제가 실사성과 구속성을 가지면 그 과제는 논리적 의미성(logical meaningfulness)을 가지게 되는데 이를 유의미학습과제라고 한다.

② 인지구조와 인지과정

인지구조는 학습자의 의식내부에 존재하고 있는 조직화된 개념이나 아이디어의 집합이다. 이러한 개념이나 아이디어는 가장 포괄적인 개념이 위에 있고 아래로 갈수록 구체적인 개념이 배열되는 식으로 위계성을 나타내는 것이 특징이다. 이러한 인지구조가 외부로부터 투입되는 논리적 유의미 학습과제를 포섭하는 매개기능을 한다. 새로이 접촉하는 학습과제를 어떤 형식으로든 포섭할 수 있는 인지구조가 학습자의 의식 내부에 있으면 유의미학습을 촉진할 수 있다. 그러나 포섭할 수 있는 인지구조가 결핍되어 있거나 없을 때에는 마치 무의미 철자를 학습하는 것과 같이 기계적 학습(rote learning)이 된다.

Ausubel의 이론에서 인지과정은 포섭과 동화의 과정으로 설명된다. 그런데 포섭은 동화와 거의 같은 뜻으로 사용되고 있어 여기서는 포섭이라는 용어를 사용하기로 한다. 포섭이란 새로운 명제나 아이디어가 학습자의 머리 속에 이미 조직되어 존재하고 있는 보다 포괄적인 인지구조 속으로 동화되거나 일체화되는 과정을 말한다. 포섭이라는 말은 Ausubel 특유의 말로서, 그의 이론을 구성하는데 중심 기능을 한다. 그는 인지구조를 설명할 때 개념이나 아이디어라는 말 대신에 포섭자(subsumer)라는 말을 많이 사용한다. 포섭자는 곧 개념을 지칭하며 아이디어를 말한다. 포섭한다는 것은 유의미의 잠재성이 있는 학습자료를 기존의 인지구조에 화합 또는 통합시키는 것을 의미한다. 그러므로 포섭한다는 말은 학습한다는 것과 같아진다. 포섭은 포섭하는 모양에 따라 두 종류로 나눌 수 있는데, 하나는 파생적 포섭이고 또 하나는 상관적 포섭이다. 파생적 포섭이란 학습자료가 인지구조 내부에 있는 기존의 개념 또는 포섭자의 한 특수한 예일 경우에 일어나는 포섭을 말한다. 또는 학습자료가 이전에 학습한 일반적 명제를 지지하거나 예시해 주는 관계에 있을 때 생기는 포섭을 말한다. 상관적 포섭은 새로운 학습과제를 학습할 때 볼 수 있는 포섭이다. 즉, 새로운 학습자료가 이전에 학습된 명제에 대한 연장, 정교화, 수정 등의 성격을 지니면서 일어나는 포섭을 말한다.

③ 명제의 재생·파지·적용

유의미한 학습은 논리적으로 유의미한 아이디어나 과제와 기존의 인지구조가 관련을 가져 접촉할 때 포섭의 과정에 의해서 일어난다. Ausubel은 학습과제가 실사성과 구속성을 가지고 있을 때 비로소 그 과제는 논리적 의미성을 지니게 된다고 하며, 논리적 의미성을 가진 과제가 인지구조에 있는 관련정착의미에 정착될 수 있을 때 그 과제는 잠재적 의미성을 가지게 된다고 한다. 다시 말하면 주어진 학습과제는 실사성과 구속성을 지녀야 하고, 인지구조에는 관련정착의미가 있어야만 학습자는 학습과제를 자신의 인지구조에 있는 관련정착의미에 포섭시킬 수 있다는 것이다. 여기서 관련정착의미는 인지구조에 있는 포섭자 중에 익혀야 할 개념이나 아이디어가 의미 있게 관련되고 정착될 수 있는 특정 포섭자를 말한다. 그런데 유의미 언어학습이 이루어지려면 인지구조에 관련정착의미가 있고, 학습과제에 실사성과 구속성이 있는 것만으로는 부족하고, 학습과제를 인지구조에 있는 관련정착의미에 구속적이고 실사적으로 관련시키고자 하는 학습자의 성향 또는 동기가 유발되어야 한다는 것이다. 즉, 학습자의 유의미학습태세가 있어야 유의미언어학습(meaningful learning set)이 이루어지게 된다.

유의미학습을 통해서 얻어지는 산물은 개념, 명제, 정보 등의 학습 또는 재생·파지·전이이다. Ausubel의 유의미 설명학습에서는 학습과 파지가 뚜렷하게 구별된다. 구별의 기준은 포섭 또는 동화된 학습자료에서 노출되는 의미의 가용도 또는 미래의 재생 가능성의 차이에 있다. 학습은 학습과제에 내포되어 있는 잠재적 의미에서 의미를 획득하여 그 의미의 가용도를 높이는 것이다. 즉, 새로 학습한 심리적 의미의 가용도를 증가시키는 상황을 말한다. 한편 파지는 새로 획득한 의미의 가용도를 유지하는 과정을 의미한다. 이러한 맥락에서 볼 때 망각은 가용도의 감소를 말하며, 망각이란 현상은 의미의 획득과 의미의 재생의 사이에 일어나거나 학습자료를 제시하는 연속적 과정 중에 흔히 일어나는 것이다.

(2) 주요 수업원리

Ausubel의 수업이론을 특징짓는 선행조직자의 원리, 점진적 분화의 원리, 통합적 조정의 원리 등 주요 수업원리는 다음과 같다.

① 선행조직자의 원리

선행조직자(advanced organizer)는 학습을 촉진하기 위하여 학습 이전에 의도적으로 도입시키는 포섭자를 말한다. 즉, 선행조직자는 수업의 도입단계에서 주어지는 언어적 설명을 의미한다. 이때 선행조직자는 학습과제 자체보다 포괄성과 추상성의 수준이 높은 자료이어야 한다. 선행조직자는 학습과제의 성질, 학습자의 기존 능력의 정도 또는 그들 상호간의 관계에 따라 설명조직자와 비교조직자로 구분된다.

설명조직자(expository organizer)는 학습과제가 완전히 처음 접하는 자료이기 때문에 인지구조에 있는 관련정착의미와 학습되어야 할 과제 간에 전혀 유사성이 없는 경우, 개념의 정착근거지를 마련하기 위하여 학습자료와 관련 지워서 학습 전에 미리 제시되는 보다 포괄적이고도 기본적인 중요개념을 말한다. 비교조직자(comparative organizer)란 학습되어야 할 과제와 인지구조에 있는 관련정착의미 간에 상당한 유사성이 있는 경우, 학습과제와 관련정착의미간의 유사성과 차이점을 분명히 하여 상호간의 변별력을 증대시킬 목적으로 학습이 시작되기 전에 제시되는 자료를 말한다. 따라서 선행조직자는 주로 다음의 두 경우에 이용하는 것이 효과적이라고 할 수 있다. 하나는 새로운 학습을 관련시킬 적절한 정보가 학습자에게 없을 때이고, 다른 하나는 적절한 정보가 있기는 하지만 학습자에게 적절하게 재생되지 못하고 있을 때이다.

② 점진적 분화의 원리

점진적 분화의 원리는 학습과제에 관련된 원리로서, 학습내용 중 가장 일반적이고 포괄적인 의미를 먼저 제시하고 점차 세분되고 특수한 의미로 분화되도록 하는 것이다. 즉, 가장 추상적인 의미를 먼저 제시하여 계속되는 자료를 포괄할 수 있도록 하려는 것이다. 그리하여 한 학습과제, 한 학문의 밑바탕에 이를 때까지 세분화를 계속하여 덜 추상적인 의미나 개념에 이르게 되는 것이다.

③ 통합적 조정의 원리

통합적 조정(integration reconciliation)의 원리는 비교 조직자를 활용하여 미리 제시된 학습과제와 그 다음에 제시되는 과제 간의 중요한 유사점이나 차이점을 인식시켜 불일치점이 사전에 조정되도록 학습과제를 구성하는 방법을 말한다. 이 원리는 새로운 개념이나 의미는 이미 학습된 내용과 일치되고 통합되어야 한다는 것이며, 교육과정의 계열은 계속되는 학습이 이전에 학습된 것과 관계 지워지도록 조직되어야 한다는 것을 의미한다. 이 통합적 조정의 원리는 교과를 수직적·수평적으로 조직할 때 적용되는 원리이다.

④ 선행학습의 요약·정리의 원리

이 원리는 새로운 과제를 학습할 때 현재까지 학습해 온 내용을 요약 및 정리해 주면 학습이 촉진된다는 것이다. 계열적으로 조직되어 있는 교과의 학습에서 선행 단계의 학습을 분명하게 했을 때에는 다음 단계의 학습이 촉진되지만, 그렇지 못할 때는 오히려 다음 단계의 학습을 방해하게 된다. 요약 및 정리의 방법으로는 확인, 교정, 명료화, 연습 및 복습 등이 있다.

⑤ 체계적 조직의 원리

이 원리는 학문의 내용이 계열적·체계적으로 조직되어 있으면 학습의 극대화를 이루기가 쉽다는 원리이다. 학교 학습과제가 계열적으로 조직된다면 선행과제에 관한 지식은 후속과제에 관련된 선행조직자의 역할을 하게 된다. 그러므로 학습의 극대화를 위해 별도의 조직자가 있으면 더욱 효과적이겠지만, 계열적으로 조직된 교과에서는 선행과제의 학습만으로도 충분하다는 것이다.

3) Gagné의 목표별 수업이론

Gagné의 수업이론의 주된 특징을 간략하게 제시한다면, 학습조건의 이론이라 할 수 있다. 여기서 학습조건은 학습과제의 특성과 밀접한 관련이 있다. Gagné의 관심은 학습과제의 성격, 다시 말해 학교학습 과제의 영역에 따라 서로 다른 학습 과정이 존재한다는 것에 있었다. 따라서 그가 말하는 인간학습의 조건 가운데 외부에서 제공되는 조건은 각각의 학습과정에 적합해야 한다. 그에 의하면 인간이 학습하는 데에는 학습자의 외부에서 주어지는 조건도 중요하지만, 동시에 학습자의 내부 조건도 구비되어야 한다. 그런데 이러한 조건은 과제의 종류에 따라 달라지므로 학생들이 학습해야 할 과제가 무엇인지에 따라 학습조건도 달라진다고 한다. 과제의 차이는 과제를 통해서 학습하려는 목표의 차이로 나타난다. 따라서 Gagné의 수업이론은 목표별 수업이론이라고 부를 수 있다(이성진 외, 1990)

(1) 기본 개념

Gagné의 수업이론은 독립변인과 종속변인으로 나누어 설명할 수 있다. 독립변인은 다시 외적 조건과 내적 조건으로 구분된다. 그의 이론에서 학습자의 외적 조건은 강화, 접근, 연습(반복)이고, 학습자의 내적 조건은 선행학습, 학습동기, 자아개념, 주의력 등이다. 종속변인으로는 학습력의 획득, 파지, 전이 등이 있다. 이를 그림으로 나타내면 그림 10-2와 같다.

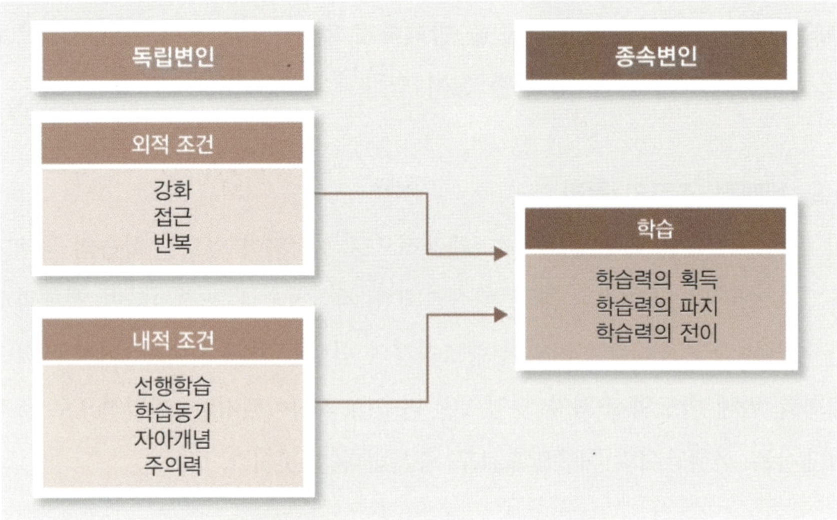

그림 10-2 Gagné의 수업이론모형

① 학습의 내·외적 조건(독립변인)

Gagné의 이론에서 독립변인은 외적 조건과 내적 조건으로 나누어진다. 외적 조건은 대체로 Skinner 등의 행동주의자들이 제시한 강화, 접근, 반복의 원리에 해당한다. 그런데 이러한 조건들은 모든 종류의 학습, 모든 연령층의 학습자에게 보편적으로 적용되는 것이 아니라 학습과제의 종류와 학습자의 연령 등에 따라서 제한적으로 적용된다. 강화의 원리는 어떤 자극사태가 제시되고 그에 적절한 반응이 있을 때 그 반응에 보상과 같은 어떤 만족스러운 일이 주어지면 그 반응이 강화된다는 원리이다. 접근(contiguity)의 원리는 학습자가 반응해야 할 자극사태와 학습자의 반응이 시간적으로 접근되어 있을 때 학습이 잘 된다는 것이다. 반복(repetition)의 원리는 자극사태와 그에 따른 반응을 되풀이하거나 연습을 하여 학습을 증진시키고 파지를 확실하게 하는 원리이다.

Gagné가 설명하는 내적 조건은 선행학습, 학습동기, 자아개념 등이다. 선행학습이란 내적 조건 중에서 가장 중요한 것인데, 학습이 이루어지기 위해서는 이전에 학습한 여러 가지 종류의 내적 상태가 필요하다는 것이다. 학습동기는 학습이 시작되는 단계에서 학습하려는 자세를 갖도록 하는 것이고, 학습이 일단 시작된 후에는 학습에 대한 동기가 계속되도록 하는 것으로서 성공적인 학습을 위해서는 학습동기가 꼭 필요하다. 학습동기로서 중요한 것은 과제동기(task motivation)와 성취동기이다. 사회적 동기로서 친애동기(affiliative motive)가 강조되기도 하지만 학교학습에서는 과제에 통달하고 과제를 성취하려는 동기에 비해서는 덜 중요하다. 또한 호기심, 탐색, 통달 등의 내재적 동기가 학습을 위해 중요하다. 자아개념은 스스로가 자기 자신을 어떻게 생각하는지, 다른 사람이 자신을 어떻게 보고 있는지가 어떤 방식으로 통합된 경우를 말하는 바, 학습에 대한 자신감이 있어야 학습이 잘 이루어지고, 성과도 높일 수 있다는 것이다. 다시 말하면 학습과 관련된 자아개념이 긍정적이고 개방적일 경우에 학습의 효과를 높일 수 있다는 것이다.

② 학습력의 획득(종속변인)

Gagné의 수업이론에서 종속변인은 학습력의 획득이다. Gagné는 학습력을 학습과제의 성격에 따라 구분하고, 동일한 학습과제의 수업에서도 다른 학습력이 길러진다고 한다. 그는 학습을 이미 소유하고 있는 지식·기능·습관·행동 경향에서의 수정이 이루어지는 과정으로 보기 때문에 그의 학습 영역 구분은 학습의 과정에 따른 것이다. 그는 과제별로 학습과정에 관한 일련의 공통적 특성을 찾아 학습과정을 다섯 가지 영역으로 분류하였다. 다섯 가지의 학습과정 영역을 설명하면 다음과 같다.

■ 운동기능(motor skills)

운동기능은 '네모 그리기, 글자나 숫자 쓰기, 자전거 타기 등'과 같은 비교적 단순한 것에서 '피아노 치기, 농구 경기'와 같이 비교적 복잡한 수준에 이르기까지 우리가 쉽게 관찰할 수 있는 것이다. 이것은 대체로 반복적 연습을 통해서 학습이 잘 이루어진다. 다른 기능과 비교할 때 반복연습의 원리가 가장 효과적인 것이 운동기능의 학습이다. 운동기능은 특히 장기간에 걸친 연습이 요구된다. 복잡한 운동기능을 학습하기 위해서는 그 운동을 구성하는 단위 운동기능에 대한 학습이 선행되어야 한다.

■ 언어적 정보(verbal information)

언어적 정보는 학교교육을 위해서는 매우 중요한 영역이다. 사물의 이름, 단순한 사실, 원리, 일반화 그리고 약간의 조직된 정보가 여기에 속한다. 문자,

숫자, 사람, 요일, 도시 등의 이름이라든지 '우리나라 인구는 현재 4천 9백만 명이다, 물은 섭씨 0도에서 언다'와 같은 사실이 그 예이다. 이러한 언어적 정보에 관한 학습은 계속적인 반복이 좋은 학습조건이 되는 운동기능의 학습 과정과는 달리 보다 포괄적으로 조직된 의미의 맥락 속에서 정보를 제시하는 것이 효과적이다. 말하자면 Ausubel(1968)의 선행조직자의 제공과 같은 것이 효과적인 방법이다.

■ 지적 기능(intellectual skills)

지적 기능은 무엇을 안다는 것과는 달리, 무엇을 할 수 있는 능력이다. 학생이 지적 기능을 소유하게 되면 주의 환경을 자기 나름대로 개념화해서 반응할 수 있게 된다. 예컨대, 자연 현상의 아름다움을 묘사하기 위해 은유법을 쓴다든지, 주어진 여러 개의 도형을 서로 식별할 수 있다든지 하는 것이 지적 기능에 해당된다. 학교학습에서 가장 중요한 영역인 지적 기능은 식별력(discrimination), 개념, 원리(rule), 복합원리(higher-order rules) 등으로 구성되며 학교교육과정의 중심을 이룬다. 지적 기능의 학습을 위해서는 외적 조건보다도 내적 조건의 준비가 더 필요하다. 특히 어떤 기능의 학습에 전제가 되는 선행기능의 선행학습이 매우 중요하다. 즉, 복합원리의 학습(또는 문제해결)을 위해서는 구체적 원리의 선행학습이 요구되고, 원리의 학습을 위해서는 개념의 학습이 선행되어야 하며, 개념의 학습은 사물의 식별과 같은 학습력의 소유가 선행학습으로 요청되는 것이다.

■ 인지 전략(cognitive strategies)

인지 전략은 Bruner(1972)에 의해 강조된 것으로, 지적 기능 영역의 한 특수한 경우이며 개인의 학습, 기억, 사고행동을 자율적으로 지배하는 기능이다. 그런데 지적 기능의 대상이 문장, 수학공식 등 외적 사태인데 비하여, 인지 전략은 학습자 자신의 사고과정을 말하는 것으로 내적 사태이다. 인지 전략은 기존에 학습한 원리로는 도저히 해결할 수 없는 문제를 새로운 아이디어를 창출함으로써 해결하는 기능으로, Gagné는 창의력과 비슷한 개념으로 취급하고 있다. 인지 전략의 학습을 위해서는 운동기능의 경우에서처럼 연습이 중요한 학습원리로 등장한다. 사고를 해야 할 일이 되풀이해서 있을 때 사고 전략이 증진된다. 이처럼 사고 전략은 지적 기능의 경우처럼 하루 아침에 갑자기 학습되지 않는다. 학습자가 혼자서 연습해야 하고, 기억해야 하고, 문제를 풀어야 하고, 문제를 규정할 수 있어야 할 상황에 계속 직면할 때 사고 전략은 향상된다(진위교 외, 1983).

■ 태도(attitudes)

태도란 학습자가 여러 종류의 활동(또는 사태), 대상, 사람들 중에서 어느 것을 선택하도록 하는 개인의 내적 상태이다. 여기서 선택한다는 것은 일정한 사태에 직면했을 때 나타날 수 있는 가능한 반응 가운데 개인이 보여주는 특정한 반응을 의미하며, 개인의 내적 상태란 일정한 사태가 주어질 경우에만 명백한 행동으로 나타나고, 보통의 경우에는 개인 속에 감추어져 파악할 수 없는 상태를 말한다. 태도는 학습한다고 해서 학습되는 것은 아니다. 또한 태도는 유의미한 언어적 설명에 의해 학습되는 것도 아니다. 태도는 개인이 한 행동에 대해 직접적으로 보상을 제공해서 학습하는 방법이 있는가 하면, Bandura(1969)가 강조하는 대리적 강화에 의해 학습되기도 한다. 대리적 강화(vicarious reinforcement)는 모범적인 인물에 의한 시범에 의해서 효과적으로 학습된다.

이상에서 기술한 다섯 영역의 학습력을 간단히 요약하면 다음의 표 10-1과 같다.

표 10-1 다섯 종류의 학습력

학습력의 종류	기능	표현행동	예
언어적 정보	학습의 방향제시 학습의 전이력 증진	정보를 진술하거나 소통하기	물의 끓는 온도는 100℃이다.
지적 기능	발전된 학습과 사고의 구성요소	특정 장면에서 지적 작용이 어떻게 이루어지는가를 보이기	대상을 기술하기 위해 은유법을 사용하기
인지전략	학습과 사고에서 학습자 행동의 통제	효과적 수단에 의해 많은 실제문제의 해결	'자장' 개념의 도출
운동기능	운동행동의 매개 역할	다양한 맥락 속에서 운동활동을 수행하기	문자를 쓰는 것
태도	개인의 선택 행동을 수정하는 역할	일군의 대상, 사람 또는 사태에서 일정한 행동과정을 선정하기	여가활동으로서 음악 감상하기를 좋아함

(2) 주요 수업원리

Gagné는 수업을 학습자의 내적 학습력과 적절하게 상호작용하여 이 내적 학습력에 변화가 생기도록 학습의 외적 조건을 배열하는 것으로 정의한다. Gagné가 제시하는 수업원리로서 목표영역별 수업의 원리와 수업사태조정의 원리에 대해 알아보기로 한다.

① 목표영역별 수업의 원리

Gagné의 수업이론에서 핵심적인 원리는 목표영역별 수업의 원리라고 할 수 있다. Gagné는 학습과정을 다섯 가지 영역으로 분류하고 이 각각의 영역에는 그에 상응하는 학습과제 또는 학습목표가 있다고 하면서, 이 학습과정에 적합한 수업원리를 제시하고 있다.

■ 언어적 정보의 수업

정보의 학습은 학습과제를 의미 있게 조직해서 제공할 때 효과적이다. 그 구체적 원리를 제시하면 다음과 같다.

첫째, 선행조직자를 제공한다.

둘째, 이름과 명칭의 기호화를 의미 있게 한다. 이름이나 명칭을 따로 학습하기보다는 문장에 포함시켜 학습으로써 이름·명칭·단어가 보다 의미 있는 형태로 전환되게 한다.

셋째, 영상화의 원리로서, 어떤 대상의 실물이나 시청각적 영상을 함께 제시하면 보다 효과적이다. 이 원리는 연령이 낮을수록 효과적이다.

■ 지적 기능의 수업

1972년에 학습의 영역을 다섯 가지로 분류하기 이전까지는 지적 기능이 Gagné 수업이론의 중심개념으로서, 그 때까지 그는 학습을 여덟 가지 형태로 나누었다. 이 여덟 가지 학습은 상호간 위계적이어서, 한 형태의 학습이 효과적으로 이루어지려면 다른 형태의 학습이 선행해서 이루어져야 한다는 학습위계의 개념을 제시하였다. 여덟 가지 학습형태에는 ① 신호학습, ② 자극-반응 연결학습, ③ 운동기능의 연결, ④ 언어적 연결, ⑤ 식별학습, ⑥ 개념학습, ⑦ 원리학습, ⑧ 문제해결학습이 있다. 그런데, 학교학습에서는 6유형 이후의 학습들, 즉 개념학습, 원리학습, 문제해결학습이 특히 중요하다. 개념학습은 주어진 자극간의 공통성, 유사성, 차이점에 대하여 반응하는 것을 말한다. 원리란 두 개 이상의 개념들이 어떤 방식으로 연결된 것을 말한다. 따라서 개념학습이 선행되지 않고는 원리학습이 이루어질 수 없다. 문제해결학습은 문제사태에 직면하여 그 문제를 해결하려고 기존에 학습한 여러 가지 원리들을 동원하는 것을 말한다.

■ 인지 전략의 수업

인지 전략은 내적으로 조직된 통제과정이다. 학습방법이나 사고방법과 같이 독자적으로 개발되고 있는 사고 전략이다. 인지 전략 수업은 많은 지적 기능의 학습을 통해서 가능하다. 또 하나의 방법은 생산적 사고의 개발을 위한 연습의 기회를 많이 제공하는 것이다. 이러한 연습에서 사용하는 구체적 방법으로서 다음과 같은 것이 있다.

- 될수록 많은 아이디어를 인출하도록 자극하기
- 아이디어의 적절성을 평가하는 기법을 알려주기
- 문제를 전혀 새로운 각도에서 보는 연습
- 적절한 질문을 던지는 연습
- 유용한 단서에 민감하도록 하는 연습
- 문제의 본질을 명료하게 하는 방법의 연습

■ 태도의 수업

직접적으로 태도를 가르치는 방법은 강화의 방법이고, 간접적으로 태도를 가르치는 방법은 대리적 강화의 방법이다. 대리적 강화는 모범적인 인물에 의한 시범 같은 것을 의미한다. Bandura에 의하면 존경할 만한 모범 인물을 선정한 후 다음과 같은 절차를 밟는 것이 효과적이라 한다.

- 학습자로 하여금 모범적 인간이 수행하는 행동을 관찰하도록 한다. 예컨대, 훌륭한 운동선수가 마약을 단호히 거절하는 모양이라든가, 사회의 저명한 인사가 불의를 분연히 거절하는 모습을 관찰하게 한다.
- 그 모범적인 인간이 그러한 행동에서 만족감·성공을 맛보는 장면을 관찰하도록 한다. 예컨대, 야구에서 4번 타자가 자기 팀의 선수를 베이스에 두고

홈런을 친 후 동료선수는 물론 관중들로부터 환호받는 장면을 보게 하는 것이다.

- 이러한 시범적 행동을 관찰함으로써 학습자는 대리적으로 강화를 받게 된다.

■ 운동기능의 수업

어떤 운동기능을 학습시키려면, 그 운동기능을 전체적으로 학습하기보다 먼저 그 운동기능을 구성하는 하위운동을 추출하여 그것을 계열화한 다음 그 각각에 숙달하도록 하는 것이 좋다. 이 경우에 연습이 가장 중요한 것이 사실이나, 시범운동의 관찰이나 그 운동기능과 관련된 적절한 정보의 제공을 병행하는 것이 필요하다.

② 수업사태조정의 원리

Gagné에 의하면 수업사태(instruction events)란 수업장면에서 교사가 학습의 내적 및 외적 조건을 조정하거나 통제하는 일련의 활동을 말한다. 즉, 수업이 이루어지기 위하여 각 학습단계에서 학습자의 학습을 자극하고 지원해 주는 내적 및 외적 조건 또는 영향을 수업사태라고 한다. Gagné는 일반적 수업사태를 시간적인 계열에 따라 9단계의 활동으로 나누었다. 이 9가지 수업사태를 학습사태와 관련지어 표로 나타내면 다음의 표 10-2와 같다.

표 10-2 학습사태와 수업사태의 관계

	학습사태	수업사태
학습을 위한 준비	• 주의 • 기대 • 작동기억으로 재생	• 주의 집중 • 학습목표 제시 • 선행학습 재생 자극
획득과 수행	• 선택적 지각 • 의미의 부호화 • 재생과 반응 • 강화	• 학습과제 관련 자극 제시 • 학습안내 • 성취수행 유도 • 피드백 제공
재생과 전이	• 재생단서 • 일반화	• 성취행동 평가 • 파지 및 전이 촉진

■ 학습을 위한 준비

- 주의집중 : 학습동기를 유발시키기 위한 일차적 요소이며, 시각물 제시 등으로 학습자의 주의를 획득할 수 있다.
- 학습목표 제시 : 학습자의 행동이 어떻게 변화되어야 하는지에 대한 학습목표의 제시는 학습의 방향을 제공해 주는 기능을 한다.
- 선행학습의 재생 자극 : 학습과제의 학습을 위해 선행해서 학습해야 할 내용이나 능력을 재생하도록 자극을 주는 것이다.

■ 획득과 수행

- 학습과제 관련 자극 제시 : 자극사태에 내재된 자극이나 대상은 학습목표에 따라 달라진다. 그림, 인쇄물, 실물 등 어떤 것을 이용하는가는 학습의 영역에 따라 다르며, 영역 내의 세분된 학습 형태에 따라 달라진다. 개념을 가르칠 때는 개념이 포괄하는 모든 경우의 예를 제시하는 것이 좋다.
- 학습안내 : 학습의 안내방법으로 흔히 쓰이는 것은 조언하기이다. 꼭 알아야 할 핵심적인 원리나 개념을 학습해야 하는 경우에 언어적인 안내, 즉 개념이나 원리의 발견을 돕는 방법으로 질문의 형식을 사용할 수 있다.
- 성취수행 유도 : 학습자가 실제로 특정의 내재적 능력을 획득하고 있는지의 여부를 결정하기 위해서는 학습자가 명백한 행위를 수행하도록 하는 것이 중요하다. 교사는 반응을 이끌어 내기 위해 질문을 하거나 지시할 수도 있다.
- 피드백 : 학습은 학습자가 학습의 결과를 지각할 수 있을 때, 특히 자기 학습의 결과가 '옳다'라고 하는 인식이 올 때 촉진된다. 개념이나 원리의 학습에서도 피드백의 중요성은 감소되지 않는다. 이때도 '맞았어요, 틀렸어요'처럼 구두로 할 수도 있고, 고개를 끄덕이거나, 미소를 지어주는 등의 비언어적인 방법을 사용할 수도 있다. 또한 원리를 학습할 때는 학습자 자신이 상기하게 되는 개념이나 원리에 비추어 현재의 학습을 점검하는 도중에 자신이 올바른 진행을 하고 있음을 확인하게 된다.

■ 재생과 전이

- 성취행동 평가 : 행동의 평가 역시 피드백을 제공하는 한 방법이다. 일정한

학습과제에 대한 학습이 매듭지어지는 단계에서 간단한 연습이나 테스트를 하며 학습의 진전을 확인한다.

- 파지 및 전이 촉진 : 파지는 선행의 경험이나 반응 행동이 재생되는 것으로 이를 높이기 위해서 연습량과 스케줄을 조정할 필요가 있다. 전이는 특정 정보, 기능, 태도가 다른 영역의 활동에까지 영향을 미치는 것으로, 이를 높이기 위한 가장 중요한 방법은 해당 개념이나 원리를 철저히 학습하는 것이다.

4) Reigeluth의 정교화 수업이론

(1) 기본 개념

정교화 이론은 간단하게 말해 가장 일반적이면서도 쉽고 기본적인 개요를 가르친 뒤 점차 이보다 더 상세하고 어려운 내용을 가르쳐 나가는 것이다. 또한, 이 이론은 선수지식을 '단순에서 복잡'의 순서로 가르쳐야 하며, 반복과 종합 그리고 다른 교수 전략 요소들을 사용할 것을 권장한다. '미시적 이론'이 단일 개념을 가르치는 것과 관련이 있다고 볼 때, 정교화 이론은 여러 개념을 계열화하여 순차적으로 가르치는 '거시적 이론'이라고 볼 수 있다.

① 줌 렌즈의 비유

정교화 이론을 이용해 과제를 학습하는 과정은 흔히 사진기의 줌 렌즈(zoom lens)로 사물을 관찰하는 것에 비유된다. 먼저 광각을 통해 사물의 전체적인 모습을 관찰함으로써 각 부분들이 서로 어떠한 관계를 형성할 수 있는지 파악할 수 있을 것이다. 그 다음 각 부분별로 확대해 들어가 세부사항들을 관찰할 수 있는 것이다. 숲을 먼저 보고 난 뒤 나무를 하나하나 관찰하는 것과 같다고 하겠다. 하지만 한 단계 줌인(zoom-in, 확대해서 보기)해서 세부사항들을 관찰한 관찰자는 다시 줌아웃(zoom-out, 광각으로 보기)해서 전체와 부분 간의 관계를 다시 반복적으로 검토할 수도 있고, 그 이상의 단계로 줌인하고 줌아웃 하는 반복적 활동을 진행할 수도 있다.

이와 같은 맥락에서 정교화 이론은 전체를 광각으로 보기 때문에 해당하는 개요로부터 출발한다. 이 개요는 요약(summary)이 아닌 '특수한 형태의 개요'로 '정수(精髓, epitome)'에 해당한다. 여기서 정수란 수업내용을 대표하는 소수의 일반적이고 간단하면서도 구체적인 아이디어나 원리로 정의되며 정교화이론에서 가장 중심이 되는 개념이다.

② 전략 요소

정교화 이론은 세 가지의 정교화 조직모형과 이 모형들을 통합하려는 하나의 체제로 구성되어 있다. 이 세 가지의 모형들은 교수내용의 형태에 따라 개념적·절차적·이론적 조직모형으로 나뉘어진다. 이 각각의 모형들은 모두 7가지 기본 전략들을 포함하고 있는데, 이 7가지 전략들의 성격은 수업내용의 형태에 따라 모형마다 달리 제시되게 된다. 이 모형들 모두 공통으로 활동되고 있는 7가지의 기본 전략들은 다음과 같다(이경화 외, 2004)

■ 단순–복잡의 정교적 계열화(simple to complex elaborative sequence)

정교화 수업이론에서 학습내용의 계열화를 위한 가장 중요한 원리는 단순–복잡의 순서로 학습 내용을 조직하는 것이다. 여기서 단순–복잡의 정교적 계열화란 사진기의 줌 렌즈를 이용하여 피사체의 전체 구성 요소들 간의 관계를 개괄적으로 보고 난 후에 각각의 구성 요소에 초점을 맞춤으로써 각 요소의 상세한 내용을 세세히 살펴본다. 그리고 필요하다면 줌 아웃하여 전체를 보는 방식과 같이 전체와 세부 구성 요소를 반복적으로 살펴보는 수업 전략이다.

■ 선수학습 요소의 계열화(learning prerequisite sequence)

선수학습 요소의 계열화는 학습구조 혹은 학습위계에 기초를 두고 있다. 학습구조는 새로운 정보를 학습하기 전에 먼저 학습하여야만 되는 지식이나 정보를 나타내는 구조이다. 따라서 선수학습 요소의 계열화란 어떤 학습에 앞서 학습자가 배워야 할 내용을 학습자에게 맞게 순서화해서 제시하는 것을 일컫는다.

■ 요약자(summarizer)

요약자란 학습한 것을 망각하지 않도록 하기 위하여 체계적으로 정의해서 복습하는데 사용되는 전략적 요소이다. 요약자는 다음의 세 가지 방식으로 구성된다.

- 가르친 각각의 아이디어와 사실에 대한 간결한 진술이다.
- 전형적이고 쉽게 기억될 수 있는 예를 제공한다.
- 각각의 내용에 대하여 진단적이고 자기 평가적인 연습문제를 제공한다.

■ 종합자(synthesizers)

종합자는 아이디어들을 서로 연결시키고 통합시키기 위하여 사용되는 전략적 요소를 의미하며, 다음과 같은 목적을 가지고 이루어진다.

- 학습자에게 필수적이며 가치 있는 지식을 제공한다.
- 이미 학습한 개개의 아이디어를 비교함으로써 보다 깊이 있게 이해할 수 있도록 도와준다.
- 수업의 전체 윤곽 속에서 아이디어들이 어떻게 연결되어 있는가를 제시해 줌으로써 학습의 유의미성과 동기를 높이는 역할을 한다.
- 새로운 지식들 사이의 관계와 새로운 지식과 학습자의 기존의 지식 사이의 관계를 연결시켜 줌으로써 주요한 아이디어나 사실의 기억을 증진시킨다.

■ 비유(analogies)

비유란 새로운 정보를 친숙한 아이디어들과 연결시켜서 새로운 아이디어를 좀 더 쉽게 이해할 수 있도록 도와주는 전략적 요소이다. 비유는 학습자에게 사전에 경험한 구체적인 지식을 회상시킴으로써 학습자가 추상적이고 복합적인 사상을 받아들일 수 있도록 준비시킨다.

■ 인지전략 활성자(activator)

학습과정에서 학습자가 자신의 인지전략이나 인지과정에 대하여 인식하고 그것을 적절히 조절할 수 있을 때, 학습자는 보다 능동적으로 참여하게 되고 학습효과도 커진다. 즉, 학습이란 학습자가 어떻게 학습내용을 인지하고 머릿속에서 처리하느냐에 달려 있기 때문에 인지전략과 그 전략을 활용하는 과정을 자극하고 도와주는 활성자는 학습의 필수적 요소이다.

■ 학습자통제(learner control)

학습자 통제란 학습자가 학습할 내용, 학습 속도, 학습자가 선택하는 특정의 교수 전략 요소와 그 전략 요소가 사용되는 순서, 학습자가 수업을 받을 때 사용하는 특정의 인지 전략 등을 선택하고 계열화할 수 있는 자유를 갖고 있음을 의미한다. 이러한 학습자 통제의 가능성을 갖고 있는 정교화 수업이론은 학습자에게 동기를 유발시켜 줌과 동시에 자신의 학습과정을 통제할 때 수업의 효과성과 효율성을 증진시켜 준다.

③ 정교화 과정

앞에서 언급한 일곱 가지 전략 요소들을 근거로 한 정교화 과정은 다음과 같은 절차를 따른다(전성연 외, 2001)

■ 정수(epitome) 제시

정교화 이론에 기초한 수업은 가장 먼저 정수를 제시한다. 정수란 학습할 내용을 대표할 만한 몇 개의 가장 쉽고, 기본이 되는 내용으로 차후 학습에 추가될 상세한 내용들의 출발점이 된다. 정수는 학습내용의 유형인 개념, 절차, 원리 중 하나를 선택해 제시하게 된다. 아울러 동기부여 전략도 제시될 수 있다. 정수가 제시된 후 학습에 도움이 된다고 판단되면 비유를 제시한다. 다음에는 학습자가 학습해야 할 내용(조직 내용)을 차례로 제시한다. 제시방법은 가장 기초적이고 대표적이며, 일반적이고 단순한 내용부터 우선 제시한다. 이 때 제시되는 각 아이디어들의 선수학습 요소들은 직전에 먼저 제시되어야 한다. 학습할 내용이 제시된 직후에는 보조내용을 제시한다. 보조내용이란 조직내용을 학습하는데 도움이 되는 내용이나 단편 지식을 말한다. 마지막으로 요약자와 종합자가 제시된다.

■ 제1수준 정교화 제시

다음에는 학습자에게 제1수준의 정교화 레슨을 모두 제시한다. 제1수준 정교화 레슨은 보통 4~8개 정도로 구성되는데, 정수의 조직내용 1~2개를 조금 더 상세하고 복잡하게 제시하는 것을 말한다. 각 레슨은 동기부여 전략, 비유,

선수학습 요소, 요약자, 종합자 등 정수를 제시할 때 사용되었던 모든 요소들을 포함한다.

■ 제2수준 정교화 제시

학습자가 제1수준 레슨의 숙달학습에 도달하면 제2수준 레슨을 제공한다. 제2수준 레슨도 제1수준 레슨과 동일한 특색을 갖는다. 다른 점이 있다면, 정수를 기반으로 정교화하는 것이 아니고, 제1수준 레슨을 기반으로 정교화해 나간다는 점이다.

■ 추가적 정교화 제시

정교화라는 것은 결국 어떤 레슨이 숙달학습이 이루어질 수 있도록 목표로 한 상세성과 복잡성에 도달할 때까지 더 높은 수준의 정교화된 레슨을 계속적으로 제시해 나가는 것을 말한다. 따라서 모든 수준의 레슨은 이전 수준의 레슨을 근거로 정교화해 나간다.

(2) 수업 원리

Reigeluth의 수업원리는 정교화 과정에서 찾을 수 있다. 위에서 제시한 정교화 과정을 근거로 수업 원리를 제시하면 다음과 같다.

① 학습내용 중 가장 단순하면서 기본적인 아이디어인 정수를 제시한다.
② 제시된 정수에 추가적으로 상세함과 복잡성을 제시한다.
③ 이를 다시 검토해 이전에 제시된 아이디어와 최근 아이디어 간의 관계를 파악하게 한다.
④ 요약과 종합으로 이어지는 정교화 패턴을 학습내용에 있어서 만족할 만한 수준의 복잡성을 성취할 때까지 계속한다.

3. 수업방법의 유형

교수방법의 형태는 무엇을 기준으로 하느냐에 따라 분류된다. 학습자의 의지 면에서 보면 자율학습, 지도학습, 타율학습으로 구분될 수 있고, 학습집단의 조직 면에서 보면 대집단학습, 소집단학습, 개별학습으로, 학습목적 면에서 보면 문제해결학습, 구인학습, 연습학습, 감상학습으로 구분될 수 있다. 또한 학습활동 면에서 보면 독서학습, 토의학습, 관찰학습, 창작학습 등으로 분류할 수 있다.

(1) 강의법

강의법은 가장 오래된 교수방법이다. 이는 교과서를 바탕으로 주로 교사의 언어를 통한 설명과 해설에 의하여 학생을 이해시켜 나가는 방법이다. 즉, 강의법은 교수자의 주도하에 일방적으로 학습자에게 학습정보를 전달하고 이해시키는 형태를 말한다.

보편적으로 강의법은 새로운 인지기술을 학습할 때 효과적으로 적용할 수 있고, 다른 방법에 비해 정해진 시간 안에 많은 내용을 전달할 수 있다. 즉, 짧은 시간 안에 방대한 자료를 전달할 수 있는 것이다. 또한 교수자의 의도에 따라 학습내용을 보충, 첨가, 삭제가 가능하며, 학습의 분량, 시간, 학습 환경을 융통성 있게 조절할 수 있다. 이러한 강의법은 다른 교수방법과 달리 교수자 중심으로 진행하는데, 교수자가 상황에 따라 학습과정을 적절하게 조절할 수 있다. 그리고 비교적 학습자의 특성에 국한하지 않고 광범위하게 활용할 수 있으며, 많은 사람들이 친근하게 느낀다.

반면에 강의법은 교사중심의 수업이므로 학생들이 수동적으로 지식을 전달받기 때문에 지식의 단순 암기나 이해에 그치게 되어 표현력, 비판력, 문제해결력과 같은 고등정신 능력을 기르기 어려우며, 획일적인 일제학습으로 인하여 학습자의 개인차를 고려한 교수가 곤란하다. 학습자는 각기 다른 다양한 특성을 가지고 있지만 교사자 주도의 교수-학습 상황하에서 한 교수자가 다수 학습자의 특성을 모두 고려하여 수업을 진행한다는 것은 어려운 일이므로 일반적으로 중간수준 학습자의 이해정도 및 학습속도에 맞춘다. 따라서, 상위수준의 학습자는 지루함을 느끼고, 하위수준의 학습자는 학습내용을 제대로 이해하지 못해 의욕 상실감을 경험할 수 있다.

표 10-3 강의식 수업의 절차

단계	구체적 활동내용
1단계 : 학습문제 파악	• 학습자와 우호적인 관계형성 • 학습목표 제시 • 학습동기의 유발 • 선행학습의 확인 및 처치 • 선행조직자의 이용
2단계 : 학습문제 해결	• 학습할 개념, 원리, 법칙 등 학습내용의 제시 및 설명 • 필요한 학습 자료와 매체의 체계적인 제시 • 학습문제 해결 • 지속적으로 주의 집중시키기
3단계 : 일반화	• 문제해결의 연습 및 다양한 예제의 적용 • 통합조정의 원리 이용 • 학습내용의 강조 및 요점 정리 • 심화 및 확충 설명 • 차시 예고 및 과제의 제시

(2) 토론법

토론법은 어떤 주제, 이유, 논쟁점 등을 분석, 탐색, 토론하기 위하여 학생과 교사들이 다같이 언어로 상호작용하는 방법이다. 토론의 목적은 학습자의 참여를 유도하고 학습문제를 비판적으로 분석하여 창의적인 능력과 협동적인 기술을 개발하는 한편, 특정 문제 상황에 대한 해결책을 탐색하거나 태도변화를 유도하는 것이다. 즉, 토론법은 학습의 목적을 달성하기 위하여 학습자가 자신의 의견을 제시하고 다른 사람의 의견을 받아들이는 상호작용 속에서 합의점을 갖고 문제를 해결하는 방법이다. 이 방법은 민주주의 원칙에 기반을 둔 학습활동으로 교수자와 학습자 모두의 의사소통 기술과 대인관계 기능의 함양을 토대로 이루어진다.

이러한 토론법의 장점은 타인의 의견을 듣고 정보를 습득함으로써 자신의 생각을 심화·보충·확대시킬 수 있는 연구적인 태도를 배울 수 있다는 것이다. 또한 개방적인 의사소통과 협조적인 분위기 속에서 학습자가 적극 참여하게 되므로 학습동기와 흥미를 유발할 수 있다는 점과 학습자가 집단활동의 기술을 개발하고 민주적인 태도를 배울 수 있다는 것이다. 이 외에도 학생 자신의 생각을 일관성 있게 나타내고 의미 있게 표현할 수 있는 의사소통 기술을 연습할 기회를 제공한다는 것과 대화를 통해 상호 의견을 교환하고 집단적으로 문제를 해결하는 협력의 과정을 전제로 하기 때문에 사회적 기능 및 태도를 형성할 수 있다는 것이다.

반면, 토론법의 단점으로는 발표내용보다 발표자에 중점을 두기 쉽고 감정에 좌우되기 쉬우며 방관적인 태도를 취하는 학습자가 많을 수 있다는 것이다. 또한, 집단의 크기가 크면 원활한 토론이 이루어질 수 없으므로 집단 구성원의 수에 한계가 있다는 것과 리더가 미숙하면 효과적인 토론이 이루어질 수 없으므로 리더의 영향력이 크다는 것이다.

토론법의 유형으로는 성숙한 학생들에게 유리한 소집단토론, 3~10명 정도의 소규모 집단에 유리한 원탁토론, 1~3명 정도의 전문가가 공개연설을 한 후 그 내용을 중심으로 참가자와 질의하는 방식의 공개토론 등이 있다. 이 밖에도 4, 5명의 학습자가 연사로 선출되어 정해진 주제의 상이한 측면에 대해 5분간의 시간이 할당되어 서로의 입장을 비판적으로 발언하는 배심토론, 토론주제에 대하여 권위 있는 전문가 몇 명이 각기 다른 의견을 공식 발표한 후에 이를 중심으로 하여 교수자(사회자)가 토론을 진행하는 단상토론, 3~6명으로 편성된 집단이 주어진 주제에 대해 6분가량 토론을 하는 형태로서 토론과정이 소집단 간의 활발한 토론활동으로 이우어져 마치 벌떼가 윙윙거리는 모습과 같다고 해서 붙여진 버즈(buzz)토론이 있다.

표 10-4 토론식 수업의 절차

절차	내용
절차 1 (토의문제 확인과 동기유발)	토의가 시작될 때 토의 진행자는 토의의 목적과 주제 및 방식을 분명하게 설명해야 하며, 학습자 전원이 이를 이해하고 자신의 역할을 파악하여 적극적으로 반응할 수 있도록 동기유발을 시켜야 한다.
절차 2 (토의문제 분석)	토의문제의 다양한 측면을 검토하고 평가해야 한다. 이때 진행자는 토의가 목적지향적이 되도록 유의하되 학습자가 자연스럽게 참여할 수 있도록 유도한다. 또한 원만하고 개방적인 분위기를 조성해야 한다.
절차 3 (가설 설정)	아이디어 창출과정으로 문제해결의 핵심부분이다. 이때 잠시 브레인스토밍을 할 수도 있고, 제안된 대안에 대한 장단점을 간단히 토의할 수도 있다.
절차 4 (가설 검증)	최적의 가능성을 가진 대안을 찾기 위한 기준이나 준거를 개발한다.
절차 5 (일반화)	토의 결과가 생활에 응용되거나 행동으로 실천될 수 있도록 일반화한다.
절차 6 (마무리 · 평가)	이제까지 토의한 내용을 요약 · 정리하고 결론을 도출한다. 토의식 목적을 달성했는지를 확인한 후 학습자에게 피드백을 제공한다. 때로는 토의의 흐름을 프로차트로 정리해 주는 것도 바람직하다.

(3) 협동학습

협동학습은 집단을 조직하고, 공동의 목표를 설정하며, 설정된 목표를 달성하기 위하여 공동으로 노력하고, 구성원끼리 도움을 주고받는 학습방법이다. 전통적인 소집단 학습과 비교할 때 협동학습은 긍정적인 상호 의존, 개별 책무성 그리고 동등한 성공기회 등의 요소가 포함된다, 즉, 협동학습은 학습능력이 각기 다른 학습자가 동일한 학습목표를 향하여 소집단 내에서 함께 활동하는 학습방법이다. 여기서 '전체는 개인을 위하여, 개인은 전체를 위하여'라는 태도를 갖게 되고, 집단 구성원의 성공적 학습을 위하여 서로 격려하고 도움으로써 학습부진을 개선할 수 있다고 생각한다. Johnson과 Johnson은 협동학습을 성공적으로 달성하기 위하여 갖추어야 할 다섯 가지 기본 요소를 긍정적인 상호 의존성, 면대면을 통한 상호작용, 개별 책무성, 사회적 기술, 집단의 과정화로 제시하였다.

표 10-5 협동학습을 성공적으로 달성하기 위하여 갖추어야 할 다섯 가지 기본 요소

기본요소	내용
긍정적인 상호 의존성	집단 구성원 모두가 서로 협력하여 같은 목표를 향해 나아간다는 긍정적인 상호 의존성이 필요하다.
면대면을 통한 상호작용	집단 구성원이 서로 얼굴을 마주 대하여 관심을 가지고 서로 개방적이며 허용적인 태도를 보여 주어 심리적으로도 일체감을 가지는 것이 필요하다.
개별 책무성	집단 구성원 각자의 수행이 집단 전체의 수행결과에 영향을 주며, 또한 집단 전체의 수행은 구성원 각자의 수행에 다시 영향을 준다는 서로 간의 책무성이 필요하다.
사회적 기술	집단 구성원 간에 원만한 인간관계를 가지므로 지적인 측면뿐만 아니라 정의적인 측면에서도 긍정적이다.
집단의 과정화	집단 구성원 모두가 적극적으로 학습활동에 참여하는 과정을 통해 협동학습에서 요구되는 원칙과 기술을 익혀야 한다.

이러한 협동학습의 장점을 살펴보면 다음과 같다.

첫째, 학교에서 협동학습을 행하는 과제가 사회에서 요청되는 과제와 성격이 흡사하여 협동학습을 많이 한 경우 사회에 적응하거나 문제를 해결하는데 많은 도움을 받을 수 있다.

둘째, 혼자서 학습하는 경우보다 더 많은 것을 학습할 수 있다.

셋째, 혼자서는 시도하기 어려운 경우 여럿이 해내다 보면 자신감이 생기게 되

어 주어진 과제에 대한 도전을 하는데 적절한 기질, 성향, 태도 등이 개발된다.

넷째, 다른 학습자가 가지고 있는 학습방법을 관찰하고 배울 기회가 주어진다.

다섯째, 학습자는 동료에게서 도움을 받는 과정에서 다른 사람의 힘을 빌릴 수 있는 능력을 갖추게 된다.

여섯째, 무슨 일이든 서로 나누어 함께 해결하고 그 결과에 대해 보람을 갖는 협력적 태도를 형성할 수 있다.

또한, 협동학습의 단점을 살펴보면 다음과 같다.

첫째, 어떤 일을 수행할 때 과정보다는 결과를 중시하는 버릇이 생길 수 있다.

둘째, 소집단 내에서 특정 학습자나 리더가 어떤 것을 잘못 이해하고 있을 때 다른 사람이 그것을 그대로 따라갈 우려가 있으며, 이럴 경우 잘못된 이해가 더욱 강화되는 경향이 있다.

셋째, 학습과정이나 학습목표보다는 그저 집단과정만을 더 소중히 생각하는 경향을 초래할 수 있다.

넷째, 학습자가 교사에게 의존하는 경향이 감소하는 대신 또래에게 의존하는 경향이 커질 우려가 있다.

협동학습의 유형으로는 Slavin에 의해 개발된 팀 학습 형태인 팀 성취 분배 보상 기법(STAD)과 주어진 과제에 대한 지식의 정도를 게임을 통해 알아보는 팀 토너먼트식 게임법(TGT), 동료 간에 높은 수준의 상호 의존 체계를 요구하는 직소(Jigsaw) 학습법Ⅰ과 학생들을 전문가 집단과 학습팀으로 나누어 전문가 집단에 속한 학생들이 복잡한 영역을 연구하고 정보를 수집하여 그 전문성을 학습팀에 나누는 직소 학습법Ⅱ가 있다. 이 외에도 인문사회계열의 문제해결에 용이하며 정의적 학습에 효과적인 집단조사, 수학과목에의 적용을 위한 협동학습과 개별학습의 혼합모형인 팀 보조 개별학습(TAI) 등이 있다.

표 10-6 협동학습의 절차

절차	내용
수업목표의 명세화	학습과제를 분석하여 수업목표를 명세화한다.
협동학습 모형의 선택	협동학습의 다양한 모형 중 교사는 학습자의 특성과 수업목표를 고려하여 최적의 협동학습 모형을 선택해야 한다.
소집단의 구성	협동학습의 소집단 크기는 학습과제에 따라 다양할 수 있으나 보통 2~6명이 가장 적당하다.
협동학습의 방법 및 절차에 대한 지도	적합한 협동학습의 모형이 결정되면 교사는 이를 실행에 옮길 수 있도록 학습지도안을 작성하고 협동학습의 절차와 방법에 대해 학습자에게 충분히 주지시킨다.
협동기술 지도	협동학습의 효과를 극대화하기 위해서는 협동의지와 협동기술을 높여 주기 위한 전략이 필요하다.
협동학습 실시	협동학습이 진행되는 동안 교사는 학습의 전반적인 운영을 도와주면 안내자의 역할을 한다.
협동학습의 결과 평가	협동학습의 결과에 대해서는 평가가 이루어져야 하는데, 전통적인 평가방법이나 수행평가를 실시할 수 있다.

(4) 인지적 도제학습

인지적 도제학습은 기존 교수설계에서 경시되었던 현실과 유사한 상황에서의 학습, 실제적 과제 수행 경험, 교사와 학생의 밀접한 상호작용, 토론을 통한 역동적 학습 등을 중시한다. 이는 교수설계 방법의 새로운 방향을 제시하며, 차세대 교수설계의 실체를 반영하고자 하는 최근의 연구동향과도 그 맥을 같이한다. 즉, 인지적 도제학습은 학습자가 실제 과제를 수행하는 과정에서 전문가의 인지적 도구를 습득, 개발, 활용할 수 있도록 함으로써 학습이 일어나는 것을 의미한다. 인지적 도제학습은 전문가가 이미 습득한 검증된 지식을 학습자가 전문가와 일상적인 생활에서 사회적인 상호작용을 통해 습득하도록 하는 데 목적이 있다. 일반적인 도제와의 차이점은 인지적 도제학습은 도제의 내용이 물리적인 것이 아닌 학교교육을 통해 습득되는 인지적인 활동에 초점을 두고 있다는 것이다. 인지적 도제학습의 종류로는 학생이 일을 수행하는데 필요한 과정을 관찰하거나 개념적 모델을 세울 수 있도록 전문가가 수행하는 일을 포함하는 모델링, 과제에 대해 이전에 알지 못했던 측면을 학생에게 직접 주의시켜 주거나 알고 있었지만 일시적으로 빠뜨린 과제의 어떤 측면을 학생들에게 회상시켜 주는 코칭, 아동이 처음 접해 보는 문제를 근처의 어른이나 아니면 그 문제를 접해 본 적이 있는 사람이 도와주는 비계설정, 학생이 그들의 지식, 생각 또는 문제해결 과정을 정확히 표현하도록 하는 명확한 표현과 학생이 자신의 문제 해결 과정과 전문가, 다른 학생, 궁극적으로 전문가의 내적 인지 모델을 비교할 수 있도록 해 주는 반성적 사고 등이 있다.

Chapter

11

교육평가와 심리검사

1. 교육평가

이 장에서는 교육평가란 무엇을 의미하는지 그 개념을 이해하고, 다양한 관점에 따른 평가의 유형과 평가도구에 관한 내용을 살펴봄으로써 교육평가의 기본적인 내용에 대한 이해를 높이고자 한다.

1) 교육평가의 개념

평가는 표준국어대사전에 의하면 '물건 값을 헤아려 매김, 또는 사물의 가치나 수준 따위를 평함'이라고 되어 있다. 평가라는 단어의 형태를 살펴보면 한자의 '평가(評價)'나 영어의 'e-value-ation'이 가지는 의미는 어떤 사물의 가치를 판단하는 것으로 이해된다. 이러한 점에서 교육평가는 교육행위에 대한 가치를 판단하는 일이라고 할 수 있다. 교육행위는 교육목적과 교육내용 그리고 교육방법과 성취도 등을 모두 포함하는 것이라 할 수 있다.

일반적으로 우리는 교육평가에 대해 어떻게 이야기하고 있는가? 특정한 시험점수 또는 석차를 교육평가로 인식하고 있는가? 학력검사나 심리검사 또는 측정을 평가의 개념으로 사용하고 있는가? 교육평가의 개념적 이해를 위해 평가와 관련하여 혼용해서 쓰고 있는 검사, 측정, 사정, 평가 등의 용어들을 살펴보는 것이 교육평가의 개념을 이해하는 데 도움이 될 것이다.

(1) 검사

일반적으로 검사(test)는 지능검사나 적성검사 등 심리검사를 의미하거나 학력검사나 기말시험과 같은 시험을 의미한다. 검사는 '행동의 한 표본을 객관적이고 표준화된 절차에 의해 측정하는 도구(Anastasi, 1988)'라고 할 수 있다. 즉, 피험자에게 측정하고자 하는 것을 문항형태로 제시하고 이에 반응하도록 함으로써 검사자가 의도했던 특성에 관해 추론할 수 있도록 수량화하는 체계적인 절차를 의미한다. Cronbach(1984)는 검사란 '수량적 척도나 범주를 사용하여 행동을 관찰하고 기술하는 체계적인 절차'라고 포괄적으로 개념화하였다.

(2) 측정

측정(measurement)은 검사라는 용어보다는 폭넓은 개념으로 쓰인다. 학자들에 따라 측정의 의미가 다양하게 개념화되지만 일반적으로 측정은 "관찰이나 검사를 통해 명확한 공식이나 규칙에 따라서 사물, 사건, 사람의 특성이나 속성을 수량으로 나타내는 것"을 말한다(이희백 외, 2014). 즉, 측정이란 측정하고자 하는 속성인 학업성취, 지능, 창의성, 흥미, 가치, 적성 등을 정확하게 재어서 그 측정량을 수량으로 표시하는 것을 말한다.

(3) 사정

사정(assessment)은 다양한 측정 결과를 통하여 한 개인이나 대상의 전체적인 모습을 조명하는 전인적 평가이며 등급매기기, 심사하기, 자격부여하기 등의 과정(교육평가연구회, 1995)을 의미한다. 또한 개인, 기관 또는 프로그램의 특성이나 수행준거에 관하여 정보를 도출하는 제반절차(한국교육심리학회, 2000)를 말하는 것으로 검사나 측정과는 달리 다양한 자료나 방법을 통해 종합적으로 판단하는 것을 말한다.

(4) 평가

평가(evaluation)란 측정의 개념보다 훨씬 더 포괄적인 성격을 가진다. 평가는 "어떤 목적을 가지고 아이디어, 작품, 방법, 소재 등에 관하여 가치판단을 하는 능력(교육평가연구회, 1995)" 또는 "어떤 대상이나 행위에 관하여 가치를 판정하는 과정(이영석 외, 1989)"이라고 할 수 있다. 즉, 평가란 어떤 현상이나 사건을 양적·질적으로 기술한 사실에 대해 가치판단을 하는 것을 포함한다. 예를 들어, 신생아의 몸무게가 3.5kg이라는 것으로 정확히 수치화하는 것은 측정의 개념이지만 신생아의 체중으로서 미달 또는 정상이라고 판단을 내리는 것은 평가의 개념이라고 할 수 있다.

오성삼 등(1996)은 측정과 평가에 관한 개념을 다음과 같이 비교하고 있다.

첫째, 발달순서로 측정이 평가보다 앞선다.

둘째, 측정은 과학적이고 객관적인 수량화에 중점을 두나 평가에는 목적과 가치를 염두에 두고 측정에서 얻은 자료를 이용하여 교육목적 달성의 정도를 따지며

질적인 해석을 중요시한다.

셋째, 측정은 신뢰도에 관계된 개념이고 평가는 타당도에 관련된 개념이다.

넷째, 측정은 지적 능력이 주된 대상이나 평가는 전인적 발달이 대상이 된다.

다섯째, 평가는 최후적이며 측정은 평가 속에 포함된다.

여섯째, 측정은 평가를 위한 수단이며 방법이다.

일곱째, 평가는 계속적인 의미를 가지나 측정은 단발적인 의미를 가진다.

평가와 관련한 상기한 용어들의 개념들을 살펴보았다. 그렇다면 우리는 교육평가를 어떻게 정의할 수 있을 것인가? 교육에 대한 다양한 정의가 있는 것처럼 교육평가의 의미 또한 광범위하게 사용되고 있다. 일반적으로 학교에서의 학업성취도 검사, 중간고사나 기말고사 등을 교육평가로 생각하게 되는데, 이는 교육평가를 매우 협소한 의미로 생각하는 것이다. 교육학용어사전(1995)에 따르면 교육평가란 '교육목적 달성도에 관한 증거 및 교육목적의 달성에 영향을 미치는 변인에 관한 증거를 수집하고 그에 대해 교육적 의사결정을 내리는 과정'으로 정의하고 있다. 교육평가에 대한 가장 오랫동안 널리 사용되어온 정의는 타일러(Tyler)가 내린 정의로써 그는 교육과정과 수업의 기본원리(Tyler, 1949)에서 "평가의 과정이란 본질적으로 교육과정 및 수업 프로그램에 의하여 교육목표가 실제로 어느 정도 실현되었는지를 밝히는 과정"이라고 하였다. 1930년대의 측정이론이 가지고 있던 불완전한 요건들을 설파한 Tyler 이래로 교육평가는 학술용어로 일반화되면서 사용되기 시작하였다. 김종서(1984)는 "교수 프로그램에 대한 의사결정을 하기 위하여 학습자의 행동변화 및 학습과정에 관한 정보를 수집하고 이용하여 교육적 의사결정을 내리는 데 도움을 주거나 의사결정을 하는 과정 바로 그 자체"라고 하였다. 따라서 교육평가란 교육목표의 달성 정도를 객관적이고 체계적으로 밝혀서 판단하는 과정이라고 볼 수 있으며, 교육평가를 왜 하는가 하는 문제를 생각할 때 그것은 곧 교육평가의 목적을 의미한다.

2) 교육평가의 기능과 영역

교육평가는 다음과 같은 몇 가지 기능들을 수행한다.

첫째, 학습자의 교육목표 달성 정도, 즉 학업성취도를 평가하는 기능을 가진다.

교수-학습 과정을 통하여 설정된 교육(학습)목표를 얼마나 달성하였는지를 확인하는 것이다. 학업성취도의 평가를 통해 학습자의 수준을 확인하고 학습의 촉진을 위한 다양한 피드백이 이루어지게 된다. 둘째, 교육활동이 이루어지는 전반적인 과정에 대한 평가기능을 가진다. 즉, 교육목표의 설정에서 수업절차, 수업자료, 학교조직 등에 이르기까지 교육적 효과성을 진단하는 기능을 수행한다. 이러한 진단을 통하여 문제점을 발견하고 이를 개선하기 위한 다양한 활동들이 이루어지게 된다. 셋째, 학습자의 학습곤란을 진단하여 이를 개선하거나 피드백을 통해 향후의 학습을 촉진하도록 하는 학습동기를 유발하는 기능을 수행한다. 넷째, 학습자의 자격 판단과 같은 선발의 기능을 수행하며 학습자들을 능력이나 조건에 맞게 배치하는 정치(定置)와 학습자의 장래 진로지도를 위한 자료를 수집하는 기능을 가진다. 다섯째, 교육평가는 다양한 교육문제들에 대해 이해하고 여러 가지 교육정책들을 수립하는 데 도움을 주는 역할을 수행한다. 학교 급별 또는 교과별 실시하는 학력 수준이나 또는 국가 간 학력비교 등을 통해 교육정책의 수립에 도움을 줄 수 있다.

교육평가의 영역에는 다양한 구분이 있을 수 있으나 일반적으로 학습자, 교사, 교육기관으로 나누어 생각해 볼 수 있다.

(1) 학습자평가

학습자평가는 교육의 대상에 대한 평가를 의미하며 교육평가에서 가장 중요하게 생각되어온 영역으로 학습자의 능력과 개인차 등을 평가하는 것이다. 학습자평가는 인지적 평가와 정의적 평가 그리고 심동적 평가로 구분하여 생각해 볼 수 있다.

첫째, 인지적(cognitive) 평가는 학습자의 지식획득이나 인지능력에 대한 평가를 의미한다. 학교에서 이루어지는 교과별 시험이나 학업성취도 검사, 지능검사, 적성검사 등이 인지적 평가에 해당한다.

둘째, 정의적(affective, 情意的) 평가는 인간의 정서와 감정을 통해 형성되는 영역으로 흥미, 열정, 참여 등의 태도나 가치관 등에 관한 평가이다.

셋째, 심동적(psychomotor) 평가는 신체와 관련된 기능의 숙달과 발달에 관한 영역으로 신체운동이나 동작, 악기나 기구장치의 조작 등에 관한 평가이다.

(2) 교사평가

교사는 학습자에게 영향을 미치는 가장 중요한 인적요소이며 교육의 질을 좌우한다는 점에서 교사평가는 매우 중요하다고 할 수 있다. 교사평가는 교사의 전문성을 증진시키고 교사의 업무수행에 대한 구체적이고 체계적인 피드백을 제공하므로 교사의 질 관리에 도움을 주는 역할을 한다(최일선·조운주, 2016). 교사평가의 주된 목적은 조직의 전체적인 효과성 및 교사의 업적수행 기능의 개선, 승진자격의 판정, 학교조직의 개선, 책무성, 그리고 연구목적을 위한 평가 등으로 정리할 수 있다(김석우, 2015).

(3) 교육기관평가

교육기관(학교, 유치원 등)은 교사와 학습자가 만나 교육이 이루어지는 교육활동의 장이라고 할 수 있다. 따라서 교육기관이 그 역할을 제대로 수행할 수 없거나 교육기관에 대한 평가가 이루어지지 않는다면 교육의 질을 보장할 수 없으며, 국가나 교육수요자가 기대하는 교육활동의 수준을 달성하고 있는지 확인할 수 없다는 점에서 교육기관에 대한 평가는 매우 필요하다. 우리나라의 학교평가는 1997년 초·중등학교법에 근거하여 실시되고 있다.

3) 교육평가의 유형

교육평가의 유형은 평가기준이나 관점에 따라 몇 가지 평가유형으로 생각해 볼 수 있다. 평가의 기준을 어디에 두느냐에 따라서 상대평가와 절대평가로 구분할 수 있고 평가의 시기와 목적에 따라서 진단평가, 형성평가, 총합평가로 구분할 수 있다. 또한 평가대상에 따라 능력참조평가와 성장참조평가로 구분할 수 있으며, 누가 어떻게 작성했느냐에 따라서 자작 검사와 표준화 검사로 나눌 수가 있다.

(1) 상대평가와 절대평가

① 상대평가 : 누가 더 잘 하는가?

상대평가란 규준지향평가(norm-referenced evaluation)라고 하며, 평가해석의 규준을 집단에 두는 방법이다. 즉, 상대평가라 함은 한 학생의 위치(학력, 지능 성격 등)를 판단하기 위하여 그 학생이 소속된 집단의 다른 학생의 위치를 참조체제로 하는 평가를 말한다. 이때 한 학생의 위치가 비교될 수 있는 집단을 규준집단(norm group)이라고 하며, 집단의 규준에 비추어 상대적 위치를 판단하는 평가방법이다. 예를 들어, 학업성취의 경우 상대평가는 주어진 학습목표와는 관계없이 학급의 다른 학생들과의 점수비교를 통하여 자신의 서열을 상대적으로 비교하는 평가유형이다.

상대평가는 인간의 모든 능력이나 특성을 측정이 가능한 것으로 보며, 모든 측정 결과를 비교하여 평가할 수 있는 것으로 본다. 상대평가는 교육을 통해서 달성하고자 하는 어떤 교육목적이나 일정한 수준에 도달할 수 있는 사람은 다수 중 일부이거나 소수에 지나지 않는다는 신념을 가진 선발적 교육관에 바탕을 두고 있다(이해정 외, 2018). 즉, '무엇을 얼마나 성취하였는가?'가 아니라 '다른 학생과 비교하여 얼마나 잘했는가?'에 초점을 두며, 상대적 서열을 판단하는 데 관심이 있다. 상대평가의 대표적인 예로써 현행 수능시험은 규준지향평가로 9등급의 체계를 가지며, 상위 4%까지 1등급, 11%까지 2등급, 23%까지 3등급, 40%까지 4등급, 60%까지 5등급, 77%까지 6등급, 89%까지 7등급, 96%까지 8등급, 100%까지 9등급으로 학생을 평가한다(송인섭 외, 2017).

상대평가의 장단점을 열거하면 다음과 같다(이종숙, 1989). 상대평가의 장점은 첫째, 개인차 변별이 가능하다. 둘째, 평가자의 주관적인 편견, 즉 교사의 편견을 배제할 수 있다. 셋째, 경쟁을 통해 외현적 동기 유발이 가능하다.

상대평가의 단점으로는 첫째, 교육목표의 달성 정도, 즉 진정한 의미의 학습 효과를 비교하는 것이 불가능하다. 둘째, 내적동기유발을 권장하고 있는 현대 학습에 맞지 않다. 셋째, 과다한 경쟁으로 학습자의 정서적 문제를 야기시킨다. 넷째, 교수-학습 개선기능을 약화시킬 우려가 있다. 다섯째, 인간 발달에 대한 신념이나 교육에 대한 신념을 흐리게 할 우려가 있다.

② 절대평가 : 무엇을 얼마나 알고 있는가?

절대평가는 절대기준평가, 목표지향적 평가 등으로 불리며 학습자의 현재의 성취수준이나 목표의 도달 정도를 알아보기 위한 것으로 구체화된 성취수준 또는 준거에 개인의 성취수준을 조회하여 성취도를 평가하는 것을 의미한다. 한 학생의 학업성취가 그가 속한 집단의 평가결과와는 관계없이 주어진 학습목표를 어느 정도 달성하였느냐 하는 학습목표 달성도에 의해 학업성취를 평가하는 유형이다(이희백 외, 2014). 즉, 교육목표를 설정해 놓고 교육 또는 교수-학습을 통해 학생이 무엇을 성취했느냐를 보는 교육목표 달성 정도를 평가하는 방법이다(송인섭 외, 2017).

선발적 교육관에 바탕을 두고 있는 상대평가와는 달리 절대평가는 선발이 목적이 아니라 가능한 한 모든 학습자가 의도하는 바의 수업목표를 달성할 수 있도록 적절한 학습방법을 통해 평가를 하는 것에 목적이 있다(이해정 외, 2018). 절대평가는 개인의 성적이 집단의 성적분포에 영향을 받지 않기 때문에 모든 학습자들이 A에 해당하는 평가를 받거나 모두 B에 해당하는 평가를 받을 수도 있다(조은미 외, 2013). 자동차 운전 면허시험이나 의사나 간호사 등의 국가자격시험 등은 일정한 성취도 기준에 도달하는 경우 자격을 부여한다는 점에서 절대평가의 적용을 받는 대표적인 예이다.

따라서 절대평가에서 가장 중요하게 고려해야 할 사항은 교육 또는 학습의 성취목표를 얼마나 정확히 세우느냐 하는 것이다. 설정된 목표가 평가목표가 되기 때문에 그 목표의 달성도를 측정할 수 있는 평가문항을 제작하는 일 또한 매우 중요하다.

절대평가의 장점은 첫째, 진정한 의미의 학습 효과를 측정할 수 있으며, 경쟁이 아닌 협동학습이 가능하다. 둘째, 지나친 경쟁의식을 지양하여 학습자의 정서적 안정과 건강에 공헌한다. 셋째, 특정 학습목표에 대한 성취 또는 미성취의 판정이 가능하다.

절대평가의 단점은 첫째, 학습자의 개인차 변별이 용이하지 않다. 둘째, 평가기준의 설정이 누가 어떻게 정하느냐에 따라 여러 가지 문제를 야기할 수 있다. 셋째, 경쟁을 통한 외현적 학습동기를 유발하여 학습을 촉진하고자 할 때는 부적절하다.

표 11-1 상대평가와 절대평가의 특징 비교

	상대평가	절대평가
교육관	• 선발적 교육관	• 발달적 교육관
평가목적	• 개인의 상대적 위치(서열) 비교	• 교육목표 달성정도 파악
평가도구의 강조요인	• 신뢰도	• 타당도
특징	• 정규분포를 지향 • 개인차 변별 • 경쟁, 외적동기유발	• 부적편포를 지향 • 진정한 학업성취 • 협동, 내적동기유발

(2) 진단 평가 · 형성평가 · 총괄 평가

① 진단평가

진단평가는 본격적인 교수-학습이 시작되기 전에 실시하는 평가로서, 진단은 의사가 환자의 병 상태를 판단하는 일처럼 교수자가 학습자의 현 상태를 점검하는 데 활용된다(정미경 외, 2019). 따라서 진단평가(diagnostic evaluation)는 학생들의 배치 또는 정치(placement), 선수학습능력, 학습곤란 등을 진단하여 효율적인 학습지도 방안을 찾기 위한 평가(이영석, 1998)의 유형을 말한다.

교사가 효과적인 수업계획 및 지도를 하기 위해서는 학생들의 학습준비도나 학습흥미, 학습동기, 성격특성, 기초학력 정도, 학습자 정서 등을 충분히 파악할수록 도움이 되는데, 이러한 초기단계의 평가를 진단평가라고 한다(구병두 외, 2015). 진단평가는 두 가지로 나눌 수 있는데, 첫째, 교사가 어떤 교과를 시작할 때 학생들이 그 교과에 대해서 알고 있는지 아닌지를 평가하여 출발점 행동을 예견하는 것이며, 둘째, 수업중간에 학생들의 학습실패의 원인인 학습결손이 무엇이었는지를 진단해 준다(강유정 외, 2018). 따라서 수업이 실시되기 전이나 시초에 이루어지는 진단평가는 정치(定置)를 주요기능으로 하며, 어떤 주어진 학습 과제를 학습하기 전에 이 학습과제를 성공적으로 학습하기 위해서 선행 학습의 정도나 적성, 학습흥미, 동기, 자아 개념 등의 출발점 행동을 파악하고자 한다. 수업이 진행되는 도중에 실시되는 진단평가는 학습상태의 결손이나 근본원인을 밝히는 일을 주요기능으로 한다. 즉, 학습결손의 근본원인이나 학습상의 실패원인을 정확하게 지적하여 장애요소를 교정하고자 할 경우 진단평가를 실시한다(이영석 외, 1985).

진단평가의 활용 예를 살펴보면 유아교육에서 유아를 대상으로 한 진단평가는 가정환경조사서나 발달검사, 유아관찰, 부모 면담 등을 통하여 유아의 특성이나 전반적인 발달 상태 등을 파악할 수 있다. 초등교육에서의 진단평가는 교사가 자체적으로 실시하는 쪽지시험이나 퀴즈, 면담, 학급기초조사서, 학습환경조사서 등이 있으며, 시도 교육청에서 실시하는 교과학습 진단평가 등이 있다.

② 형성평가

형성평가(formative evaluation)는 1967년 Scriven에 의해 제안된 것으로 학습이 진행되는 과정 중에 실시되는 평가로서 주어진 수업 목표의 달성을 위하여 수업이 정상적인 진전을 보여주고 있는지를 수시로 점검하는 평가이다. 학습 및 교수가 진행되고 있는 동안에 학습목표와 관련된 사항을 확인함으로써 학생들의 학업곤란에 대한 지원, 교사의 학습지도 방법과 교육과정 개선 등을 위한 목적으로 이루어지는 평가라고 볼 수 있다(구병두 외, 2015).

형성평가는 단원을 학습하거나 교육과정을 진행하는 도중에 수시로 실시되며 학생정보 수집의 유형에 따라 형식적인 형성평가와 비형식적인 형성평가로 나눌 수 있다. 형식적인 형성평가는 계획된 평가로서 시험, 퀴즈, 과제, 연습문제, 글쓰기, 토론, 포트폴리오 등과 같이 일정한 절차를 거쳐 학생들이 참여한다. 비형식적인 형성평가는 수업 중 교사가 학생들의 반응을 관찰, 질의응답, 수업분위기 등을 통하여 정보를 수집한다(정미경 외, 2019).

형성 평가의 주요 기능은 첫째, 학습방향을 명시하는 것으로 학습 시간 중에 무엇을 어떻게 공부하는지 학습목표에의 접근을 명확히 할 수 있다. 둘째, 학생들의 학습의 진행 정도를 학인하고 점검하여 학습자의 능력에 맞게 학습속도나 수준을 조절하여 학습 진전이 효율적으로 일어나게 한다. 셋째, 형성평가의 피드백을 통해 학습곤란을 진단하고 교정하는 역할을 하게 된다. 넷째, 학생들의 학습뿐만 아니라 교사의 교수방법에 대한 피드백을 통하여 학습 지도방법을 개선하는 역할을 한다.

③ 총합(총괄)평가

총합평가(summative evaluation)는 학기 말이나 학년 말, 즉 교수-학습이 완료된 후에 설정한 교육목표에 어느 정도 도달했는지를 알아보기 위하여 실시하는 평가활동이다. 총합평가는 학생들의 성적, 평점, 등급 등을 부여하고 그 결과를 통해서 학생들의 학업성취도를 총합적으로 평가하고 교육 및 수업활동의 효과성과 효율성에 대한 판단을 종합적으로 내리는 데 그 목적이 있다(최철용 외, 2017).

학교에서 치르는 중간고사, 기말고사, 학년말 고사 등이 총합평가에 해당되며, 이러한 총합평가를 통하여 향후 학습자의 학업성취도를 예측하고 장기적으로 학습활동에 대한 질적 관리가 가능하게 된다.

총합평가의 기능으로는 첫째, 학생들의 성적, 평점, 등급을 부여하는 기능을 하며, 특히 학생의 최종 성취수준과 위치를 알려주는 기능을 한다. 둘째, 총합평가의 결과는 학생들의 장래 성적을 예측할 수 있는 기능을 한다. 셋째, 집단성과를 비교할 수 있게 해 준다(최철용 외, 2017).

요약하면 총합평가의 특징은 첫째, 계획된 학습내용에 대한 달성 정도를 총평하기 위한 평가이며, 둘째, 적당한 난이도와 변별도를 갖춘 일반화된 수업목표와 성취도를 주로 평가한다. 셋째, 전체의 학습성과를 측정하여 학생의 성적을 학생, 학부모, 기타 관계자에게 알려주기 위한 평가의 특징을 가진다(송인섭 외, 2017).

표 11-2 진단평가 형성평가 총합평가의 주요 특징 비교

	진단평가	형성평가	총합평가
실시시기	수업 전 또는 수업초기	수업 중 수시	수업 완료 후
평가목적	학습자 파악	교수 학습 개선	교육목표 성취 정도 확인
평가내용	선수학습의 정도와 출발점 파악 학습곤란 확인	수업목표달성 학습진전 확인	수업목표의 성취내용
활용	교수 학습전략 학생배치	학습결손 교정 교수 학습개선	성적부여, 진학 자격부여

(3) 능력참조평가와 성장참조평가

① 능력참조평가

능력참조평가(ability-referenced evaluation)는 학습자가 지니고 있는 능력에 비추어 얼마나 최선을 다하였는가 하는 최대 수행력에 초점을 두는 평가이다. 학생 개인이 지니고 있는 능력에 비추어 얼마나 수행이 이루어졌는지에 관심을 두기 때문에 개인을 위주로 평가하는 방법이라 할 수 있다(정미경 외, 2019).

우수한 능력을 지녔지만 최선을 다하지 않은 학습자와 능력은 낮지만 최선을 다한 학습자 중 누가 더 좋은 평가결과를 얻을 수 있을까? 능력참조평가에서는 능력에 비하여 과분한 노력을 하는 경우 이를 고려하여 높은 평가를 한다. 능력이

뛰어나지만 많은 노력을 하지 않을 경우에는 낮은 평가를 한다. 능력참조평가는 각 학생의 교육목표 달성 정도, 성취도와 같은 능력만을 평가하는 것이 아니라 학습자의 능력뿐만 아니라 노력에 의해 평가되는 특징을 지니고 있다(구병두 외, 2015).

능력참조평가는 학습자 개인의 수준에 맞는 평가방법으로 개인의 발달을 촉진한다는 장점이 있으나 학습자의 능력에 대한 정확한 정보가 없다면 평가의 한계를 가질 수 있다. 또한 대학진학이나 자격증 취득과 같은 행정적 기능이 강화되는 고부담 시험검사와 같은 평가환경에서는 평가결과에 대한 공정성 문제가 제기될 수 있다(황해익, 2016).

② 성장참조평가

성장참조평가(growth-referenced evaluation)는 교육과정을 통해 학습자가 얼마나 향상 되었는가에 초점을 두는 평가이다. 즉, 성장참조평가는 사전의 능력수준과 현재 측정된 능력수준 간의 차이에 관심을 두는 평가방법이다. 그러므로 학습자들에게 학습증진의 기회를 부여하고 개인화를 강조하는 특징을 지니고 있다(정미경 외, 2019).

성장참조평가는 최종 평가가 최종 성취수준으로 결정되지 않고 교육과정이 이루어지기 전, 교수-학습 활동 전의 초기 성취수준과 교수-학습 활동 이후의 성취수준 차이로 성취수준을 결정하는 방법이다(최철용 외, 2017). 즉, 최종 성취수준에 대한 관심보다는 초기 능력 수준에 비추어 얼마만큼의 능력향상을 보였느냐에 관심을 가진다(정미경 외, 2019). 이런 점에서 성적 향상 장학금 제도와 같이 직전 학기의 성적과 현재 학기의 성적을 비교하여 성적 향상을 보인 학생들에게 장학금을 주는 제도는 성장참조평가의 대표적인 예이라고 할 수 있다.

능력참조평가와 성장참조평가를 실시하기 위한 기본 전제조건은 학생이 지니고 있는 능력에 대한 정확한 정보가 있어야 하며, 학생이 소유한 능력의 정도, 능력의 변화 등을 평가하는 측정도구의 타당도와 신뢰도가 중요하다. 그리고 기본능력이나 노력과는 별개로 자격 취득과 같이 결과적인 성취만이 기준이 되는 평가영역에서는 적절하지 않을 수도 있다(최을용 외, 2017).

4) 평가도구의 양호도

평가에 필요한 자료를 수집하고 분석하여 그 결과를 유용하게 활용하기 위해서는 어떤 측정도구를 사용할 것인가 하는 것은 매우 중요하다. 즉, 평가도구를 사용하여 얻은 결과를 유용하게 활용하기 위해서는 평가도구가 믿을 만하고 양호한 것인지 허술하거나 불량한 것인지를 검증해야만 한다. 예를 들어, A, B 두 사람 중 실력이 평소에 A가 월등히 좋은데도 불구하고 실력을 평가해 본 결과 B가 더 높은 점수를 얻었다면 실력을 평가한 도구에 문제가 있거나 결함을 의심해 볼 수 있다. 일반적으로 평가도구의 질을 판단하는 준거로는 타당도(validity), 신뢰도(reliability), 객관도(objectivity), 실용도(usability) 등이 있으며, 이러한 준거들이 양호할 때 신뢰롭고 타당한 좋은 평가도구라고 할 수 있다.

(1) 타당도

타당도는 평가도구가 측정하고자 하는 내용을 제대로 측정하고 있는가의 정도를 의미한다. 이는 어떤 측정이 재려고 하는 것을 어느 정도로 충실히 재고 있는가, 즉 무엇을 재고 있느냐에 관련된 질문이 타당도에 관한 질문이다. 측정하고자 의도한 것을 진실하고 충실하게 측정할수록 그 도구의 타당도는 높다고 할 수 있다. 이러한 점에서 타당도는 측정 의도의 충실성, 측정결과의 사실 정도 그리고 검사내용과 준거간의 합치성을 따지는 것이다(이희백 외, 2014). 예를 들어, 국어 능력을 측정하기 위해 실시한 시험문제의 내용이 국사 능력을 측정하고 있다면 이는 측정하려고 한 내용을 제대로 측정하고 있다고 보기 어렵다.

타당도는 정도의 문제이므로 타당도가 있다 혹은 없다 라고 말하는 것이 아니라 낮다, 적절하다, 높다 등으로 표현해야 한다(Gronlund & Linn, 1990). 일반적으로 타당도는 타당성을 판단하는 방법이나 준거에 따라 내용타당도, 예언타당도, 공인타당도, 구인타당도 등으로 분류할 수 있다.

① 내용타당도(content validity)

내용타당도는 평가도구가 평가하려는 내용을 얼마나 충실히 측정하고 있는지를 평가내용과 관련한 전문가가 논리적으로 분석하여 평가하는 것이다. 예를 들어, 과학학력검사의 경우라면 과학교육의 목표를 분석적으로 진술한 후 검사 내용 자체가 과학교육 목표를 충실히 재고 있는지를 과학교육 전문가가 판단하는 방법이다. 따라서 관련 전문가의 내용분석이나 논리적 사고에 의해 판단되는 것이므로 수량으로 계량화해 나타내지는 않는다.

② 예언타당도(predictive validity)

예언타당도는 평가도구가 피험자의 미래 행동이나 특성을 예측하는 정도를 말한다. 예를 들어, 대학 수학능력시험의 결과가 대학에 입학한 후 대학의 학업성취를 어느 정도 예언해 주는지를 알아볼 수 있을 것이다. 수능성적이 우수한 학생이 대학에서도 학업성취가 우수하다면 수능성적의 예언타당도는 높다고 할 수 있다. 미래의 직업선택을 위해 실시하는 적성검사와 같은 평가도구는 예언타당도가 높은 검사 도구에 해당된다고 할 수 있으며, 이러한 예언타당도가 높은 검사도구들은 인력의 선발, 채용, 배치 등에 유용하게 활용될 수 있다.

③ 공인타당도(concurrent validity)

공인타당도는 새로운 검사를 타당성이 인정된 기존의 검사와 관련해서 어느 정도 공통성이 있는가를 살펴봄으로써 해당검사의 타당도를 알아보는 것이다. 따라서 공인타당도는 예언이 목적이 아니라 공통요인의 유무를 통하여 타당도가 높을 경우 기존검사의 대용(代用)을 목적으로 한다. 예를 들면, 새롭게 개발한 어떤 창의성 검사가 있다고 할 때 이 검사의 타당도를 기존에 사용되고 있는 타당성이 높다고 인정된 창의성 검사와의 상관관계를 통해 추정해 볼 수 있으며, 이를 공인타당도라 한다.

④ 구인타당도(construct validity)

구인이란 평가도구에 반영되어 있다고 가정하는 인간의 어떤 심리적 특성 혹은 그 특성의 하위개념을 의미한다. 인간의 심리적 특성이나 성질을 하위개념으로 조작적 정의를 내린 후 검사점수가 조작적 정의로 규명한 하위개념을 제대로 측정하였는가를 구인타당도로 검증하는 것이다(이해정 외, 2018). 즉, 구인타당도는 해당 검사에서 측정하고자 하는 어떤 속성, 즉 구인에 대한 이론적 가설의 검증을 통하여 그 타당성을 결정하는 방법이다. 예를 들어, 아동의 성취동기 검사에 대한 구인타당도를 구한다고 할 때 그 과정은 먼저 성취동기의 개념을 조작적으로 정의하고, 성취동기의 높고 낮은 수준에 따라 어떠한 행동특성을 나타낼 것이라는 가설을 세운다. 다음으로 성취동기 검사에서 높은 점수와 낮은 점수를 획득한 아동들이 가설에서 예측한 행동특성들을 나타내고 있는지를 관찰하여 가설을 검증하게 된다(이희백 외, 2014).

(2) 신뢰도

신뢰도는 한 검사가 측정하고자 하는 내용을 얼마나 오차 없이 정밀하게 안정적으로 측정하고 있는가 하는 것을 의미한다. 즉, 측정 대상이 되는 내용을 얼마나 안정적이고 일관성 있게 재고 있는가 하는 문제이다. 타당도가 무엇(what)을 측정하고 있느냐에 관한 문제라면 신뢰도는 어떻게(how) 측정하고 있는가에 관한 문제이다. 예를 들어, 동일한 체중계에서 체중을 측정하였는데 측정할 때마다 측정치가 다르게 나타난다면 어느 것이 실제의 체중인지 알 수 없으며, 이 체중계는 신뢰도가 낮은 측정도구가 된다. 즉, 같은 검사를 두 번 했을 때 동일한 점수 혹은 순위가 된다면 그 검사는 신뢰롭다고 할 수 있다.

신뢰도를 추정하는 방법에는 어떤 방법과 절차를 이용하는가에 따라 재검사 신뢰도, 동형검사 신뢰도, 반분 신뢰도, 문항 내적 합치도 등이 있다.

① 재검사 신뢰도(test-retest reliability)

재검사 신뢰도는 동일한 검사를 동일한 집단에게 일정한 간격을 두고 두 번 실시하여 얻은 첫 번째 점수와 두 번째 점수에서 구한 상관계수로서 나타낸다. 이 방법은 처음의 결과와 나중의 결과 사이에 어느 정도 안정성이 있느냐를 보는 것이기 때문에 안정성 계수라고도 한다. 즉, 일정 기간을 두고 같은 검사에서 얻은 두 점수가 얼마나 변동 없이 안정성을 유지하느냐를 나타내는 것이다.

② 동형검사 신뢰도(equivalent-form reliability)

동형검사 신뢰도는 측정하고자 하는 내용과 난이도 등이 같거나 비슷하지만 형태가 다른 두 개의 검사를 제작하여 동일한 피험자에게 실시하고, 두 검사간의 상관관계를 도출하여 신뢰도를 알아보는 것이다. 특정 시험의 경우 앞 뒤 혹은 옆 사람과의 부정행위를 방지하기 위하여 동일한 내용을 검사하지만 시험지가 다른 A형 검사와 B형 검사가 있을 수 있다. 동형검사란 같은 문항 수, 문항의 내용 및 곤란도 수준 등이 유사한 형태의 두 가지 검사를 의미하는데, 실제로 제작하기는 쉽지 않다.

③ 반분검사 신뢰도(split-half reliability)

반분검사 신뢰도는 하나의 검사를 어느 한 집단에 실시한 다음, 그 검사의 문항을 짝수홀수(기우반분) 또는 전반부 문항과 후반부 문항으로 반분(전후반분)하여 반분된 두 부분을 각각 독립된 검사로 간주하고 이 검사에서 얻은 점수들 간의 상관관계를 살펴봄으로써 신뢰도를 추정한다. 반분검사 신뢰도는 재검사가 어렵거나 동형검사 문항의 제작 및 실시가 어려울 때 사용할 수 있는 간편한 신뢰도 검증 방법이다. 반분검사 신뢰도는 두 번 검사를 실시하지 않고 1회만 실시해도 신뢰도 계수를 구할 수 있고, 연습이나 기억의 효과를 통제할 수 있다는 장점이 있다(정미경 외, 2019).

④ 문항내적 합치도(inter-item consistency reliability)

문항내적 합치도는 검사문항 하나 하나를 독립된 검사로 간주하여 문항 간의 내적 일관성을 알아보는 방법으로 하나의 검사를 한번만 실시하여 각 문항들이 일관되게 동일한 특성을 측정하고 있는 정도를 상관계수로 산출한다. 이 신뢰도 추정방법은 쿠더와 리차드슨에 의해 개발된 쿠더 리차드슨(Kuder-Richardson) 신뢰도 계수와 크론바하(Cronbach) 알파(Alpha) 계수가 있다.

(3) 객관도

객관도(objectivity)는 일명 채점자 신뢰도라고도 하며 측정 결과의 채점이 채점자간에 또는 동일 채점자의 경우 시간의 흐름에 따라 채점 결과가 어느 정도 일치하느냐 하는 정도를 말한다. 채점의 공정성과 관련된 것으로 검사자(평가자)의 신뢰도라 할 수 있다. 다시 말하면 하나의 측정결과를 여러 사람이 각기 채점했을 때, 또 같은 채점자가 시차를 두고 여러 번 채점했을 때에 그 채점이 일치하는 정도에 의해 객관도가 결정된다.

(4) 실용도

실용도(usability)는 측정도구나 검사의 사용과 관련하여 시간, 노력, 비용 등의 효율성과 실용성에 관련된다. 검사의 제작뿐 아니라 실시방법, 절차, 채점과 분석,

해석 등에 소요되는 인적·물적 자원이 얼마나 실용적인가를 나타내는 것이다. 즉, 같은 검사를 얼마나 시간과 노력과 비용을 적게 들이고 활용할 수 있는가 하는 정도를 말한다. 어떤 검사를 실제로 사용하는 데 있어 실시방법이 불편하고 소요되는 시간이 많이 걸리거나 채점이 용이하지 않거나 비용이 많이 든다면 그 검사의 실용도는 낮다고 할 수 있다.

5) 평가도구 문항의 유형

평가활동의 핵심적인 활동은 양질의 평가도구를 제작하여 학습자의 능력을 제대로 측정하는 일이며, 평가도구의 최소단위인 문항, 즉 좋은 문항을 만드는 일이 매우 중요하다. 좋은 문항을 만드는 일이 쉬운 일은 아니지만 좋은 문항의 일차적인 조건은 평가하고자 하는 것을 충실히 그리고 일관성 있게 측정하는 것이며, 문항의 유형은 크게 선택형(selection type)과 서답형(supply type)으로 분류할 수 있다.

(1) 선택형 문항

선택형 문항에는 진위형(true-false), 배합형(matching), 선다형(multiple choice)이 포함된다. 진위형 문항이란 진술문을 제시하고 피험자가 그 진술문의 진위를 판단하게 하는 형식을 말하는 것으로 흔히 양자 택일형 또는 O,X형이라고 한다. 이러한 진위형 문항의 장점은 실시 시간이 적게 걸리고, 한 검사에 많은 학습목표를 포함시킬 수 있으며, 채점이 신뢰롭고 빠르며 객관적이라는 것이다. 그러나 단점으로는 중요하지 않거나 사소한 정보를 많이 다룰 수 있으며, 학생들에게 추측반응을 유도할 수 있다는 것이다.

배합형은 질문의 정답을 답지에서 찾아 연결하는 것으로 연결형이라고도 한다. 배합형의 문항은 일련의 전제와 용어, 명칭, 개념, 정의 등으로 구성된 답지군을 배열하여 전제에 대한 질문의 정답을 답지에서 찾아 연결하는 문항유형을 의미한다.

선다형 문항은 선택형 문항에서 가장 많이 활용되는 문항으로 두 개 이상의 답지 중에서 답을 선택하는 문항이다. 일반적으로 어떤 사실, 원리, 용어, 개념, 이론 등에 관한 지식을 측정하는 데 선다형 문항이 유용한 것으로 알려져 있으며, 답지의 수에 따라 사지선다형, 오지선다형 등으로 구분된다. 이러한 선다형 문항은 채점이 용이하고 객관적이라는 장점이 있는 반면에 고등정신기능의 평가에는 제한적이라는 단점이 있다.

(2) 서답형 문항

서답형 문항은 문제를 보고 답지에 직접 문장이나 단어를 써넣는 방법으로 크게 단답형(short-answer), 완결형(completion), 논술형(essay) 문항이 해당된다.

단답형은 짧은 문장, 간단한 단어, 어구, 수, 기호 등을 써 넣는 문항형식으로 단순한 질문형태로 구성되며, 유일한 대답을 요구하는 문항을 말한다. 완결형(완성형) 문항은 진술문의 일부를 비워두거나 괄호나 빈곳을 채우게 하는 형식의 문항이다. 이들 단답형과 완결형 문항은 학생들의 반응에서 추측요인을 줄일 수 있으며 문항 작성이 비교적 용이하다는 장점이 있으나 채점이 다른 객관형보다는 어려우며 단순지식을 묻는 경향이 있다.

논술형 문항은 주어진 문항에 대해 자유롭게 답을 써 넣는 문항형태로 흔히 논하라, 토의하라, 설명하라, 비판하라, 해석하라, 제시하라 등 단순한 지식의 측정이 아닌 문제해결력이나 분석력, 종합력, 평가력 등의 고등 정신 기능을 평가하고자 할 때 활용된다.

표 11-3 선택형과 서답형 문항 선택의 비교

선택형 문항	서답형 문항
• 검사받을 평가자의 수가 많을 때 • 좀 더 객관적인 평가를 원할 때 • 선택형 문항의 답지를 만드는데 유리할 때	• 검사받을 평가자의 수가 적을 때 • 글의 표현능력을 평가할 때 • 문항보다 답안지를 비판적으로 읽는 데 자신이 있을 때

출처 : 강유정 외(2018). p.246.

2. 심리검사

1) 심리검사의 의미

심리검사는 인간의 여러 가지 심리적인 속성, 즉 능력, 성격, 지능, 적성, 흥미, 태도, 가치관 등을 파악하고자 하는 목적을 가지고 다양한 검사도구들을 통하여 체계적으로 측정하고 평가하는 일련의 과정을 말한다. 심리검사는 사람들이 가지고 있는 다양한 특성들의 개인차를 확인하거나 심리적인 과정에 대한 통찰을 얻기 위한 도구로써 오늘날 유용하게 활용되고 있다.

임상심리학의 주 관심사인 개인에 대한 심리평가는 심리검사를 통해서 얻어진 정보를 중심으로 하여 면담, 행동관찰, 개인력 등에서의 자료를 참조하여 종합적인 평가를 내리는 전문적인 과정이다. 즉, 한 인간에 대한 포괄적인 이해가 목적인 심리평가의 장에서 심리검사는 핵심적인 자료를 제공하는 중요한 절차이다(임정훈 외, 2014).

심리검사를 이해하기 위한 구성개념을 살펴보면 다음과 같다(한종철, 1986; 임정훈 외, 2014 재인용).

첫째, 심리검사는 표준화된 절차에 의해 만들어진다. 여기서 표준화 절차란 모든 사람에게 주어진 조건이 동일하다는 것을 의미한다. 즉, 심리검사는 동일한 지시문을 가지고 동일한 조건에서 동일한 시간 내에 이루어져야 하고 그 채점 역시 동일한 표준에 의하여 이루어져야 한다.

둘째, 심리검사는 우리의 행동을 측정하고 있다. 여기서 행동이란 가시적인 행동도 포함하지만 주로 불가시적인 행동(예컨대 지능, 적성, 성격, 흥미 등)을 의미한다. 심리검사는 대부분 간접적이고 추론적이므로 심리검사에서 나온 결과는 개인의 성취수준을 이해하고 기술하는 데 그칠 뿐 그 사람의 행동을 완전히 설명해 줄 수는 없다.

셋째, 심리검사는 행동의 한 표본을 측정하고 있다. 우리가 측정하고자 하는 행동 영역(예를 들어, 지능, 적성 등)의 모든 것을 심리검사를 통해서 다 알아 볼 수는 없다. 단지 심리검사에 있는 일련의 과제나 질문은 한 행동 영역에서 선택된 하나의 샘플에 불과하다는 것이다.

넷째, 심리검사는 행동 특성을 측정하는 하나의 도구이다. 여기서 측정이란 어떤 규정된 법칙으로 피험자의 반응을 수량적인 것으로 변환시키는 것을 말한다. 인간행동의 특성을 측정하고 평가하는 방법에는 면접법, 질문지법, 관찰방법 등 여러 가지가 있다. 심리검사는 그 많은 방법들 중 하나이며, 심리검사에서 얻은 정보는 많은 유용한 정보 중 하나에 불과하다.

따라서 심리검사를 무조건 맹신하거나 과신하는 것도 피해야 하지만 불신하는 태도도 개인을 이해하고 문제를 해결하는 데 도움이 되지 않는다. 심리검사가 표준화된 방식에 따라 전문적인 교육을 받은 전문가에 의해 수행된다면 그 결과를 참조하여 자신과 타인을 이해하고 문제를 해결하는 데 매우 유용한 도구가 될 수 있다.

2) 심리검사의 목적

심리검사의 목적은 한 개인의 심리적인 속성을 측정하여 개인의 행동을 예측하거나 진단하여 개인에 대한 보다 심층적이고 분석적인 이해를 돕고 문제해결에 도움을 주는 데 있다. 오윤선과 정순례(2018)는 개인행동의 예측, 분류 및 진단, 조사 및 연구, 자기이해의 증진, 문제해결을 위한 대안 등을 심리검사의 목적으로 제시하였는데 그 내용을 요약해 보면 다음과 같다.

(1) 개인행동의 예측

개인에게 있어서 선택과 결정은 예측을 통해 나타나게 된다. 일반적으로 개인이 결정을 내리는 데 기초가 되는 능력을 비롯한 다양한 특성을 측정하기 위하여 검사가 사용된다. 특히 표준화된 검사를 통해서 얻어진 자료는 더욱 신뢰할 만하고 정확하게 개인행동을 예측하게 된다.

(2) 분류 및 진단

분류는 체계화된 구분에 따라 계층이나 집단으로 배치하는 것을 의미하는데, 분류에 앞서 현재의 상황에 대한 진단이 필수적으로 요구된다. 심리검사는 한 개인의 행동상의 원인적인 요인을 진단하는 것이며 적절한 심리검사는 개인의 행동에서 나타나는 결함이나 결점뿐만 아니라 그 원인을 찾는 데 도움을 준다.

(3) 조사 및 연구

심리검사는 특정 집단의 일반 경향을 조사 및 연구하여 기술하거나 규명하려는 목적으로 사용된다. 이를 통해 특정한 집단의 훈련방법이나 교수방법 등 다양한 프로그램을 계획하고 평가할 때 유용한 도구로 활용된다.

(4) 자기이해의 증진

심리검사는 개인의 특성을 발견하여 자기이해 또는 자신의 발전을 도모하고 인력의 적재적소의 배치를 위해 사용된다. 그리고 문제에 대한 내담자의 이해를 높이기 위해서 거의 모든 심리검사가 사용될 수 있다.

(5) 문제해결을 위한 대안

심리검사는 문제를 해결하기 위한 대안을 제시해 준다. 예를 들어, 흥미검사를 통해 진로선택에 있어서 진로를 찾아볼 수 있고 학습기술검사와 같은 체크리스트를 통해 적절한 학습방법의 대안을 찾을 수 있다. 또한 MBTI와 같은 성격검사를 통해 자신과 타인의 행동을 이해하고 대인관계 능력이 향상될 수 있도록 도움을 줄 수 있다.

3) 심리검사의 구분과 종류

심리검사는 검사의 실시방법이나 검사도구의 제작방법, 측정하고자 하는 구성개념 등에 따라 다양하게 구분되며 학자에 따라 분류하는 방법이 다를 수 있다. 여기서는 검사의 실시방법에 따른 구분과 제작방법에 따른 심리검사의 종류에 대해 알아본다.

(1) 검사의 실시방법에 따른 심리검사의 구분

심리검사는 검사의 실시방법에 따라 개인검사와 집단검사, 양적 검사와 질적 검사, 속도 검사와 역량 검사, 언어적 검사와 비언어적 검사, 객관적 검사와 투사적 검사, 지필검사와 도구 검사 등으로 구분되며 그 내용을 요약하면 표 11-4와 같다.

표 11-4 검사 실시방법에 따른 심리검사의 구분

검사 구분		실시방법	비고
피검사자 수	개인 검사	일회에 한명의 피검사자를 대상으로 실시	
	집단 검사	다수의 피검사자에게 동시에 실시	
수량화	양적 검사	검사문항에 응답한 것을 수량화하여 측정	
	질적 검사	면접이나 문장 등을 통해 언어적 서술로 측정	
시간	속도 검사	빠른 시간 내에 문제해결을 요구	적성검사
	역량 검사	충분히 주어진 시간 내에 문제를 해결하도록 요구	성격검사
형식	언어적 검사	말이나 문자와 같은 언어적 형식	
	비언적 검사	그림, 숫자, 기호, 블록 등의 비언어적 형식	
구조화	객관적 검사	구조적 검사, 표준화 검사	지능검사 적성검사 등
	투사적 검사	비구조적 검사, 자유 반응(응답)형 검사	로샤 검사 TAT 등
응답 도구	지필 검사	검사문항에 필기구나 마우스로 응답	
	도구 검사	지필이 아닌 다른 도구를 화용해 응답	운동능력 측정 등

(2) 객관적 검사와 투사적 검사

① 객관적 검사(objective test)

객관적 검사는 표준화 검사의 형식을 갖춘 것으로 검사과제가 구조화 되어 있고, 채점과정이 표준화되어 있으며, 해석의 규준이 제시되어 있는 검사를 의미한다. 즉, 동일한 조건에서 동일한 절차 및 준거에 따라 객관적으로 채점되는 검사이다. 객관적 검사는 검사실시와 해석이 간편하며 검사의 신뢰도 및 타당도가 검증되어 있고 검사자 변인이나 검사의 상황변인에 따라 영향을 적게 받으므로 개인의 특성 차를 개관적으로 비교할 수 있다(오윤선 외, 2018). 따라서 개인의 독특성을 끌어내려 하기보다는 개인마다 공통적으로 지니고 있는 특성이나 차원을 기준으로 하여 개인들의 상대적인 위치를 비교 평가하려는 것이다(임정훈 외, 2014).

② 투사적 검사(projective test)

투사적 검사는 투사(projection)라는 말에서 파생된 것으로 Freud가 사용한 개념이다. 투사는 무의식적인 충동이나 감정, 생각 등을 외부로 전가하여 자기 자신의 긴장상태를 해소하는 것을 말한다. 따라서 투사적 검사는 검사자극을 대하고 그것을 해석하는 과정에서 자기 자신이 가지고 있는 욕망이나 갈등, 성격 등의 심리적 특성을 반영하여 자연스럽게 외부로 투사하도록 한다. 투사적 검사는 비구조적 검사과제를 제시하여 개인의 다양한 반응을 무제한으로 허용하므로 비구조적 검사라고도 한다(오윤선 외, 2018). 따라서 투사적 검사는 개인의 다양한 반응을 도출시키기 위해서 가능한 간단한 지시방법을 사용하여 검사자극 또한 불분명하고 모호한 특징을 지닌다(임정훈 외, 2014).

표 11-5 객관적 검사와 투사적 검사의 예

객관적 검사		투사적 검사
• 지능검사	WISC WAIS WPPSI	• Rorschach 검사 • 주제통각검사(TAT) • 집-나무-사람검사(HTP) • 인물화 검사(DAP) • 운동성 가족화 검사(KFD) • 문장완성검사(SCT)
• 성격검사	MMPI MBTI	
• 흥미•적성검사	직업흥미검사 학습흥미검사 적성검사	

Chapter

12

생활지도와 상담

1. 생활지도

1) 생활지도의 의미

학교교육은 크게 교과지도와 생활지도로 나뉜다. 교과지도가 인류 역사와 더불어 축적되어 온 지식이나 기능 및 문화적 유산을 이해시키고 전수하는 것이라면 생활지도는 학생들의 현실 적응능력을 길러 주는 교육활동이라고 할 수 있다. 교육활동의 궁극적 목적이 학생 개인의 잠재능력을 최대한 실현시키는 데 있기 때문에 교육활동이 있는 곳에는 항상 교과지도와 생활지도가 함께 이루어지고 있는 것이다. 학생들은 성장기의 대부분을 학교에서 보내게 된다. 그러므로 학교생활은 학생들의 지적 성장뿐만 아니라 신체·정서적 발달에도 결정적인 영향을 미치게 된다. 오늘날의 학교현장에서 교과교육을 중심으로 한 지식전달 교육에 지나치게 매달리는 경향으로 '학교폭력', '왕따 문제', '청소년 자살' 등 학생들의 부적응 문제가 심각하게 대두되는 것을 고려할 때, 학교에서의 생활지도는 더욱 강조되어야 하며 전체 교사들의 관심이 집중되어야 한다(이병승 외, 2019).

생활지도라는 말은 영어의 'guidance'를 번역한 것으로서, 학생들을 안내하고 이끈다는 어원적 의미를 지니고 있다. 그러므로 생활지도의 원래 의미는 개인으로 하여금 자기 자신과 자기를 둘러싸고 있는 환경을 잘 이해할 수 있도록 도와주는 전반적인 교육활동이라는 뜻이다. 생활지도가 단순히 문제학생의 지도에 국한되는 것이 아니라, 그러한 문제와 위기들이 발생하지 않도록 예방하는 적극적인 활동을 포함해야 하는 이유가 여기에 있다.

2) 생활지도의 필요성

생활지도활동의 시작은 1907년 미국의 보스턴(Boston) 시에서 T. Parsons가 산업화 경향으로 발생한 직업분화현상과 경제공황이 가져다준 실업에 적절히 대처하지 못하는 성인들을 도와주기 위해 조직적인 직업지도운동을 펼치는 것에서 찾을 수 있다. 학교에서의 생활지도는 파슨스가 직업지도에서 사용했던 여러 방법이나 기술을 학생들의 학업이나 진로에 관련된 문제나 일반적인 적응문제에도 적용할 수 있다는 것을 인식하게 되면서부터 활발하게 전개되었다. 오늘날의 생활지도는 학생들의 발달에 관한 것, 정서적 적응에 관한 것, 사회적 대인관계에 관한 것, 진로 및 학업에 관한 것 등을 고려하는 전인교육을 위한 교육적 실천으로 받아들여지고 있다.

우리나라의 경우에는 1950년대 후반기에 이르러 학교현장을 중심으로 생활지도가 전개되기 시작했다. 그러나 우리의 교육현실에서는 생활지도의 의미가 바르게 이해되지 못한 가운데 전통적인 학생지도방법인 훈육과 생활지도를 혼동하는 경향이 많아져, 마치 선도 또는 학생지도와 비슷하게 사용되어 왔다. 그러나 생활지도는 문제아나 부적응 학생만을 대상으로 펼치는 제한된 교육활동이 아니라, 전체 학생들의 생활을 직접적인 대상으로 하여 펼치는 인간중심 교육활동이다. 오늘날의 교육이 지식정보사회가 요구하는 전문 인력 양성을 위해 지식정보와 기술 습득 중심으로 나아가기 때문에 학생들이 학교나 가정생활을 해 나가는 동안에 부딪치게 되는 많은 정서적 문제를 소홀하게 취급하거나 무관심한 상태로 방치하기 쉽다. 이러한 경향 속에서 학교교육현장에서 발생하는 청소년 문제들은 더욱 심각한 수준에 이르고 있어, 학교에서의 생활지도가 보다 적극적이고 체계적으로 이루어져야 할 필요성이 증대되고 있다.

3) 생활지도의 목표

생활지도의 궁극적인 목표는 학생 개개인의 건전한 성장 발달을 돕는 것이다. 이러한 목표 달성을 위한 구체적인 생활지도 목표를 학생을 위한 것과 교직원 및 학교를 위한 것으로 나누어 정리해 보면 다음과 같다.

(1) 학생 개인을 위한 목표

① 자기 자신을 정확히 이해하도록 돕는다.
② 자신의 능력과 흥미와 소질을 스스로 발견하도록 도우며, 또한 그것을 최대한 발전시킬 수 있는 자기 지도 능력을 키워 나가도록 돕는다.
③ 일상생활에서 부딪치는 여러 문제들을 혼자 해결할 수 있도록 돕는다.
④ 변화하는 생활환경 속에서 현명한 선택과 적응을 하도록 돕는다.

⑤ 건전하고 성숙한 적응을 할 수 있는 기초를 마련하도록 돕는다.
⑥ 신체적·지적·정서적·사회적으로 조화로운 삶을 누릴 수 있도록 돕는다.
⑦ 사회를 위해서 공헌할 수 있도록 돕는다.

(2) 교직원 및 학교를 위한 목표

① 다양한 정보수집활동을 통해 교직원들이 학생들을 정확히 이해하도록 돕는다.
② 교직원들이 학생들의 행동을 분석하고 이해하는 기술을 지닐 수 있도록 돕는다.
③ 심각한 문제를 지닌 학생을 전문가에게 의뢰하도록 교직원을 격려한다.
④ 교육과 관련된 연구활동을 통해 학교의 전체적인 교육계획 수립에 도움을 준다.
⑤ 학교와 학부모, 지역사회 간의 유대를 강화하는 데 도움을 준다.

4) 생활지도의 원리

생활지도란 학생으로 하여금 자신의 능력과 흥미 및 소질을 스스로 이해하게 함으로써 자신의 주위 환경에 보다 잘 적응할 수 있도록 도와주어, 성숙한 자기지도에 도달하도록 이끄는 조직적인 교육활동이다. 이러한 생활지도활동을 수행할 때 반드시 지켜야 할 원리를 정리하면 다음과 같다.

첫째, 생활지도는 모든 학생을 대상으로 해야 한다.
둘째, 생활지도는 치료나 교정보다는 예방에 중점을 두어야 한다.
셋째, 생활지도는 처벌이 아닌 지도하는 과정이어야 한다.
넷째, 생활지도는 학생의 자율성과 책임을 강조해야 한다.
다섯째, 생활지도는 의도적이고 조직적인 활동이어야 한다.
여섯째, 생활지도는 인지적 학습보다 정의적 학습에 역점을 두어야 한다.

5) 생활지도의 영역

생활지도는 학생들이 학교생활을 성공적으로 이끌어 나가도록 도와주는 교과성적과 관련된 교육지도, 장래 문제와 관련된 진로지도, 원만한 대인관계 유지를 위한 정신건강지도, 여가를 건전하게 활용할 수 있도록 도와주기 위한 여가지도 등을 포함하게 된다.

생활지도는 학생 개인의 전인적 발달을 지향하고 있으므로 학교에서 수행하는 교육활동 전반에 관심을 가지게 된다. 그러나 보다 구체적인 생활지도계획을 수립하기 위해 생활지도의 관심영역을 분류해 보면 다음과 같다.

(1) 교육지도

학생들이 학교교육을 받는 데 필요한 사항들을 인식시키고 개발한다. 학교생활에 필수적인 교과과정에 대한 안내, 올바른 학습습관에 관한 지도 및 기초학력 부족에 대한 대책, 독서지도 방안 등을 모색한다.

(2) 직업 및 진로지도

학생들의 욕구와 흥미 및 소질과 개성을 파악함과 동시에 사회의 필요를 이해하도록 도우며, 학생의 진로와 장래직업에 관련된 각종 정보를 수집하여 제공한다. 학생의 직업적성 진단, 진로선택지도, 취업지도, 추후지도 등의 활동을 포함한다.

(3) 성격지도

학생들의 건전한 성격 형성을 도와주기 위한 프로그램의 개발과 운영 또는 문제아의 발견과 치료 등이 포함된다. 청소년의 심리적 발달 특성을 이해시켜 지나친 불안이나 열등감에서 벗어나 안정된 심리적 기초를 유지하도록 도와준다.

(4) 사회성지도

집단생활에서 필수적으로 요청되는 원만한 대인관계의 수립을 도와주기 위한 여러 활동들이 포함된다. 가족관계, 이성문제나 대인관계 문제를 지닌 학생을 도와주기 위해 집단활동을 계획하기도 한다.

(5) 건강지도

학생들의 신체적·정신적 건강을 유지하는 데 도움을 주기 위한 교육적 활동을 포함한다. 갈등을 처리하는 기술이나 스트레스에 대처하는 방법 등을 알려 주고 영양부족이나 비만, 신체적 결함 등을 극복할 수 있도록 도와준다.

(6) 여가지도

학교에서 수행하는 교과활동이 아닌 과외활동을 지도하고 조언하는 것이 포함된다. 건전한 여가활동을 통해 자기성장을 추진해 나가는 새로운 경험을 가질 수 있도록 개인적 또는 집단적 지도를 행한다.

이상에서 열거한 생활지도의 관심영역은 학교현장에서 서로 독립되어 존재할 수 없다. 상당 부분이 서로 중복될 수 있지만, 생활지도에 대한 이해를 돕는 편의적인 분류라는 점을 참고해야 할 것이다.

6) 생활지도활동

(1) 학생조사활동

학생조사활동(student inventory service)은 학생 이해를 위한 기초 자료를 수집하는 활동으로 정확하고도 과학적인 학생 실태 파악을 목적으로 한다. 효율적인 생활지도를 위해서는 정확하고 가치 있는 자료를 될 수 있는 한 많이 수집하여 학생들의 자기 이해를 도와주어야 하며, 조사활동을 통하여 얻어진 자료는 생활지도의 전체적인 운영이나 교육계획 수립에 활용되어야 한다. 뿐만 아니라 학생 이해를 위한 조사활동의 결과는 학생을 도와주려는 학교의 다른 구성원에게도 제공되어야 하며, 학생에 관한 정보와 자료의 수집활동은 생활지도 전담교사가 계획성 있게 체계적으로 수행해야 한다.

학생 이해를 위해 필수적으로 수집해야 할 자료들을 정리해 보면 다음과 같다.

① 가정환경 및 배경에 관한 자료

② 학교에서의 각종 기록

③ 신체검사 및 건강 상태 기록

④ 지능, 적성, 인성, 흥미 등의 수준 및 경향성

⑤ 개인적·사회적·정서적 특성

⑥ 학교 내외에서의 활동 범위 및 활동 유형
⑦ 장래에 대한 계획

학생조사활동을 수행하는 과정에서는 장기적인 조사활동계획을 세워 실시해야 하며, 조사활동에 학교의 구성원들이 협력할 수 있도록 사전 협의가 이루어져 있어야 한다는 점을 특히 주의해야 한다. 또한 학생조사활동의 결과를 가치 있는 자료로 활용하기 위해서는 실제 적용이 가능한 형태로 기록, 정리해 두어야 한다. 학생 이해를 위한 조사활동의 결과를 기록하는 과정에서 주의할 점은 다음과 같다.

첫째, 기록은 보존이 목적이 아니므로 활용방법을 고려해서 기록해야 한다.

둘째, 질적인 기록도 중요하지만 될 수 있는 대로 양적으로 정리하고 처리하기 쉽도록 고안해야 한다.

셋째, 조사결과는 가능한 한 빨리 기록·정리하는 것이 좋다.

학생 이해를 위한 조사활동에서 여러 자료들을 수집하는 데 주로 사용하는 방법과 도구에는 면접, 사례연구, 각종 표준화 심리검사, 학업성취검사, 환경조사, 문제진단검사, 질병검사, 가족관계 및 교우관계 조사, 관찰에 의한 각종 일화기록, 행동에 대한 누가기록, 각종 질문지 및 조사활동 등이 있다. 학교현장에서의 실제적인 조사활동에서는 여러 방법을 함께 사용하는 경우가 많다.

(2) 정보수집 및 제공활동

정보수집 및 제공활동(information service)은 학생들에게 필요한 각종 정보를 수집, 제공해 주어 학생들의 자기성장과 적응을 도와주는 것이다. 이러한 활동은 학생들로 하여금 자기 문제를 해결하거나 장래계획을 세우는 데 필요한 주위 환경조건 및 그와 관련된 여러 사실들을 객관적으로 이해하고 평가할 수 있도록 도와주게 된다.

생활지도에 필요한 정보는 학교에서 자체적으로 조사할 수도 있고 각종 간행물이나 전문서적 또는 지역사회 자원 인사들을 통해 수집할 수도 있다. 정보활동에서 가장 중요한 것은 정보의 정확성과 참신성이므로 최신 정보를 정확하게 수집, 제공해야 한다. 특히, 정보제공활동은 정규수업시간을 이용하거나 집단을 대상으로 수행할 수 있기 때문에 시간이 절약되고 생활지도교사가 일반 학생들과 친해질 수 있는 계기를 마련할 수 있으며, 학생들로 하여금 상담의 필요성을 느끼게 하는 장점을 지닌다. 생활지도과정에서 학생들에게 제공해 주는 정보의 종류는 교육정보, 직업정보, 개인·사회적 정보로 나눌 수 있다.

① 교육정보

학생들이 학업을 수행하는 데 필요한 정보로서 학교의 교육과정이나 입학조건 및 준비물, 학교의 일상생활을 규정짓는 교칙이나 학교가 허용하는 각종 교내 모임 또는 사회적 활동, 면학 조성을 위한 제도와 시설에 대한 것 등이 포함된다. 이러한 교육정보는 학생들은 물론 교사와 학부모들도 알아 두어야 할 사항들이다. 교육정보를 통해 학생들은 자신에게 주어진 교육기회를 최대한 활용할 수 있을 뿐만 아니라 교육과 관련된 선택과 결정을 합리적으로 할 수 있어 자신의 교육계획을 보다 현실적이고도 객관성 있게 세울 수 있을 것이다.

② 직업정보

학생들의 장래 직업 결정을 도와주는 데 필요한 것으로서 산업의 발달로 세분화되고 전문화된 직업세계를 분석하고 정리한 자료들을 포함한다. 각종 직업이 요구하는 적성 및 훈련과정에 관한 것, 사회 인력의 수요와 공급에 관한 전반적인 사항, 산업사회의 변화와 추세에 관한 사항, 각종 직업에서의 작업조건 및 승진 기회에 관한 것, 고용과 취업을 담당하고 있는 기관에 관한 사항 등이 직업정보에 해당된다.

③ 개인·사회적 정보

개인 및 인간관계에 관한 이해의 폭을 넓혀 주는 데 사용되는 정보로서 신체 발달, 행동 발달, 정서 발달 및 성격 발달에 관한 것, 정신위생에 관한 것, 사회관계에 관한 것, 성역할에 관한 것 등이 포함된다. 이러한 정보는 학생으로 하여금 자기 자신과 타인을 보다 잘 이해할 수 있도록 도와줌으로써 원만한 인간관계를 맺어 나갈 수 있고 정신적으로 건강한 삶을 유지해 나갈 수 있게 해 준다.

(3) 상담활동

상담활동(counseling service)은 생활지도의 가장 중심적인 활동으로서 도움을 필요로 하는 학생들의 적응을 도와주는 것이다. 상담은 전문적 훈련을 받은 상담자(counselor)와 문제를 지닌 내담자(counselee)인 학생 간의 친밀한 관계 속에서 진행되는 대화를 통해 학생으로 하여금 자신의 정서적·정신적 문제해결능력을 신장하도록 도우며, 정신건강을 증진시켜 능동적으로 환경에 대처해 나가도록 도와준다.

학교에서 수행하는 상담은 일반적으로 개인상담의 형태를 지닐 수도 있고 집단상담의 형태를 취할 수도 있지만 대체로 상담자와 학생 간의 상호 인간관계에 의해서 이루어지는 학습지향적인 과정이라고 할 수 있다. 특히, 학교상담은 전문적인 기술을 지닌 상담자가 내담자인 학생으로 하여금 자신이 직면한 현실과 보다 효과적으로 관계를 맺도록 도와주는 과정으로 구성된다는 특성을 가진다. 따라서 학교상담활동의 목적은 학생들의 행동변화 촉진, 적응능력기술의 향상, 의사결정능력의 배양, 대인관계기술의 향상, 잠재능력의 개발에 있다.

(4) 정치활동

정치활동(placement service)이란 학생들이 자신의 진로를 정확하게 이해하여 현재의 자기 위치를 현명하게 선정할 수 있도록 도와주는 활동을 말한다. 정치활동은 학생의 전공계열이나 과목선택, 특별활동반의 선택, 구직 알선이나 진로선정에 관계되는 일에 이르기까지 모든 학년에 걸쳐서 학생들이 필요로 하는 요구를 최대한 충족시키려고 노력하는 활동이다.

정치활동은 크게 교육적 정치와 직업적 정치로 나뉜다. 교육적 정치활동은 교육적 효과를 높이기 위한 학급편성과 학생의 능력과 적성에 따른 특별반 편성, 선택과목 결정 및 진급에 관한 것, 월반, 전학이나 편입학과 관련된 사항 등을 도와준다. 직업적 정치활동은 학생들의 부직 알선이나 학생들의 장래 희망직업, 그리고 졸업생이나 중퇴자들의 취업 및 적응과 관련된 사항을 도와준다.

정치활동은 급격하게 변화하는 사회 자체가 학생들로 하여금 학교생활 중에 계속적인 선택과 결정을 요구하기 때문에 오늘날에 이르러 학교에서 더욱 중요한 활동으로 받아들여지고 있다.

(5) 추후지도활동

추후지도활동(follow-up service)이란 학생을 대상으로 생활지도를 수행한 이후,

그 대상 학생들의 추후 적응상태를 관찰하거나 조사·연구하여 계속적인 도움이 필요할 경우 도와주기도 하고, 그 연구결과를 통해 생활지도의 개선·발전을 추구하기도 하는 활동을 말한다.

구체적인 추후지도활동은 모든 학생이나 졸업자를 대상으로 수행할 수는 없다. 그러나 특히 사례연구의 대상이 되었던 학생이나 상담을 받은 경험이 있는 학생에 대해서는 집중적이고 지속적인 지도가 필요하며, 학교를 중도에 탈락한 학생이나 전학 간 학생에 대해서도 세심한 배려를 해야 한다. 일반 학생에 대해서는 그들에게 제공한 정보에 대한 반응과 학교교육활동 결과에 관한 정보들을 수집·분석하여 앞으로의 생활지도 프로그램 개선에 도움을 주어야 한다.

(6) 특수한 아동에 대한 지도

생활지도활동의 원리에서도 밝혔듯이 생활지도의 대상은 당연히 전체 학생이 되어야 하지만, 여러 방면에서 남다르게 극심한 차이를 나타내는 학생들에 대한 특별지도 역시 생활지도의 주요 활동이 되어야 한다. 일반학교에서 발견되는 특수한 아동에 대한 교육 프로그램 개발 및 학교생활 적응 지원은 생활지도에서 수행해야 한다. 특수한 아동에 대한 지도는 문제 예방적 차원에서 특수 아동뿐 아니라 학교의 전체 학생을 생활지도의 대상으로 삼아야 한다는 적극적인 관점에 속한다. 생활지도 담당자는 학교생활을 통해 인지능력 측면에서 과잉 또는 과소 발달현상을 나타내는 학생이나 정서적·신체적 발육이상을 나타내는 학생을 발견하여, 그들을 위한 교육계획을 수립하거나 다른 전문기관에 의뢰하는 문제 등을 검토해야 한다.

일반 학급에서 발견되는 특수재능 소유 학생이나 지적 장애 현상을 나타내는 학생, 정서적 장애 또는 사회적 부적응이 심한 학생이나 신체적 장애를 지닌 학생들의 경우, 일차적으로 해당 학생과의 직접적인 상담이나 부모 상담을 통해 문제해결을 시도하는 것이 바람직하다. 왜냐하면 그러한 문제에 대한 해결의 열쇠는 대부분 학생 자신에게 속해 있거나 가족관계와 관련된 경우가 많기 때문이다. 그러나 전문가의 도움이 필요한 경우에는 학부모 및 학교행정가와 협의하여 적절한 협력 체제를 구축해야 한다.

학교생활 전체에서 여러 가지 부작용을 일으키는 원인에 해당하는 학습 부적응

현상에는 학습부진, 학습지진, 학습과진, 과목 간 성취 불균형이 있는데, 이러한 학생들에 대해서는 특별한 교육 프로그램을 개발하거나 개인 및 집단을 대상으로 특별히 지도할 필요가 있다. 또한 신체적 장애에는 청각장애, 시각장애, 언어장애, 정형외과적 장애, 신체허약 등이 있는데, 생활지도 담당교사는 일반 교사 및 학교행정가와 협의하여 이러한 장애를 가진 학생을 위한 적절한 학교환경을 마련하고, 이들의 사회생활 적응을 도와주어야 하며, 전문가와 협의하는 문제도 고려해야 한다.

(7) 교육연구 및 교직원과의 협의활동

학교의 생활지도활동은 반드시 체계적인 과정을 거쳐 평가되어야 하며, 그 결과는 새로운 생활지도 프로그램의 계획과 발전에 활용되어야 한다. 생활지도 담당교사는 학생들의 변화와 요구에 대한 연구를 계속적으로 수행해야 할 뿐만 아니라 학교의 다른 교직원들이 이러한 연구활동을 수행하려고 할 때 적극적으로 협조해 주어야 한다.

또한 생활지도 담당자는 학교의 모든 교직원들이 자신의 업무를 효율적으로 수행할 수 있도록 도와주는 일련의 활동을 수행해야 하며, 교사와 학생 간에 생긴 갈등을 해결하는 데 적극적인 노력을 기울여야 한다. 이러한 일을 수행하기 위해 생활지도 담당교사는 비밀을 최대한 유지하면서 학생에 대한 자료를 학교구성원에게 알려 주거나 사례협의회 개최 및 집단지도를 위한 자료개발, 일반 교사를 위한 자료 확보 등을 통해 학교행정가 및 전체 교직원과의 협조체제를 계속적으로 유지해야 한다.

(8) 학부모 및 지역사회와의 유대 강화

학교의 생활지도활동을 보다 효과적으로 수행하기 위해서는 학생의 성장과 발달에 많은 영향을 미치고 있는 학부모와 지역사회의 여러 자원 인사들의 적극적인 협조가 무엇보다 중요하다. 따라서 학교의 생활지도 담당교사는 이들과 개인적 또는 집단적 협의체제를 유지하기 위한 다양한 활동을 전개해 나가야 한다. 이를 위해 생활지도 담당교사는 학교의 구체적인 생활지도계획 및 실행과정을 학부모와 지역사회 인사들에게 알려 주고 도움이 필요할 경우를 대비하여 대화의 통로를 마련해야 하며, 학생들의 태도, 능력, 흥미 등에 대해 이해할 수 있는 자료를 확보

하여 배부함으로써 세대 간 격차를 줄여 나가는 데 노력해야 한다. 뿐만 아니라 학생들에게 영향을 미치는 학교정책, 교육과정, 교육 및 직업 기회에 관한 여러 가지 정보도 알려 주어야 한다.

또한 학교의 생활지도 담당교사는 지역사회 단위의 청소년지도 활동계획에 참여해야 하며, 교육 및 청소년 문제와 관련된 각종 간행물이나 각종 대중매체의 청소년 프로그램 제작에 참여하는 것 등의 여러 활동을 통해 학부모 및 지역사회와 계속적으로 정보를 교환해야 한다.

7) 생활지도활동의 계획 및 운영

각급 학교에서의 생활지도활동은 그 학교를 운영하는 학교행정가와 전체 교직원들의 교육적 견해와 협조 여부에 따라 크게 달라진다. 각 학교의 전체적인 생활지도계획은 생활지도위원회가 수립하겠지만 실제적인 생활지도활동의 수행과 운영은 주로 진로상담부장 또는 학교상담자가 담당하게 된다. 이때 학교가 설정해 놓은 생활지도목표를 달성하기 위해서는 생활지도활동의 수행에 필요한 각종 지원 및 인적 조직의 구성에 학교행정가와 일반 교직원들이 적극적으로 협조해 주어야 한다. 그러므로 한 학교의 생활지도활동이 보다 잘 실행되기 위해서는 생활지도의 목표와 계획을 수립할 때, 학교행정가와 일반 교사 및 사무직원 등 학교의 다양한 구성원들이 함께 참여하여 협의과정을 거치는 것이 좋다.

생활지도활동을 계획할 때 반드시 고려해야 할 기본 원칙을 정리해 보면 다음과 같다.

① 생활지도는 학교교육의 일부분이므로 생활지도계획과 학교의 전체적 교육계획 간에는 상호 조화와 균형이 이루어져야 한다.

② 생활지도계획은 학생들의 발달 단계에 맞게 합리적으로 짜야 한다.

③ 생활지도계획은 학생들을 위해 무엇을 할 수 있는가에 대한 구체적인 활동계획으로 이루어져야 한다.

④ 생활지도계획은 학교 교직원들의 능력과 흥미를 충분히 고려한 상태에서 그들 각자가 수행해야 할 활동과 책임을 분명하게 규정해야 한다.

⑤ 생활지도계획은 학생들의 요구, 학부모의 희망, 지역사회의 요청, 사회정세의

변동 등에 부응할 수 있도록 역동적인 성격을 지녀야 한다.

⑥ 생활지도계획은 여러 종류의 생활지도활동들 간에 상호 유기적인 관계를 맺도록 짜여야 한다.

⑦ 생활지도계획은 학교의 인적 자원, 시설조건, 재정형편 등을 감안하여 무리가 생기지 않도록 작성되어야 한다.

이상에서 살펴보았듯이 생활지도계획은 각급학교의 조건을 충분히 고려한 상태에서 실제적인 운영을 염두에 두고 현실성 있게 조직되어야 한다.

8) 진로지도

(1) 진로지도의 필요성과 목적

진로지도의 필요성과 목적을 이야기하는 이유는 현재 청소년들이 자신의 진로결정과 선택을 제대로 수행하고 있지 못하기 때문이다. 이와 관련하여 이재창(1997)은 청소년들이 불합리한 진로결정을 하는 원인으로서 입시 위주의 진로지도, 부모 위주의 진로결정, 자신에 대한 이해 부족, 왜곡된 직업의식, 일의 세계에 대한 이해 부족 등을 열거하고 있다.

진로지도의 필요성과 목적을 이야기할 때 대부분의 학자들은 '개인적인 측면'과 '국가적인 측면'으로 나누어서 논의를 전개하고 있으나 학교에서의 진로지도는 개인의 '자아실현'을 도와준다는 측면이 우선적으로 강조되어야 한다고 보기 때문에 여기에서는 주로 '학생 개인'의 측면에 비중을 두어 진로지도의 필요성과 목적을 밝혀 보고자 한다(이병승 외, 2019).

① 청소년기의 발달적 특징과 진로지도

Erikson(1963)은 청소년기가 자아정체감을 형성하는 시기로, 이 시기에 진로의 선택과 한 직업에의 헌신이 정체감 형성에 중요한 영향을 미친다고 보았고, 또한 Piaget(1969)도 청소년기가 되면 여러 상황에서 자기를 분석할 수 있으며, 성인의 직업세계에 자신을 투사할 수 있게 된다고 하였다. 이러한 점들을 고려해 볼 때 청소년기에 올바른 진로지도를 통하여 분명한 진로목표를 설정하고 달성하도록 촉진시키는 일은 자아정체감의 형성을 위해 매우 중요하다고 할 수 있다(김계현 외, 2016).

② 노동시장 환경의 급속한 변화와 진로지도

현대사회에서 진로지도와 밀접하게 관련된 노동시장은 급속하게 변화하고 있다. 실제로 지난 10년간 우리나라에서는 1,000여 개의 새 직종이 생겨났고, 300여 개의 직종이 없어진 것으로 나타났다. 인공지능 연구원, 인공위성 개발원, 초전도 연구원, 행사 도우미, 이미지 관리인 등이 새로 생긴 대표적 직업인 반면에 고속버스 안내원, 타자수, 활판 인쇄원, 합성고무 건조원 등은 이제 직업사전에서 사라져 버렸다. 더구나 요즈음 들어 '노동시장 유연화'라는 기치 아래 우리가 많이 접하는 단어로 시장경제의 논리, 구조조정, 다운사이징, 아웃소싱이 있는데, 이들은 모두 '경쟁력 향상'을 핵심 개념으로 하고 있다. 이와 같은 변화의 소용돌이 속에서 청소년들로 하여금 변화를 정확하게 인식하고 수용하도록 해야 하며, 그러기 위해서는 체계적이고 효과적인 진로지도가 매우 중요함을 알 수 있다.

③ 대학입시제도의 변화와 진로지도

새로운 대학입학제도는 학교에서의 진로지도가 직면하고 있는 구조적인 벽을 허무는 좋은 기회가 될 수도 있다. 그러나 새롭게 바뀐 제도에 적합한 진로지도 프로그램을 개발해서 모든 학생들에게 체계적으로 지도하지 않는다면 이 제도가 지니고 있는 복합적인 성격 때문에 경우에 따라서는 현행 제도에서보다도 진로준비와 진로선택이 더 어려울지도 모른다. 따라서 중등학교에서는 새 대학입학제도의 내용을 면밀히 숙지하고 그에 상응한 진로지도 방법과 프로그램을 개발하여 적응할 필요성이 시급히 요청되고 있다.

(2) 진로지도의 일반적인 목표

① 자신에 관한 보다 정확한 이해 증진

직업의 종류에 따라 요구되는 능력과 적성, 기능, 역할이 다양하기 때문에 자신에게 맞는 일과 직업을 선택하기 위해서는 무엇보다도 자신의 가치관, 능력, 성격, 적성, 흥미, 신체적 특성 등에 대하여 올바르게 이해하는 일이 필수적이다. 따라서 진로지도는 자기 이해를 중요한 목표의 하나로 삼아야 한다.

② 직업세계에 대한 이해 증진

상담 사례를 분석해 보면 청소년들은 일과 직업세계에 대해서 너무나 모르고 있으며, 설령 알고 있다고 해도 매우 피상적인 수준에서 단편적인 측면만을 숙지하고 있다는 사실을 확인할 수 있다. 따라서 일과 직업세계의 다양한 측면과 변화 양상 등을 올바르게 이해할 수 있도록 하는 일은 진로지도의 매우 중요한 목표가 된다.

③ 합리적인 의사결정 능력의 증진

진로지도의 최종 결과는 그것이 크든 작든 어떤 '결정'이라는 형태로 나타난다. 따라서 진로지도는 청소년들의 진로에 관한 의사결정 과정에 초점을 두고 의사결정 기술을 증진시키도록 도와주는 것을 중요한 목표로 삼아야 한다.

④ 정보 탐색 및 활용능력의 함양

현대사회를 일컬어 '4차 산업혁명의 시대'라고 한다. 따라서 이미 정보화 시대를 넘어서서 살고 있고, 앞으로 더욱 고도화된 정보화 시대를 살아갈 청소년들에게 학생 스스로 정보를 탐색하는 '방법'을 알려 주고 실행에 옮기도록 안내하면, 학생들은 이러한 시도를 해 보는 가운데 자기가 필요한 정보를 스스로 수집해서 활용하는 능력을 체득하게 될 것이다. 이러한 능력은 단지 진로정보 탐색에만 국한되지 않고 결국 삶의 모든 영역에까지 확장될 수 있다.

⑤ 일과 직업에 대한 올바른 가치관 및 태도 형성

진로지도의 중요한 목표 중의 하나는 학생들로 하여금 일과 직업에 대한 올바른 가치관 및 태도를 갖도록 하는 것이다. 일이 갖는 본래의 의미를 깨닫고 올바른 직업관과 직업의식을 갖도록 하는 것이 진로지도의 중요한 목표 중의 하나가 되어야 한다. 이재창(1997)은 청소년들이 올바른 직업관과 직업의식을 형성하기 위해서 일 자체를 목적보다는 수단으로 여기는 생각, 직업 자체에 대한 편견, 성 역할에 대한 고정관념에서 벗어나야 한다고 주장한다.

(3) 진로지도의 방법

진로지도의 방법은 일일이 열거할 수 없을 정도로 매우 다양하다. 이처럼 다양한 방법 가운데 어떤 것을 선택할 것인지는 진로지도의 목표, 지도의 내용, 지도

대상의 특성, 내담자 호소문제의 성격, 학교의 환경적 여건 등에 따라 결정된다. 경우에 따라서는 다양한 방법이 혼용될 수도 있다. 여기에서는 학교 장면에서 적용 가능한 일반적인 방법에 초점을 두어 살펴보기로 하겠다(김계현 외, 2016).

① 교과학습을 통한 진로지도

학생들은 학교에서 대부분의 시간을 교과학습으로 보낸다. 따라서 학교에서는 교과지도 시간을 이용하여 진로지도를 실시하는 방안을 구체적으로 생각해 보아야 한다. 이를 위해 각 교과담당 교사들이 해당 교과를 그 자체의 학문체계로 가르치는 동시에 진로지도의 관점에서 삶의 문제와 직업 문제를 보다 밀접하게 관련시켜 가르칠 필요가 있다. 이렇게 함으로써 학생들은 교과를 보다 의미 있고 흥미 있게 배우게 된다.

② 학급관리를 통한 진로지도

한 학급을 단위로 볼 때 교과지도 시간 이외에 학생들을 가장 많이 접하는 사람은 담임교사이다. 담임교사는 자신의 재량으로 학급학생들과 공유할 수 있는 시간을 만들 수도 있다. 담임교사는 짧은 시간이지만 매일 갖는 조회시간이나 종례시간 등에 기본적인 사항의 전달이 끝나면, 학생들이 자신의 진로에 대해서 진지하게 생각해 보고 성찰할 수 있도록 촉진하는 역할을 할 수 있다. 이러한 목표는 진로선택과 관련된 인상 깊은 예화를 들려주거나, 졸업한 선배의 모범적인 사례를 소개해 주거나, 졸업 후에 선택할 수 있는 진로 유형을 설명해 주거나, 각종 직업교육훈련기관을 소개해 주거나, 관련된 인터넷 웹사이트의 메뉴를 알려 주면서 달성할 수 있다. 자율학습시간이나 특별활동시간 등 1시간 이상이 할애되는 시간을 통하여 진로탐색 프로그램을 집단상담 방식으로 운영할 수도 있다. 또한 교실의 환경을 적절하게 구성하는 것으로 진로지도를 할 수 있다. 이 경우 학급의 게시판 등에 진로 유형이나 혹은 특정 직업에 대한 정보 제공을 주요 목표로 삼고 일주일 단위로 교체하는 방식을 택하면 큰 효과를 기대할 수 있을 것이다.

③ 학교행사를 통한 진로지도

학교행사를 통하는 방법은 진로지도의 단위를 한 학교로 보고, 학교 전체를 대상으로 함으로써 대부분이 '행사'의 형식을 취하고 있다. 첫째는 '진로의 날' 행사로 월 1회 정도 선배와의 대화, 직업인 초청 강연, 영상자료 상영 등을 하는 것이고, 둘째는 '진로주간 행사'이다. 한 학기 1회 정도 주간을 설정하고 관심 있는 대학과 직장을 방문하여 직접 알고 싶은 내용을 확인하고 체험할 수 있도록 지도한다. 행사가 끝난 후에는 반드시 평가회를 개최하여 행사의 성과와 부족한 점, 계속 발전시킬 사항에 관하여 논의하고 다음 행사를 계획할 때 충분히 반영되도록 해야 할 것이다.

④ 진로정보 제공을 통한 진로지도

진로정보란 개인의 진로선택 및 적응을 위해 필요한 모든 지식과 이해에 관련된 정보를 말한다. 정보를 제공하는 방법은 다양한데, 가장 흔한 것은 인쇄매체를 통한 전달방법이다. 이 방법은 손쉽기는 하지만 일반적으로 다른 매체에 비해서 내담자의 흥미나 관심을 불러일으키지 못한다는 약점이 있다. 인쇄물 외에도 각종 시청각 매체를 통하여 정보를 전달 또는 보급할 수 있다. 게임이나 역할극 등의 탐색활동을 통하여 다양한 진로에 대한 간접 경험을 제공하는 시뮬레이션 방법을 도입할 수도 있으며, 때로는 학생들이 기업체나 학교 등을 방문하여 정보를 얻는 견학도 활용할 수 있다.

(4) 진로지도를 위한 컴퓨터의 활용

최근 '정보의 바다'로 각광을 받고 있는 인터넷을 이용하여 정보수집은 물론 학생들에게 스스로 정보를 탐색할 수 있는 능력을 길러 줄 수 있다. 진로지도에 활용할 수 있는 웹사이트를 소개하면 다음과 같다.

① 워크넷

노동부의 고용 관련 사이트로서 관련된 방대하고 다양한 구직관련 정보를 접할 수 있다. 원격 직업상담을 받을 수 있고 직업심리검사를 받을 수도 있을 뿐만 아니라 해외 구인/구직 신청도 가능하다.

② 커리어넷

초등학생부터 대학생 성인에 이르기까지 다양한 학과와 직업에 대한 정보를 제공해 주며, 직업과 진로에 관련된 심리검사를 통하여 구체적인 진로탐색이 가능하다.

③ 에듀넷

사이버 가정학습, 문제풀이 등과 같이 학업과 관련된 다양한 자료뿐만 아니라 진학상담, 청소년 고민상담, 교직/교권상담 등도 가능하다.

④ 한국청소년상담복지개발원

웹심리 검사, 비밀상담실을 통한 사이버 상담이 가능하고, 고민해결백과, 컴슬러 따라가기, 감정의 사이버마당, 상담만화방 등 여러 가지 도움을 받을 수 있다.

(5) 진로지도를 위한 검사의 활용

진로지도의 과정에서 학생 이해를 위하여 검사를 실시한다고 할 때, 중요하게 다루어야 할 내용은 다음과 같다.

첫째, 가치관의 탐색-표준화 검사법과 가치 명료화 프로그램이 있다.

둘째, 흥미-표준화 검사법이며, 우리나라에는 다양한 흥미검사가 개발되어 있다.

셋째, 성격-개인의 욕구, 자아개념, 성취동기, 포부수준, 대인관계들 여러 가지 요인이 포함되어 작용한다. 최근에는 성격을 유형으로 구분하는 검사가 많이 사용되고 있다.

넷째, 학생의 적성-표준화 검사와 관찰에 의한 방법이 있다.

다섯째, 개인 진로상담 및 집단 진로상담의 과정에서 보조로 활용할 수 있는 검사도구-진로 성숙도검사, 진로의식 발달검사, 의사결정 유형검사, 진로결정 수준검사, 진로탐색 행동검사, 불안검사 등이 있다.

검사결과를 절대적인 것으로 해석해서는 곤란하다. 검사결과는 방향을 제시해 주는 것이지, 그 진로를 선택했을 때의 성공 여부를 보장해 주지는 않는다. 왜냐하면 한 가지 분야에서 성공을 거둔다는 것은 단순히 적성이나 흥미 또는 능력 등의 한 가지 요인에 의한 것이 아니라 다양한 요인의 상호작용으로 나타나는 결과이기 때문이다.

2. 상담

1) 상담의 의미

상담이란 전문적으로 훈련된 상담자와 도움을 필요로 하는 내담자 간의 개별적 인간관계를 통해 새로운 학습이 이루어지는 과정이다.

상담(counseling)이라는 용어는 라틴어의 'consulere'에서 나왔는데, 이것은 '고려하다', '조언받다' 등의 뜻이다. 그러므로 일상적 의미로서의 상담은 충고, 조언, 정보제공, 위로 등의 활동을 가리키는 것으로 사용되고 있다. 그러나 전문적 활동으로서의 상담은 내담자가 알고자 하는 사항에 대한 정보를 제공하거나 조언을 하거나 단순히 위로를 하는 것 이상의 의미를 지닌다. 전문적 상담에서는 상담자와 내담자 사이에 일어나는 역동적인 상호작용의 인간관계를 통해 내담자의 감정을 수용하고 명료화해 주어 내담자로 하여금 자기 자신과 주변 환경을 보다 잘 이해하여 자신을 발전적으로 이끌어 가도록 도와주게 된다.

상담의 의미는 그것을 설정하는 과정에서 상담활동의 교육적 의미를 강조하느냐 치료적 의미를 강조하느냐에 따라 학자들 간에 서로 다른 입장을 취하고 있다. 오늘날 발달된 상담심리학에서는 상담과 심리치료의 개념을 구분하지 않으려는 견해가 지배적이다.

상담에 관한 정의를 어떻게 내리든 상담의 주된 특징은 상담자와 내담자 사이의 상호작용적 인간관계에 있다고 할 수 있다. 상담에서의 인간관계는 일상적인 인간관계와는 질적으로 다른 전문적인 관계로서 다음과 같은 특징을 지닌다.

첫째, 서로 얼굴을 마주 대하는 일대일의 인간관계로 구성된다.

둘째, 언어를 매개로 하는 역동적인 상호작용과정이다.

셋째, 전문적인 조력과정이다.

넷째, 사적이며 비밀스러운 관계로 구성된다.

2) 상담의 목표

상담의 궁극적인 목표는 인간으로 하여금 자신의 잠재력을 최대한으로 발휘하도록 돕고 일상생활에서 보다 건강하고 행복한 삶을 누릴 수 있도록 도와주는 것이라고 말할 수 있다. 그러나 상담이론이나 내담자의 발달단계 및 내담자가 제시하는 문제의 성격에 따라 상담의 목표는 다르게 진술될 수 있다. 청소년들을 상담할 때 보편적으로 제시할 수 있는 상담의 목표는 다음과 같다(이혜성 외, 1996).

(1) 행동변화의 촉진
(2) 적응기술의 증진
(3) 의사결정기술의 함양
(4) 인간관계의 개선
(5) 잠재능력의 개발
(6) 자아정체감의 확립
(7) 긍정적 자아개념의 형성
(8) 건전한 가치관의 확립

3) 상담의 기본 원리

상담의 기본원리는 크게 상담관계형성의 원리, 동기유발의 원리, 지도의 원리로 구분할 수 있다.

(1) 상담관계형성의 원리

상담관계란 특정한 인간관계기술을 사용하여 내담자가 행동적·정서적·인지적인 면에서 스스로 성장하고 변화해 나가야겠다는 결심을 하고 실제로 변화를 추진해 나갈 수 있도록 도와주는 의도적이고 체계적인 관계이다. 따라서 상담관계를 형성하고 발달시키는 것이 상담효과를 높이는 데 가장 중요한 변인이라 할 수 있다. 상담관계의 형성을 위해 필요한 요소로는 내담자의 입장에서 그들의 내면세계를 이해하는 '공감적 이해'와 내담자의 행동이나 감정 및 사고에 대한 '무조건적인 존중'이 있다.

(2) 동기유발의 원리

상담자는 상담의 효과를 높이기 위해서 가능한 한 효과적이고 치료적인 상담관계를 유지해 나가기 위하여 부단히 노력해야 한다. 동기유발의 방법으로는 내담자가 상담에 대해 얼마나 분명한 목표를 가지고 있는지, 자기성장과 발전에 대해 어떠한 느낌을 가지고 있는지, 상담을 통한 변화에 대해 어떠한 생각을 가지고 있는지를 잘 살펴야 한다. 그리고 현실적이고 적절한 목표를 설정하고 이를 활성화하며 가능한 한 많은 목표를 달성할 수 있도록 내담자를 동기화해야 한다. 단, 적절하게 도전적인 수준의 목표를 설정하고 내담자의 동기화를 노력하는 과정에서 상담자는 현실적인 한계를 염두에 두고 있어야 한다.

(3) 지도의 원리

학교 상황에서 학생들을 상담할 때는 먼저 학생내담자의 속성에 대하여 알아야 한다. 그들의 발달적 특성과 상황적 특성 등 다른 집단과 비교하여 그들만이 가지는 여러 가지 특성을 알고 지도할 때 그들에게 꼭 필요한 것들을 가르치고 제공할 수 있다. 만일 그들이 어떤 사람들이고 원하는 것이 무엇인지 정확하게 파악하지 못하면 진정으로 그들을 돕는 것은 불가능하다.

4) 상담의 유형

상담은 상담자와 내담자가 어떤 방식으로 만나느냐에 따라서 대면상담과 통신상담으로 구분할 수 있고, 상담자와 내담자가 만나는 형태에 따라서 개인상담과 집단상담 및 가족상담으로 구분할 수 있다(김계현 외, 2016).

(1) 상담방식에 따른 분류

상담은 상담자와 내담자가 어떻게 만나느냐에 따라 대면상담과 통신상담 및 사이버상담으로 구분할 수 있다. 대면상담이란 상담자와 내담자가 직접 만나서 얼굴을 맞대고 내담자의 성장과 발달을 도와주는 과정이다. 통신상담이란 상담자가 내담자를 전화나 컴퓨터, 서신, 팩스 등의 매체를 통하여 내담자의 성장과 발달을 도와주는 과정이다.

① 대면상담

대면상담은 전통적으로 실시해 오던 형태의 상담으로 상담자와 내담자가 직접 대면하여 심리적 문제를 다루어 나가는 상담방법이다. 개인상담, 집단상담 그리고 가족상담 등이 대면상담으로 이루어지며, 또한 놀이치료와 음악치료, 미술치료 등도 각각 놀이와 음악, 미술을 매개로 하는 대면상담으로 볼 수 있다.

② 통신상담

통신상담은 과학기술의 발전으로 말미암아 의사소통과정에 서신, 전화, 팩스, 그리고 컴퓨터를 활용하게 됨으로써 점차 발전하게 되었다. 현재 우리나라의 경우 스마트폰을 비롯한 휴대전화기가 보급되어 있어 전통적인 전화 상담을 넘어서서 문자나 톡을 활용한 상담까지도 가능하게 되었고, 인터넷을 통한 사이버상담도 활성화되어 있다.

③ 사이버상담

사이버상담은 컴퓨터를 매개로 가상공간에서 음성언어가 아닌 문자언어를 사용하여 상담자와 내담자의 상호작용을 통해 내담자의 긴장된 정서나 감정을 표출하게 함은 물론, 자신의 문제를 구체적으로 인식하게 하는 과정이다. 사이버상담의 특징으로는 직접 상담을 받으러 나오지 않아도 되고, 오고 가는 데 드는 수고와 외출 준비에 드는 수고도 줄이는 편리성과 게시판 상담과 이메일 상담의 경우 인력이나 경비가 절약되는 경제성, 시·공간을 초월한 교육, 학생들이 자발적으로 상담 사이트에 접속하고 상담과정에 참여하는 내담자의 주도성 증진 등이 있다.

(2) 상담형태에 따른 분류

상담은 그것이 이루어지는 형태에 따라서 몇 가지로 나누어 볼 수 있다. 도움을 받는 사람인 내담자가 한 명인가 혹은 그 이상인가에 따라 '개인상담'과 '집단상담'으로 구분할 수 있다.

① 개인상담

개인상담이란 한 명의 상담자와 한 명의 내담자가 직접 대면하거나 혹은 매체를 통하여 간접적으로 만나서 상담관계를 형성하고 내담자가 자기 자신과 환경에 대해 의미 있는 이해를 증진하도록 함으로써 내담자의 성장과 발전을 촉진하는 심리적인 조력의 과정을 말한다.

개인상담은 내담자의 문제가 위급하며 원인과 해결이 복잡하고 내담자 자신과 관련 인물들의 신상을 보호할 필요가 있는 경우, 그리고 집단에서 공개적으로 발언하는 것을 두려워하는 내담자에게 적합하다(이장호 외, 1998).

② 집단상담

집단상담은 한 명 혹은 그 이상의 상담자와 여러 명의 집단 구성원이 일정 기간 동안 정기적으로 만나면서 일상생활에서 부딪치는 문제에 대한 그들의 태도와 행동을 점검하고 변화시키기 위한 목적으로 현실에 대한 방향 점검, 감정 정화, 상호 신뢰, 이해, 수용, 지지, 허용 등과 같은 치료적 기능을 포함한 의식적 사고와 행동에 초점을 둔 역동적 인간상호관계의 과정이다.

집단상담은 여러 사람들을 보다 잘 이해해야 할 필요가 있는 내담자나 다른 사람들이 자기를 어떻게 보고 있는지를 알아야 할 것으로 판단되는 내담자에게 적합하며, 사회적 기술의 습득이 필요한 내담자나 다른 사람과의 유대감, 소속감 및 협동심의 향상이 필요한 내담자에게도 적합하고, 자기의 관심사나 문제에 대해서 다른 사람의 반응이나 조언이 필요한 내담자와 동료 혹은 타인의 이해와 지지가 도움이 되리라고 판단되는 내담자에게도 적합하다(이장호 외, 1998).

③ 가족상담

가족상담은 한 명 혹은 그 이상의 상담자가 가족 전체를 하나의 단위(가족체계)로 하여 가족 간의 관계에 초점을 맞추고, 조화로운 관계를 유지하기 위해서 현재의 관계를 수정해 나가는 과정이다. 가족 구성원 개인이 나타내는 정신적 증상이나 문제행동은 가족을 구하기 위한 구조신호로 간주된다. 가족상담에서는 일차적으로 가족을 하나의 체계로 보고 그 체계 내의 어느 개인이 가족체계나 부부관계 또는 부모자녀관계를 방해하는 상황을 치유하도록 하므로 가족체계가 변화에 저항하는 상황을 다루는 데에는 가족상담이 특히 유용하다.

5) 상담이론

상담의 근본적인 목적이 내담자의 자기성장을 도와주는 것이라는 점에 대해서는 대부분의 학자들이 동의하고 있다. 그러나 구체적으로 상담을 수행하는 방법이나 상담진행 절차에 대해서는 학자들 간의 견해가 서로 다르다. 상담에 관한 대표적인 접근방법으로 합리적 상담, 자아이론적 상담, 정신분석적 상담, 학습이론적 상담 등 다섯 가지로 구분하여 살펴보고자 한다(이병승 외, 2019).

(1) 합리적 상담

합리적 상담의 특성은 인간을 이성적 존재로 보며, 상담을 일종의 교육적 활동으로 보는 데 있다. 합리적 상담의 기본 전제는 이성적 존재로서의 인간은 어떤 계획을 세우며 의사결정을 하는 과정에서 이성을 활용할 수 있다는 것이다. 그러나 상담을 필요로 하는 대부분의 내담자들은 자신이 지닌 편견과 필요한 정보의 부족으로 문제해결에 어려움을 겪고 있기 때문에 의사결정과정에서 바람직한 방향을 설정할 수 없으므로 남의 도움을 필요로 한다는 것이다.

합리적 상담의 출발은 직업상담에서 나왔으나 오늘날에는 학교상담에서 특히 많이 이용되고 있는 상담의 접근방법이다. 학생들의 장래문제나 진로문제, 교육문제, 학교 적응문제 등에 상담자가 적극적으로 참여하여 학생들의 문제를 해결하게 되는 것이다. 이러한 합리적 상담은 상담자가 주도적으로 상담을 이끌어 가는 경향이 있으므로 일명 '지시적 상담'이라고도 한다.

① 상담의 기술

상담자는 탁월한 훈련과 경험 및 정보를 가지고 있어야 하며, 상담과정에서는 주로 다음과 같은 기법을 사용한다.

㉠ 타협시킨다.

㉡ 환경을 바꾸도록 권장한다.

㉢ 적절한 환경을 선택하도록 한다.

㉣ 적절한 기술을 학습시킨다.

㉤ 태도를 변화시킨다.

상담자는 위에서 열거한 방법을 사용하여 내담자의 개별 특성에 맞는 직업이나 전공 분야의 선택에 도움을 주기도 하고, 문제해결에 필요한 기능이나 태도를 학습하도록 도와주기도 하며, 내담자의 주변 환경에 대한 태도를 부정적 경향에서 긍정적 방향으로 변화시키기도 한다.

② 상담의 과정

Williamson은 합리적 상담의 진행절차를 다음과 같이 정리하고 있다.

㉠ 분석 : 상담자는 내담자 또는 내담자의 문제와 관련된 모든 자료를 수집하여 문제를 분석한다.

㉡ 종합 : 분석 단계에서 얻어진 자료를 내담자의 개별 특성과 관련지어 체계적이고 조직적으로 정리한다.

㉢ 진단 : 내담자가 지닌 문제의 원인을 파악하고, 그 문제가 앞으로 어떻게 진전될 가능성이 있는가를 예측해 본다.

㉣ 상담 : 상담자가 내담자와 일대일의 관계에서 내담자를 직접적으로 도와준다.

㉤ 추후지도 : 상담효과를 평가하여 재발 가능성에 대해 계속 조언한다.

(2) 자아이론적 상담

자아이론적 상담은 미래지향적 특성을 지닌 자아실현 의지를 중요하게 여긴다. 인간은 자기 자신을 바람직한 방향으로 성장, 발전시킬 수 있는 잠재능력을 지니고 있으므로 자기 문제를 스스로 해결할 수 있다고 본다. 상담자는 이러한 인간의 자아실현 의지를 믿기 때문에 내담자를 중심으로 상담을 펼쳐 나가게 된다. 자아이론적 상담은 자아개념을 중요하게 여기는 현상학적 심리학에 기초를 두고, 내담자 중심으로 상담을 진행해 나가기 때문에 '비지시적 상담'이라고 불리기도 한다.

상담과정에서 상담자가 해야 할 일은 무제한의 허용적인 분위기를 조성하여 내담자로 하여금 자신의 문제를 있는 그대로 자유롭게 이야기하도록 함으로써 자기통찰이 가능하도록 도와주는 것이다. 이를 위해 상담자는 내담자의 현재 상태를 중요하게 여겨야 하며, 내담자로 하여금 자신의 현재 느낌이나 감정 및 불안을 있는 그대로 솔직하게 표현하도록 격려해 주어 감정의 정화와 명료화를 경험할 수 있도록 해 준다. 이러한 과정을 거치는 동안 내담자는 자신의 문제에 대한 통찰력이 높아지게 되어 문제해결로 나아가게 된다. 왜냐하면 인간은 그 자신 속에 무한한 자기 성장 가능성을 지닌 존재이기 때문이다. 적응에 어려움을 겪고 있는 개인은 자신을 둘러싸고 있는 정서적 장애로 인해 자신의 문제에 대한 해결책을 찾는 데 방해를 받고 있을 따름이다.

① 상담자의 태도

자아이론적 상담에서는 진단과 처방의 기술이나 다양한 정보의 제공보다는 상담자와 내담자 간의 인간관계가 매우 중요시되며, 문제의 인지적 측면보다는 정서적 측면을 더욱 중요하게 여긴다. 상담진행과정에서 상담자가 지녀야 할 특징적인 태도는 솔직성, 긍정적 존중, 공감적 이해이다.

㉠ **솔직성** : 상담자는 상담과정에서 내담자와 맺은 인간관계에서 느낀 감정과 태도를 솔직하게 표현해야 한다. 상담자가 자신의 긍정적 감정과 부정적 감정을 모두 표현할 수 있고, 내담자가 표현하는 부정적 감정을 모두 수용할 수 있을 때, 서로 신뢰하며 거짓이 없는 인간관계를 형성할 수 있다.

㉡ **긍정적 존중** : 상담자는 내담자의 자기 성장력에 대한 굳건한 신념에 입각해서 내담자의 감정이나 사고, 행동을 평가하거나 판단하지 않고 내담자를 있는 그대로 받아들이고 독립된 개인으로 수용·존중해야 한다.

㉢ **공감적 이해** : 상담과정에서 나타나는 내담자의 경험과 감정을 상담자가 함께 느끼고 이해해야 한다. 상담자는 내담자를 동정하는 것이 아니라 내담자의 내면세계를 마치 자신의 내면세계인 것처럼 느끼는 감정이입 상태에 도달해야 한다. 그러나 이때 상담자는 자신의 위치를 벗어나지 않도록 주의를 기울여야 한다.

상담에 대한 이러한 접근법은 주로 임상적 경험을 통해 그 이론이 발전되어 왔으며, 오늘날에 이르러 학교와 상담소, 병원 등에서 적응에 어려움을 겪고 있는 개인이나 정서적 장애를 지닌 개인들의 치료에 많이 적용하고 있다.

② 상담의 과정

Rogers는 자아이론적 상담이 이루어지는 과정을 다음과 같이 12단계로 정리하였다(Rogers, 1942).

㉠ **내담자의 방문** : 본인 또는 다른 사람의 권유에 의해서 이루어진다.

㉡ **상담에 대한 정의** : 상담자는 도움을 주는 존재이며, 내담자는 자신의 문제에 대해서 책임을 지고 스스로 문제를 해결해 나가야 된다는 점을 인식시킨다.

㉢ **래포의 형성** : 내담자가 자유롭게 자기 감정을 표현할 수 있도록 우호적이고 허용적인 분위기를 마련한다.

㉣ **내담자의 부정적 감정 수용** : 내담자의 부정적 감정을 보다 자유롭게 표출하도록 격려하며, 그것을 수용하고 인정하며 명료화해 준다.

㉤ **내담자의 긍정적 감정 표출** : 내담자의 부정적 감정이 모두 표출된 후, 약하긴 하지만 자기성장에 도움이 되는 긍정적 감정 및 충동이 나타나게 된다.

㉥ **내담자의 긍정적 감정 수용** : 내담자의 긍정적 감정은 자기이해 및 자기통찰의 계기를 마련해 줄 수 있다는 점에 유의하고, 상담자는 이를 수용하고 인정할 뿐만 아니라 동감할 수 있어야 한다.

㉦ **내담자의 자기통찰 출현** : 부정적 감정과 긍정적 감정의 동시 수용을 통해 내담자의 자기이해 및 자기수용이 나타나게 된다.

㉧ **내담자의 의사결정 가능성 출현** : 자기 문제에 대한 통찰을 기반으로 문제를 해결하려는 의도를 보여 주게 된다. 이때 상담자는 내담자가 가지는 변화에 대한 두려움과 주저를 인정하고 격려해 주어야 한다.

㉨ **내담자의 긍정적 행동 출현** : 내담자는 약하고 보잘것없는 수준의 행동변화를 보여 주게 되는데, 이때 상담자가 서두르거나 행동 변화를 독촉해서는 안 되고 인내심을 가지고 주시, 격려해야 한다.

㉩ **내담자의 자기통찰 확대** : 내담자의 긍정적 행동 변화에 대한 격려를 통해 내담자의 자기통찰을 확대, 심화시킨다.

㉪ **내담자의 적극적이고 통합된 행동 출현** : 내담자는 자신의 결정에 의해서 수행하는 행동에 대해 자신감을 가지게 되며, 의사결정과정에서 더 이상 두려움을 느끼지 않을 뿐만 아니라 상담자와의 유대관계가 더욱 강화된다.

㉫ **상담의 종결** : 내담자는 자신의 문제를 불안 없이 혼자 해결할 수 있다는 것을 인식하게 되고, 스스로 상담관계의 종결을 바라게 된다.

(3) 정신분석적 상담

정신분석적 상담은 Freud의 정신분석학에 기초한 것으로 인간행동에 대한 결정론과 무의식의 개념을 수용하고 있다. 따라서 인간의 모든 행동에는 그것을 일으키게 하는 동기가 있으며, 그 동기는 인간 정신세계의 무의식에 의해 크게 영향을 받는다고 본다. 또한 현재 한 개인이 나타내 보이는 부적응의 원인을 어렸을 때의 경험으로 구성된 무의식적 동기나 욕구에서 찾으려는 입장을 취한다. 문제를 지닌 개인은 자신이 알지 못하는 무의식적 동기를 분석해서 치료하게 된다.

① 상담의 기술

정신분석적 상담은 내담자로 하여금 자기통찰을 통해 스스로를 이해하고 불안의 원인을 깨닫게 하는 데 그 목적을 두기 때문에 내담자의 무의식 세계를 이해하기 위해 자유연상, 꿈의 분석, 저항의 해석, 전이의 해석과 같은 기술을 사용하게 된다. 이러한 상담기법을 사용할 때 특히 주의해야 할 점은 자유연상이나 꿈을 통한 경험세계에도 내담자의 의식이 활동하기 때문에 무의식 세계를 차지하고 있는 본능적 욕구가 상징적으로 표현된다는 것이다.

㉠ 자유연상 : 상담자는 내담자를 편안한 상태로 눕거나 앉게 한 후, 내담자의 느낌이나 생각을 자유롭게 이야기하도록 권장한다. 자유롭고 편안한 가운데 진술한 내담자의 연상은 과거의 충격적 경험에 대한 재현을 도와주고 과거의 상황에서 느꼈던 여러 감정들을 발산하도록 도와주어 자기이해와 자기통찰을 가능하게 한다.

㉡ 꿈의 분석 : 내담자가 최근에 자주 꾸게 되는 꿈의 내용을 이야기하게 하여, 그 내용을 분석하는 것이다. 수면 중에는 자아의 방어기제가 약화되기 때문에 억압된 욕망과 감정이 의식 표면에 떠오르게 된다는 꿈의 특성을 이용한다. 꿈에 나타난 무의식 세계를 통해 내담자로 하여금 자신의 내면세계와 문제에 대한 통찰이 가능하도록 도와준다.

㉢ 저항의 해석 : 상담진행 과정에서 내담자는 자아를 보호하기 위한 무의식적 행동으로 상담자와 상담 자체에 대해 강한 거부감을 나타내게 되는데, 이것을 저항이라고 한다. 저항은 상담 약속시간을 어긴다거나 상담자를 미워한다거나 상담과정에서 침묵을 고집하는 등의 형태로 나타난다. 상담자는 내담자의 이러한 저항이 내담자의 내적 갈등의 표현임을 지적해 주고 이해시켜야 한다.

㉣ 전이의 해석 : 상담과정에서 내담자는 상담자를 아주 미워하거나 좋아하게 되는 것과 같은 강한 정서적 전이현상을 나타내 보인다. 이것은 내담자가 자신의 과거 인간관계에서 발생했던 긍정적 또는 부정적 감정상태를 상담자에게 나타내는 것이다. 이러한 전이에 대한 해석을 통해 내담자의 정서적 갈등을 해결하는 계기를 마련해 주게 된다.

정신분석적 상담은 처음에는 심한 정신질환을 가진 환자를 치료하는 정신의학

분야에서 주로 사용된 방법이지만, 오늘날에 이르러서는 인간의 전반적인 정신현상을 이해하는 데 도움을 주고 있을 뿐만 아니라 학생 개인에 대한 이해와 집단지도에 널리 이용되고 있다.

② 상담의 과정

정신분석적 상담의 일반적인 진행절차는 다음과 같다. 먼저 진단을 내려 내담자로부터 상담활동에 대한 동의를 받는다. 그다음 상담자는 내담자의 성장배경에 관한 자료를 수집하며, 자유연상이나 꿈의 분석을 통해 내담자의 무의식을 파악하여 해석한다. 이때 내담자는 상담자에 대해 정서적 전이현상을 나타내 보이는데, 이것은 내담자가 부모 및 다른 사람들과의 관계에서 발생한 감정적 태도를 상담자에게 전이하는 것이다. 내담자는 마치 상담자가 자신의 부모인 것처럼 여기게 되어 부모에 대한 자신의 긍정적 감정 또는 부정적 감정을 그대로 나타내게 된다. 이러한 과정을 통해 내담자의 근본적인 정서문제가 표면화될 수 있으므로 자기이해와 통찰이 가능하게 된다. 이러한 전이 장면에서 상담자는 내담자의 부정적 감정의 표출에 해당하는 저항을 잘 처리할 수 있어야 한다. 이때 내담자가 상담자에게 나타내는 반항이나 거부현상은 상담자에 대한 감정이 아니라 내담자의 과거 경험 세계의 특정 인물에 대한 부정적 감정의 표출이라는 점을 알아야 하며, 이를 잘 처리할 수 있어야 상담이 중단되지 않는다. 상담자는 내담자의 감정적 전이에 대해 수동적이고 중립적인 자세를 취함으로써 내담자의 전이를 유도해야 하며, 전이에 대한 객관적인 해석으로 전이 감정을 해소시켜 줄 수 있다. 그 결과 내담자는 과거의 영향력으로부터 벗어나게 되며 정서적으로 더욱 성숙하게 된다.

(4) 학습이론적 상담

학습이론적 상담은 학습의 법칙과 원리를 적용하여 개인의 여러 가지 문제행동을 수정하거나 바람직한 행동을 새롭게 획득하게 하는 접근방법이다. 학습이론적 상담에서는 인간의 모든 행동이 조건화, 강화, 모방과 같은 학습과정을 통해 형성된다고 보며, 개인이 지닌 장애 행동 역시 이러한 학습의 과정을 거쳐 획득된 것이라고 생각한다. 따라서 이 접근법에서는 인간의 행동에 영향을 미치는 환경자극을 체계적으로 조절하고 재배열함으로써 환경자극과 행동 간의 새로운 기능적 관계를 형성하여 개인의 문제해결이나 자기성장을 도와줄 수 있다고 본다.

① 상담의 기술

학습이론적 상담은 특히 학교 학습 장면에서 학생들이 나타내 보이는 여러 종류의 행동장애를 치료하는 데 크게 효과를 얻고 있는 접근법이다. 즉, 학생들의 바람직하지 못한 행동을 고전적 조건형성을 이용한 상호제지법이나 체계적 둔감법 또는 조작적 조건형성에 따른 행동수정법, 사회적 학습이론에 따른 사회적 관찰학습법으로 치료하는 것이다.

㉠ **상호제지법** : 한 개인에게 불쾌반응을 일으키는 자극을 쾌반응을 일으키는 자극과 함께 짝지어 제시함으로써 불쾌반응을 감소시켜 나가는 방법이다.

㉡ **체계적 둔감법** : 먼저 근육의 이완과 긴장을 훈련시킨 후, 불안 반응을 일으키는 자극을 제시해 주어 내담자가 불안을 덜 느끼게 만드는 방법이다.

㉢ **행동수정법** : 한 개인의 바람직하지 못한 행동을 강화시켜 주는 자극들을 분석하여 그것을 제거하는 방법이다. 예를 들어, 수업시간에 떠드는 학생에게 교사가 시선을 집중하는 것과 같은 행위를 더 이상 계속하지 않고 그냥 무시하는 방법을 채택하는 것이다. 그렇게 할 경우 점차적으로 수업시간에 떠드는 행동이 줄어들어 마침내 그 행동을 하지 않게 된다는 것이다. 이러한 행동수정법에서는 물질적 보상이나 특권 부여와 같은 여러 가지 종류의 정적 강화를 사용하여 학생들의 바람직한 행동을 성장·촉진시키기도 한다. 행동수정법의 핵심은 체계적인 관찰, 철저한 통제, 수집자료의 수량화, 반복 시행과 같은 과학적 방법을 강조하여 상담자와 내담자 모두가 볼 수 있고 객관적으로 측정할 수 있는 문제행동만을 다루게 된다는 것이다.

㉣ **사회적 관찰학습법** : 타인의 행동을 관찰하고 그 행동의 결과로 받는 보상을 대리경험하게 하여 자신의 문제를 해결해 나가도록 도와주는 방법이다.

② 상담의 과정

학습이론적 상담은 학습된 구체적인 부적응 행동을 소거시키고, 보다 효과적이고 바람직한 행동을 새롭게 학습시키는 것이 주요 목표이다. 상담목표와 절차를 결정할 때 상담자는 먼저 내담자와 합의를 하는 것이 좋다. 왜냐하면 상담에 성공하기 위해서는 내담자의 협조와 강한 동기가 필요하기 때문이다. 학습이론적 상담의 주요 목표는 다음과 같이 크게 세 가지로 나누어 볼 수 있다.

㉠ 자신의 감정이나 생각 및 희망을 관련된 생활 장면에서 자유로이 표현할 수

있도록 훈련하는 것이다.

㉡ 사회적인 활동을 저해하는 비현실적인 공포를 제거하는 일이다.

㉢ 내담자가 인생에 있어서 중요한 결정을 내리는 데 방해가 되는 내면의 갈등을 해소하도록 도와주는 것이다.

상담의 목표는 상담자와 내담자의 합의하에 결정되는 것이지만, 가급적이면 상담의 효과를 구체적으로 평가할 수 있는 것으로 정한다.

참고문헌

강갑원 · 김정희 · 김종백 · 박희순 · 이경숙 · 이경화 역(2004). **교육심리학**. Slavin, R. E. (2011). *Educational psychology : Theory and practice*. 서울: 시그마프레스.

강유정 · 김영훈 · 장기풍 · 최화숙(2018). **교육학개론**. 서울: 동문사

강인숙 · 김영훈 · 김정임 · 최지혜(2017). **교육심리학**. 서울: 동문사.

강태훈 · 이대식 · 이주하(2013). **최신 교육심리학**. 서울: 학이당.

교육평가연구회(1995). **교육측정, 평가, 연구 통계용어사전**. 서울: 중앙교육연구소.

구광현 · 심재영 · 문정화 · 강영화 · 조봉환 · 김엄주 역(2006). **교육심리학**. 서울: 시그마프레스.

구병두 · 최종진 · 심은석 · 김부국 · 김상남 · 차승봉 · 박균달 · 정영교 · 김은주 · 김경민 · 이범석 · 심은영 · 이경철 · 구희진(2015). **교육평가**. 경기: 양서원.

권대훈(2010). **교육심리의 이론과 실제**. 서울: 학지사.

권대훈(2016). **교육심리학의 이론과 실제**. 서울: 학지사.

권인탁 · 김근곤 · 김인홍 · 김천기 · 노상우 · 박세훈 · 박승배 · 송재홍 · 온기찬 · 유평수 · 최택식(2013). **교육학개론**. 경기: 양서원.

김계현 · 김동일 · 김봉환 · 김창대 · 김혜숙 · 남상인 · 천성문(2016). **학교상담과 생활지도(2판)**. 서울: 학지사.

김석우(2015). 교육평가의 이해(제2판). 서울: 학지사

김아영 · 백화정 · 설인자 · 정명숙(2013). **교육심리학**. 서울: 박학사.

김영채 역(1992). **학습심리학**. B. R. Hergenhahn(1988). An introduction to theories of learning. 서울: 박문사.

김운삼 · 성낙돈(2014). **교육심리학**. 서울: 창지사.

김이영 · 배헌식 · 이우언(2014). **인간이해를 위한 심리학**. 경기: 양서원.

김이영 · 백경숙 · 전재선 · 최윤희 · 한용기 · 홍성훈(2016). **교육심리학**. 경기: 양성원.

김종서(1984). **교육과정과 교육평가**. 서울: 교육과학사.

김청자(2011). **교육심리학의 이해**. 서울: 동문사.

김희수 · 조영미(2017). **이해하기 쉽게 쓴 교육심리학**. 서울: 동문사.

노안영 · 강영신(2002). **성격심리학**. 서울: 학지사.

문용린(1997). **EQ가 높으면 성공이 보인다**. 서울: 글이랑.

문은식 · 박선환 · 정미경(2007). **교육심리학**. 경기: 공동체.

문은식 · 박선환 · 정미경(2012). 교육심리학. 경기: 공동체.

문은식 · 박선환 · 정미경(2015). 교육심리학. 경기: 공동체.

민영순(1984). 교육심리학. 서울: 문음사.

박도순(2012). 교육평가—이해와 적용. 서울: 교육과학사.

박아청(2002). 교육심리학의 이해. 서울: 교육과학사.

박형근 · 방선옥 · 송선희 · 정수천(2016). 교육심리학. 경기: 양서원.

서미옥(2015). 교육심리학의 이해와 적용. 경기: 공동체.

송인섭 · 정미경 · 최지은 · 박소연 · 이희현 · 김영아 · 김누리 · 김효원 · 김희정 · 한윤영 · 안혜진(2017). 교육평가. 경기: 양서원.

송인섭 · 최명구(2006). 교육심리학. 서울: 학지사.

신명희 · 강소연 · 김은경 · 김정민 · 노원경 · 박성은 · 서은희 · 원영실 · 황은영(1999). 교육심리학. 서울: 학지사.

신명희 · 강소연 · 김은경 · 김정민 · 노원경 · 박성은 · 서음희 · 원영실 · 황은영(2010). 교육심리학. 서울: 학지사.

신명희 · 강소연 · 김은경 · 김정민 · 노원경 · 서은희 · 송수지 · 원영실 · 임호용(2014). 교육심리학(3판). 서울: 학지사.

신명희 · 박명순 · 권영심 · 강소연(1998). 교육심리학의 이해. 서울: 학지사.

심우엽(2000). 교육심리학. 서울: 교육과학사.

오성삼 · 구병두(1996). 교육과정 및 평가의 이해. 경기: 양서원.

오윤선(2017). 교육심리학. 서울: 창지사.

오윤선 · 정순례(2018). 심리검사의 이해와 활용. 경기: 양서원.

이경화 · 최병연 · 박숙희 공역(2004). 창의성계발과 교육. Cropley, A, J.(2001). *Creativity in Education & Learning*. 서울: 학지사.

이병승 · 우영효 · 배제현(2019). 쉽게 풀어쓴 교육학(4판). 서울: 학지사.

이성진(1996). 교육심리학 : 그 학문적 성격과 과제. 교육심리연구, 10, 25-40.

이성진 · 박성수(2007). 교육심리학. 서울: 한국방송통신대학교출판부.

이영석 · 권대도 · 최민수(1989). 유아교육학개론. 경기: 양서원.

이장호 · 김정희(1998). 집단상담의 원리와 실제. 서울: 박영사.

이재창(2005). 생활지도와 상담(개정판). 서울: 문음사.

이지연 · 김태준(2014). 교육심리학. 경기: 양서원.

이해경 · 이양 · 용홍출(2005). 교육심리학. 경기: 양서원.

이해정 · 강현영 · 서현아 · 엄세진 · 윤정진 · 좌승화(2018). 교육평가. 경기: 공동체.

이혜성 · 이재창 · 금명자 · 박경애(1996). 청소년 개인상담. 서울: 청소년대화의광장.

이희백 · 김인숙 · 리상섭 · 박제일 · 양재혁 · 윤호열 · 이승희 · 천성문(2014). 교육학개론. 서울: 현학사.

임규혁(2001). 교육심리학. 서울: 학지사.
임정훈 · 한기순 · 이지연(2014). 교육심리학. 경기: 양서원.
임지영 · 도금혜 · 류혜원 · 문영경 · 배기조 · 송혜영 · 이수원(2015). 유아발달. 경기: 공동체.
장기덕 · 송창백 · 김운삼 · 구서연 · 이희영 · 전희영(2018). 교육심리학. 경기: 수양재.
전경원 · 이경화 · 고진영 · 김정희 · 박숙희 · 박춘성(2010). 창의성 : 이론과 주제. 서울: 시그마프레스.
정명화 · 이로미(2015). 교육학개론. 경기: 공동체.
정미경 · 권재기 · 안혜진(2019). 예비교사를 위한 교육평가. 경기: 공동체.
정윤진(2003). 정서지능과 자기효능감 및 학교적응간의 관계. 석사학위논문. 홍익대학교 교육대학원.
조규판 · 주희진 · 양수민(2016). 교육심리학. 서울: 학지사.
조수환(2009). 유아지도를 위한 교육심리학. 경기: 정민사.
조원호(2002). 학교교육에서의 심리학. 서울: 국민대학교출판부.
최일선 · 조운주(2014). 유아교육 평가의 이론과 실제. 서울: 창지사.
최철용 · 김환남(2017). 알기쉬운 교육평가. 경기: 양서원.
한국교육심리학회(2000). 교육심리학 용어사전. 서울: 학지사.
한종철(1986). 교육심리학. 경기: 양서원.
허승희 · 이영만 · 김정섭(2015). 교육심리학. 서울: 학지사.
홍대식 역(1984). 심리학개론. Atkinson, R. L., Atkinson, R. C., & .Hilgard, E. R.(1943). *Introduction to psychology*. 서울: 박문사.
황해익(2016). 유아평가의 이해. 경기: 정민사.

Anastasi, A.(1988). *Psychological testing*(6th ed). N.Y. : Macmilan
Anita, E. W.(2001). Educational Psychology. In 김아영, 백화정, 설인자, 양혜영, 이선자, 정명숙. 교육심리학. 서울: 학문사.
Antonucci, T, C., Birditt, K, S., & Ajrouch, K, J.(2011). Convoys of social relations : Past, present and future. *Handbook of Life Span Development*, 161-182.
Atkinson, J. W.(1957). Motivational determinants of risk taking behavior. *Psychological Review, 64*, 359-372.
Atkinson, J. W.(1980). Motivational effects on so-called tests of ability and educational achievement. In L. J. Fyans. Jr. (Ed.), *Achievement motivation.* N.Y. : Plenum Press.
Ausubel, D. P.(1969). *Educational psychology : A cognitive view*. N.Y. : Holt, Rinehart & Winston.
Bandura, A.(1977). *Social learning theory*. Englewood Cliffs, N.J. : Prentice-Hall.
Bandura, A., & Walters, R. M.(1963). *Social learning and Personality development.* N.Y. :

Holt, Rinebart & Winston

Berliner, D.(1992). Telling the stories of educational psychology. *Educational Psychologist, 27(2)*, 143-152.

Bowlby. J.(1980). *Attachment and loss : Vol. 3, Loss : Sadness and depression.* N.Y. : Basic Books.

Carver, C. S. & Scheier, M. F.(1988). *Perspections on personality*. Allyn and Bacon, Inc.

Cassidy, J., Woodhouse, S, S., Sherman, L, J., Stupica, B., & Lejuez, C, W.(2011). Enhancing infant attachment security : An examination of treatment efficacy and differential susceptibility, *Development and Psychopathology, 23(1)*, 131-148.

Cronbach, L. J.(1984). *Essentials Psychological testing*. N.Y. : Haper & Row

Cropely, A. J.(1999). Creativity and cognition : Producing effective noverty. *Roeper Review, 21*, 253-260.

Csikszentmihalyi, M., & Wolfe, R.(2000). New conceptions and research approaches to creativity : Implications of a systems perspective for creativity in education. In : K. Heller, F. Monks, R. Sternberg, & R. Subotnik(eds.). International handbook for research on giftedness and talent(pp. 81-93). Oxford : Pergamon.

De Bono, E.(1985). *Edward de Bono's Masterthinker's Handbook : A Guide to Innovative Thinking.* Intl.. Center for Creative Thinking.

De Bono, E.(1990). *Lateral thinking*. London : Penguine Books.

Eberle, B.(1971). *Scamper*. Buffalo, N.Y. : DOK Publishers.

Flavell, J. H.(1976). Metacognitive aspects of problem solving. In L. B. Resnick(Ed.), *The nature of intelligence*(pp. 231-235). Hillsdale, N.J. : Lawrence Erlbaum. William

Gage, N, L., & Berliner, D. C.(1992). *Educational psychology*(5th ed.). Boston : Houghton Mifflin.

Gardner, H.(1999). *Intelligences reframed : Multiple intelligences for the 21st century*. N.Y. : Basic Books.

Goetz, E. T., Alexander, P. A., & Ash, M. J.(1992). *Educational psychology : A classroom perspective.* N.Y. : Macmillan.

Goleman, D.(1995). *Emotional Intelligence*. N.Y. : Bantam Books.

Gronlund, N. E., & Linn, R. L.(1990). *Measurement and Education in Teaching*(7th ed). N.Y. : Macmilan

Guilford, J. P.(1959). Three faces of intellect. *American Psychologist, 14*, 469-479.

Hiroto, D. S.(1974). Locus of control and learned helplessness. *Journal of Experimental Psychology*, *102*, 187-193.

Maslow, A. H.(1954). *Motivation and Personality*. N.Y. : Harper.

Maslow, A. H.(1970). *Motivation and Personality*(2nd ed.). Harper and Row Publishers.

Mayer, J. D., & Salovey, P.(1997). what is emotional intelligence. In P. Salovey & D. J. Sluyter(Eds.), *Emotional development and emotional intelligence*. N.Y. : Basic Books.

Mayer, R. E.(1987). Cognition and instruction : Their historic meeting within educational psychology. *Journal of Educational Psychology, 84,* 405-412.

McClelland, D. C.(1961). *The achieving society*. N.Y. : Van Nostrand.

Mischel, W.(1986). *Introduction to personality*(4th ed.). N.Y. : Holt Rinehart & Winston.

Murray, H. A.(1938). *Explorations in personality*. N.Y. : Oxford University Press.

Nolen, J. L.(2014). "Learned helplessness", *Encyclopaedia Britannica.*

Osborn, A. F.(1963). *Applied imagination : Principle and procedures of creative problem-solving*. N.Y. : Charles Scribner's.

Overton, W, F.(2010). Life-Span Development : Concepts and issues, *Cognition, Biology, and Methods Across the Lifespan, 1*, 1-29.

Premack, D.(1965). Reinforcement theory. In D. Levine(Ed.), *Nebraska Symposium on Motivation*(Vol. 13, pp. 123-180). Lincoln : University of Nebraska Press.

Rogers, C., & Freiberg, H. J.(1994). *Freedom to learn*. Upper Saddle River, N.J. : Merrill.

Santrock, J. W.(2011). *Child Development*(13th ed.). N.Y. : McGraw-Hill.

Seligman, M. E. P.(1975). *Helplessness : On depression, development, and death.* San Francisco : Freeman.

Snowman, J., & Biehler, R.(2003). *Psychology applied to teaching*(10th ed.). Boston : Houghton Mifflin.

Sternberg, R. J.(1994). *Successful Intelligence.* N.Y. : Simon & Schuster.

Sternberg, R. J., & Williams, W. M.(2010). *Educational psychology*(2nd ed.). Boston : Merrill.

Tolman, E.(1948). The psychological review : Cognitive maps in rats and men. *Neurobiology of Learning and Memory,* **55**(4), 189-208.

Torrance, E. P.(1957). *Psychology of survival*. Unpublished manuscript, Air Force Personnel Research Center, Lackland Air Force Base, TX.

Tyler, R. W.(1949). *Basic principles of curriculum and instruction.* Chicago University of Chicago Press.

Urban, K. K.(1995). *Creativity : A componential approach*. Post conference China meeting of the 11th world conference on gifted and talented children. Beijing, China. August 5-8.

Walberg, H. J,. & Haertel, G. D.(1992). Educational Psychology's First Century, *Journal of Educational Psychology, 84*(1), 6-19.

Watson, J. B.(1919). *Psychology from the standpoint of a behaviorist*. Philadelphia : Lippencott.

Wittrock, M. C.(1967). Focus on educational psychology. *Educational Psychologist, 4,* 1-7.

Wittrock, M. C.(1992). An empowering conception of educational psychology. *Educational Psychologist,* **27**, 129-141.

찾아보기

[인명]

ㄱ

ㄴ

ㄷ

ㄹ

ㅁ

기타

저자소개

■ 강유정

계명대학교 대학원 교육이론 및 정책 전공(교육학 박사)
현 대구공업대학교 유아교육과 교수

■ 배제현

계명대학교 대학원 교육심리 전공(교육학 박사)
현 창신대학교 유아교육과 교수

■ 윤호열

영남대학교 대학원 교육심리 전공(교육학 박사)
현 구미대학교 유아교육과 교수

■ 신연희

계명대학교 대학원 교육심리 및 공학 전공(교육학 박사)
현 위덕대학교 교육대학원 초빙교수

교육심리학

초판 1쇄 발행 / 2019년 9월 5일
초판 2쇄 발행 / 2021년 2월 20일

•

공저자 / 강유정 · 배제현 · 윤호열 · 신연희
발행인 / 이 중 수
발행처 / **동 문 사**

•

서울특별시 서대문구 홍제원 1길 12
(홍제동 137-8)
Tel : 02)736-3718(대), 736-3710, 3720
Fax : 02)736-3719
등록번호 : 1974.04.27. 제9-17호
가격 : 18,000원

•

ISBN : 979-11-6328-111-5 (93370)
E-mail : dong736@naver.com
www.dongmunsa.com